ジョン・コールマン博士

陰謀者たちの階層
300人委員会の歴史

OMNIA VERITAS®

ジョン・コールマン

ジョン・コールマンは、イギリスの作家で、元秘密情報局のメンバーである。コールマンは、ローマクラブ、ジョルジオ・シーニ財団、フォーブス・グローバル2000、宗教間平和コロキアム、タヴィストック研究所、黒人の貴族など、新世界秩序のテーマに近い組織についてさまざまな分析を行っています。

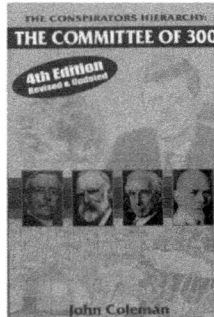

陰謀者たちの階層
300人委員会の歴史

CONSPIRATORS' HIERARCHY
THE STORY OF THE COMMITTEE OF 300

オムニア・ヴェリタス・リミテッドが翻訳・発行しています。

© オムニアベリタス株式会社 - 2022

OMNIA VERITAS®

www.omnia-veritas.com

序文

私はプロの諜報員として、高度な機密文書にアクセスする機会が多かったが、西アフリカのアンゴラで政治学の現地担当官として勤務していたとき、異常に露骨な最高機密文書に次々とアクセスしたことがある。そして、イギリスとアメリカの政府を支配し、指示を出しているのはどんな権力者なのかを突き止めようと、この道から一歩も外れることはなかった。

王立国際問題研究所（RIIA）、外交問題評議会（CFR）、ビルダーバーグ、三極委員会、シオニスト、フリーメイソン、ボルシェビズム、バラ十字教など、よく知られた秘密結社やその分派はすべて知っていた。私は情報将校として、またそれ以前にもロンドンの大英博物館での若い学生として、これらすべての社会と、アメリカ人に親しまれていると思われる他の多くの社会とで歯を食いしばった。しかし、1969年にアメリカに渡ってみると、エルサレム聖ヨハネ騎士団、ローマクラブ、ジャーマン・マーシャル・ファンド、チニ財団、ラウンドテーブル、フェビアニスト、ベネチア黒貴族、モンペラン協会、ヘルファイアミーズ、その他多くの団体が、ここでは全く知られていないか、せいぜいその真の機能が理解されていると言っても、ほんのわずかでしかないことがわかった。

1969年から1970年にかけて、私はこの状況を改善するために、一連のモノグラフとテープの制作に着手しました。しかし、驚いたことに、これらの人物の名前を、あたかも自分の作家としてのキャリアを通じて知っていたかのように引用し、その一方で、その話題について少しも知らないのに、新たに得た情報の出所を明かそうとしない人がたくさんいたのだ。私は、「お世辞の一番いいところは真似ることだ」と自分を慰めました。

私は調査を続け、深刻な危険、私と妻への攻撃、経済的損失、嫌がらせ、脅迫、中傷に直面し続けました。これらはすべて、

いわゆるキリスト教右派、「アイデンティティ運動」、右派の
「愛国主義」グループに組み込まれた政府のエージェントと情
報提供者によって、慎重に練られ計画された私の信用失墜プロ
グラムの一部でした。これらの工作員は、彼らの主敵であるユ
ダヤ教に率直で強く大胆不敵に反対するという名目で活動して
きたし、今も活動しているのである。これらのエージェント・
インフォーマーは、全米の政治的・宗教的保守派から高い評価
と尊敬を集めている同性愛者のグループによって指示・コント
ロールされている。

彼らの誹謗中傷、嘘、憎悪、私の作品に関する偽情報、さらに
は他の作家の作品とするプログラムは衰えることなく続いてい
るが、期待されるような効果はない。私は、イギリスとアメリ
カを動かしている秘密の並列政府全体の仮面を最終的に引き剥
がすまで、仕事を続けるつもりだ。

John Coleman博士、1991年11月

概要と具体的な事例

確かに、私たちの多くは、政府を動かす人々が、国内外の政治・経済問題を*本当に*コントロールしているわけではないことを認識しています。このため、多くの人がオルタナティブ・プレス、つまり私のように、米国がこれほど深刻な病気になっている理由を調査し、しかし必ずしも発見できないでいるニュースレター執筆者たちに真実を求めるようになったのです。このグループは、「求めよ、さらば与えられん」という戒めを常に守ってきたわけではない。私たちが発見したのは、人々は一種の暗い霧の中を移動し、自分の国がどこへ行こうとしているのかを気にすることもなく、常に自分たちのために存在すると固く信じていることです。これは、最大多数の人々が操られた反応であり、その態度はまさに秘密政府の手中にあるのだ。

よく、「彼らは」あれやこれやとやっていることを耳にします。"彼ら "は文字通り、殺人罪から逃れることができるようです。「彼らは」税金を上げ、私たちの息子や娘を国のためにならない戦争に送り込んで死なせます。「彼ら」は、私たちの手の届かないところにいるように見え、視界から消え、もどかしく、彼らに対して行動することが適切であるかどうかは漠然としています。誰も「彼ら」が誰であるかを明確に特定することができないようです。このような状況が何十年も続いているのです。本書の中で、この謎めいた「彼ら」を特定し、その状況を改善するのは人々であることを明らかにする。

1981年4月30日、私はローマクラブの存在を明らかにし、それが300人委員会の破壊的組織であることを指摘するモノグラフを書いた。このサイトは、この二つの組織について米国で最初に言及したものである。私は、この記事が奇想天外なものであると読者に騙されないよう警告し、私の記事と、イルミナティの秘密計画がその手に落ちたときにバイエルン政府が発した警

告とを並列に並べたのである。ローマクラブと300人委員会の
アメリカでの役割については、後ほど詳しく説明します。

1981年に発表されたこの記事は、その後、無名のフェリペ・ゴ
ンザレスがスペインの首相になり、フランスではミッテランが
政権に復帰するなど、多くの予言が現実のものとなっている。
ジスカール・デスタンとヘルムート・シュミットの失脚、スウ
ェーデンの貴族で300人委員会メンバーのオロフ・パルメの復
権（その後謎の死を遂げた）、レーガン大統領の逆転劇、そし
てポスト工業化ゼロ成長という300人委員会の目標の下での鉄
鋼、自動車、住宅産業の破壊であった。

パルメの重要性は、ローマクラブが彼を利用して、アメリカの
通関禁止リストに載っている技術をソ連に提供したことと、パ
ルメの世界的な通信網を利用して、偽のイラン人質事件にスポ
ットライトを当てたことにある。は、ワシントンとテヘランを
行き来しながら、米国の主権を損ない、偽りの危機をオランダ
のハーグにある世界法廷という300の委員会の機関の文脈に位
置づけようとする試みです。

この神と人間に対する公然の陰謀は、戦争、疫病、大量殺人が
終わった後、この地上に残された大多数の人間を奴隷にするこ
とを含んでおり、完全に隠されてはいないのである。諜報機関
では、何かを隠すには、ありふれた場所に置くのが一番だと教
えられている。例えば、1938年にドイツが新型戦闘機メッサー
シュミットを隠そうとしたとき、パリ航空ショーに展示された
ことがある。諜報員やスパイが木の幹の空洞や壁のレンガの裏
側で情報収集する一方で、彼らが求める情報は目に見えるとこ
ろにあったのだ。

ハイレベルの秘密並行政府は、じめじめした地下室や秘密の地
下室で活動しているわけではない。ホワイトハウス、連邦議
会、ダウニング街10番地、国会議事堂など、ありふれた場所で
活動している。まるで、怪獣が歪んだ顔で現れ、長い髪とさら
に長い歯を持ち、唸りながら闊歩する、怪獣映画と言われるよ
うな、奇妙で恐ろしい映画です。本当のモンスターはビジネス
スーツ（とネクタイ）を着て、リムジンでキャピトルヒルに出
勤している。

この人たちは、目に見えるところにいるんです。この人たち

は、一つの世界政府、つまり新世界秩序の下僕なのだ。強姦犯が被害者に立ち止まって親切に散歩を勧めるように、彼は自分が怪物であることをアピールしないのです。そうすれば、被害者は恐怖で叫びながら逃げ出すだろう。あらゆるレベルの政府にも同じことが言えます。ブッシュ大統領は、影の並行政府の献身的な下僕には見えないが、間違いなく、ホラー映画で描かれるような怪物である。

少し立ち止まって、ブッシュ大統領がジュネーブ条約の離脱と合意撤退のルールのもと、イラクに戻った15万人のイラク軍を、白旗を掲げた軍用車の車列に乗せて残忍な虐殺を命じたことを考えよう。白旗を振っていたにもかかわらず、米軍機になぎ倒されたイラク軍の恐怖を想像してください。別の戦線では、12,000人のイラク人兵士が自分たちで占拠した塹壕に生き埋めにされた。本当の意味でのMONSTEROUSではないでしょうか？ブッシュ大統領は、このような途方もない行動をとるような命令をどこで受けたのだろうか。彼は、「オリンピアン」として知られる300人委員会から委任を受けた王立国際問題研究所（RIIA）からそれらを受け取りました。

後述するように、「オリンピアン」でさえ否定しているわけではない。パリ航空ショーに匹敵するショーがしばしば開催され、陰謀論者が間違った場所と間違った方向で無駄な時間を過ごすことになる。英国議会の開会式で、女王エリザベス2世がどのように進行していくかに注目してください。そこには、300人委員会のトップが丸見えである。アメリカ大統領の宣誓式に出席したことがありますか？そこには、300人委員会のメンバーがもう一人、見え隠れしている。問題は、認識の違いです。

全権を握る「300人委員会」に仕える陰謀家たちとは？最も情報通の市民は、陰謀が存在し、それがイルミナティ、フリーメイソン、ラウンドテーブル、ミルナーグループなど、さまざまな名前で呼ばれていることを知っている。彼らにとって、CFRと三極は、国内政策と外交政策に関して気に入らないことのほとんどを代表している。ワシントンの英国大使を通じて、円卓会議が米国問題に大きな影響力を持っていることまで知っている人もいる。問題は、「見えざる手」の見えざる政府のメンバ

ーの反逆活動について、具体的な情報を得ることが非常に困難であることだ。

キリスト教の聖書にある預言者ホセアの深い言葉（4:6）を引用します。

"我が民は知識の欠如のために*滅ぼされた*"

すでにお聞きになった方もいらっしゃるかもしれないが、私は海外援助疑惑について、いくつかの陰謀を企てる組織の名前を挙げた。彼らの究極の目標は、合衆国憲法を転覆させ、神によってHISの国として選ばれたこの国を、神のいない「新世界秩序の中の一つの世界」政府と合併させ、世界を暗黒時代よりはるかに悪い状況に戻すことである。

具体的な事例として、イタリアの共産化・脱工業化の試みについてお話ししましょう。昔、300人委員会は、より小さい-ずっと小さい-より良い世界、つまり*彼らの*考えるより良い世界が存在することを宣言しました。限られた資源を消費する無数の「無駄飯喰らい」を淘汰（とうた）するためである。産業の進歩は人口増加を促進する。そのため、創世記にある「地を増し、従わせよ」という戒めは、逆になることになった。

それは、キリスト教を攻撃し、産業国民国家をゆっくりと、しかし確実に崩壊させ、300人委員会が「余剰人口」として指定した数億の人々を破壊し、上記の目的を達成するための委員会の世界的計画に反対する勇気のある指導者を排除するためである。

委員会の最初の対象は、イタリアとパキスタンの2カ国だった。イタリアの故アルド・モーロ首相は、自国の「ゼロ成長」と「人口削減」に反対し、「オリンピアン」からこの分野の政策実行を任されたローマクラブの怒りを買った指導者の1人である。1982年11月10日、ローマの法廷で、モロの親友が、モロ元首相がまだアメリカ国務長官だった頃、300人委員会のメンバーでもある王立国際問題研究所（RIIA）のエージェントから脅迫を受けていたことを証言したのである。この証人がキッシンジャーと名乗った男の急成長ぶりは、後述する。

1978年、モロ首相が赤い旅団に拉致され、無残にも銃殺されたことは記憶に新しい。赤い旅団のメンバーの裁判の中で、何人

かのメンバーが、モロ殺害計画にアメリカの高官が関与していることを知っていたと証言したのだ。モロを脅したとき、キッシンジャーは明らかにアメリカの外交政策に従ったのではなく、300人委員会の外交部門であるローマクラブから受けた指示に基づいて行動したのだ。公開の法廷で爆弾発言をしたのは、モロの側近であったゴラード・グエルゾーニという証人である。

この証言は、1982年11月10日にイタリアのテレビとラジオで放送され、イタリアの新聞にも掲載されたが、アメリカではこの重要な情報は隠蔽された。自由と知る権利の砦として有名なワシントンポストやニューヨークタイムズは、ゲルゾーニ氏の証言を一行も掲載することを重要視しなかった。

このニュースは、通信社やテレビ局も取り上げていない。1978年の春、イタリアのアルド・モロという数十年にわたる大物政治家が白昼堂々誘拐され、彼の護衛が全員冷酷に虐殺されたという事実は、キッシンジャーがこれらの犯罪に加担したと非難されても、ニュース価値があるとは見なされなかったのだろうか。それとも、キッシンジャーが関与していたからこその沈黙だったのだろうか。

私は1982年にこの凶悪犯罪を暴露し、キリスト教民主主義政党の忠実なメンバーであったアルド・モロが、P2メイソンリー（デビッド・ヤロップの著書『神の名のもとに』参照）に支配された暗殺者によって殺されたことを証明した。それはイタリアを脱工業化と人口激減というローマクラブの指令に従わせるためである。完全雇用と産業・政治的平和によるイタリアの安定化というモロの計画は、共産主義に対するカトリックの反発を強め、最大の目的であった中東の不安定化をより困難なものにしたであろう。

以上のことから、謀議者たちがいかに計画的に行動しているかがわかる。5年計画で考えることはないのです。アルド・モロ殺害の意味を理解するためには、初期のカトリック教会に関するヴァイスハウプトの発言に立ち戻る必要がある。モロの死は、イタリアを不安定にする計画の障害を取り除き、現在知られているように、中東に対する陰謀的な計画が14年後の湾岸戦争で実行されることを可能にしたのである。

300人委員会でテスト対象として選ばれたのはイタリア。イタリアは、中東に最も近いヨーロッパの国であり、中東の経済や政治と結びついているため、共謀者の計画にとって重要である。ヴァイスハウプトが破壊を命じたカトリック教会の本拠地でもあり、ヨーロッパで最も強力な旧黒人貴族の寡頭政治家の本拠地でもあるのだ。モロの死によってイタリアが弱体化すれば、中東にも波及し、米国の影響力が弱まることになっただろう。イタリアは、イランやレバノンからヨーロッパに流入する麻薬のゲートウェイであるという理由も重要です。

1968年にローマクラブが創設されて以来、さまざまなグループが社会主義の名の下に結合し、イタリアのいくつかの政府を崩壊させた。その中には、ベネチアやジェノバの黒い貴族、P2メイソンリー、赤い旅団などがあり、いずれも*同じ目的*を持っている。赤い旅団／アルド・モロ」事件のローマ警察捜査官は、このテロリスト集団と密接に協力しているイタリアの著名な家族の名前を明らかにした。また、警察は、少なくとも12件のケースで、これらの有力な家族が、自宅や不動産が赤い旅団のメンバーの隠れ家として使われるのを許していた証拠を発見した。

アメリカの「貴族」たちは、イタリア共和国を破壊するために力を尽くしていた。特に、リチャード・ガードナーは、カーター大統領の駐ローマ大使として公式に活動していたときから貢献していた。当時、ガードナーはローマクラブの主要メンバーでNATOのキーマンであるベッティーノ・クラクシの直属の部下として活動していた。クラクシは、イタリア共和国を破壊しようとする陰謀家たちの先頭に立った。後述するように、クラクシはイタリアを破滅させることにほぼ成功し、陰謀者たちのヒエラルキーのリーダーとして、離婚と中絶をイタリア議会で押し通すことに成功し、カトリック教会、ひいてはイタリア国民のモラルにこれまでにない重大かつ破壊的な宗教・社会変革をもたらすことになったのだ。

レーガン大統領の誕生後、1980年12月、ローマクラブと社会主義インターナショナルの主催で、ワシントンD.C.で大きな会議が開かれた。両組織は、300人委員会に直接責任を負っています。主な議題は、レーガン大統領を無力化する方法を策定する

ことであった。グループ・プランが採用され、今にして思え
ば、共謀者たちが合意したプランが成功したことは、よくわか
る。

この陰謀の規模と広がりを知るためには、この時点で、世界征
服と支配のために「300人委員会」が設定した目的を列挙する
のが適切であろう。300人委員会には、少なくとも40の「支
部」が知られているが、ここではそのすべてをリストアップ
し、その機能を説明する。一旦これを研究すれば、中央の陰謀
組織がいかにうまく運営できるか、そしてなぜ地球上のどの勢
力も、個人の自由、特にアメリカ合衆国憲法で宣言されている
個人の自由に基づく文明的、進歩的世界の根幹に対する彼らの
攻撃に耐えられないのかを理解するのは簡単である。

ゲルゾーニの宣誓証言のおかげで、イタリアとヨーロッパは、
アメリカはともかく、キッシンジャーがアルド・モロの死の背
後にいたことを知ることになった。この悲劇的な事件は、300
人委員会がいかなる政府に対しても例外なくその意思を押しつ
けることができることを示している。キッシンジャーは、世界
最強の秘密結社のメンバーという立場から、モロを脅しただけ
でなく、もしモロがイタリアに経済と産業の発展をもたらす計
画をあきらめなければ、「排除」するという脅しを実行に移し
たのである。1982年6月と7月、アルド・モーロの妻は公開の法
廷で、夫の暗殺は、彼女が「アメリカの高位政治家」と呼ぶ人
物による、彼の命に対する深刻な脅迫の結果であったと証言し
ている。エレノーラ・モロ女史は、ゲルゾーニの宣誓証言でキ
ッシンジャーが使ったとされる言葉を正確に繰り返した。"あ
なたの政治路線を止めるか、大金を払うことになる "と。裁判
官に呼び戻されたゲルゾーニは、モロさんが話していた人物を
特定できるか、と問われた。ゲルゾーニは、「以前から言われ
ていた通り、ヘンリー・キッシンジャーだ」と答えた。

ゲルゾーニは、キッシンジャーがモロのホテルの部屋で、イタ
リア首脳のアメリカ公式訪問中に脅迫を行ったと裁判所に説明
し続けた。当時NATO加盟国のイタリアの首相兼外相だったモ
ロは、マフィア的な圧力や脅迫を受けてはいけない偉い人だっ
た。モロの訪米には、イタリア大統領も公式な立場で同行して
いた。キッシンジャーは、当時も今も、（イギリスの）王立国

際問題研究所に仕える重要なエージェントであり、ローマクラブや（アメリカの）外交問題評議会のメンバーでもある。

湾岸戦争では、米軍は300人委員会の傭兵として、クウェートを支配下に戻すと同時に、イラクを見せしめにし、他の小国が自国の運命を自分たちの手で決めようとしないようにするために行動したのだ。

キッシンジャーは、主権国家パキスタンの大統領である故アリ・ブット氏も脅した。ブット氏の「罪」は、自国の核武装を支持したことである。イスラム教国であるパキスタンは、イスラエルが中東で侵略を続けることに脅威を感じていた。ブットは1979年、外交問題評議会の駐日代表であるジア・ウル・ハク将軍によって、司法的に暗殺された。

ウル・ハックは、権力の座につくことを目論み、熱狂した暴徒にイスラマバードのアメリカ大使館に火を放つよう促し、CFRに自分がその男であることを示し、さらに海外援助を得ようとした。後に分かったことだが、これはリチャード・ヘルムスを暗殺するためだった。その数年後、ウル・ハックはアフガニスタンで起きている戦争に介入し、命を落とした。彼の乗るC-130ハーキュリーズは、離陸直後にELF（電気低周波）の爆風を受け、機体が地上でループする事態となった。

ローマクラブは、ウル・ハク将軍を抹殺するために300人委員会の命令で行動しており、多くの人々の命を犠牲にすることに何の抵抗もなかったのだ。

ハーバー・ワッソン准将率いる米陸軍国防情報局の一団を含む米軍関係者が搭乗していた。ウル・ハク将軍は、トルコの情報機関から飛行機で移動しないように警告されていた。空爆のターゲットにされていたからだ。そんな思いから、ウル・ハックは「保険として」アメリカチームを連れて行ったと、側近のアドバイザーに語っている。1989年に出版した『空のテロル』の中で、私は次のように説明している。

> "ウル・ハクC-130がパキスタン軍基地を離陸する直前、C-130を収容する格納庫の近くで不審なトラックが目撃された。管制塔は基地の警備員に警告を発したが、その時にはすでにC-130は離陸しており、トラックは消えていた。数分

後、飛行機は地面にぶつかるまでループし始め、火球となって爆発した。C-130は素晴らしく信頼できる性能を持つ航空機であり、パキスタンとアメリカの合同調査委員会は、パイロットのミスや機械的・構造的な故障はないと判断している。ループ・ザ・ループは、E.L.F.の砲火を受けた航空機のトレードマークとして認識されている」。

ソ連が先進的な高周波装置を開発できたのは、クルチャトフ原子力研究所の集中相対論的電子ビーム部門に所属するソ連の科学者の働きのおかげであることは、西側諸国も承知している。その中で、Y.A.ヴィノグラウフ、A.A.ルハジェの2人が専門家として活躍していた。両氏は、電子・X線レーザーを専門とするレデデフ物理学研究所に所属していた。

この情報を得た後、他の情報源を探したところ、イギリスの『*International Journal of Electronics*』に、私が聞いたウル・ハク将軍のC-130航空機を撃墜した方法を裏付けるような文書が掲載されていることがわかった。

さらに、この情報は私の情報源である2人の人物によって確認されている。これらのテーマについて、イギリスで出版された「Soviet Radio Electronics and Communications Systems」というソ連の科学論文から、有益な情報を得ることができた。ウル・ハク将軍が暗殺されたのは間違いない。C-130の格納庫の近くにあったトラックは、ソ連軍が保有する移動式のELF装置を積んでいたのは間違いない。

獄中で密航したブット氏の書面での証言によると、キッシンジャー氏はブット氏を厳しく恫喝していたという。

　　　"国づくり"を続けるなら ひどい目に遭わせるわよ

ブットは、パキスタンを近代的な工業国家にするために原子力発電計画を要求し、キッシンジャーとローマクラブの怒りを買った。このことは、300人委員会がキッシンジャーのパキスタン政府に対する命令に直接反していると見なした。キッシンジャーがブットを脅してやっていたのは、アメリカの公式な政策ではなく、現代のイルミナティの政策であった。

なぜ原発が世界中で嫌われているのか、なぜローマクラブが創設し資金援助しているインチキ「環境保護」運動が、原発に戦

争を仕掛けるようになったのかを理解することが重要である。原子力発電によって安価で豊富な電力が得られるようになれば、第三世界の国々は次第にアメリカの援助から自立し、自国の主権を主張し始めるだろう。原子力発電は、第三世界諸国を後進国から脱却させる鍵であり、300人委員会が維持するよう命じた状態である。

海外からの援助が減るということは、EUによるその国の天然資源の支配が減るということです。

ローマクラブとその指導者である300人委員会は、発展途上国が自分たちの運命をコントロールするというこの考えを忌み嫌った。 アメリカでは、原子力発電への反対が、クラブの「ポスト工業化ゼロ成長」計画に沿った産業開発を阻止するためにうまく利用されているのを私たちは見てきた。

アメリカの対外援助に依存することで、実際に外国は（アメリカの）外交問題評議会の言いなりになっている。 この資金は、通常、IMFによって国の天然原材料資源が野蛮に剥ぎ取られることを許す政府指導者のポケットに入る。ジンバブエ（旧ローデシア）のムガベは、原料資源（この場合は高品質のクロム鉱石）が海外からの援助によってコントロールされていることを示す良い例である。300人委員会の上級メンバーであるアンガス・オギルビーが、いとこのエリザベス女王に代わって経営する巨大コングロマリットLONRHOは、今やこの貴重な資源を完全に支配しており、国民は米国からの3億ドルを超える援助にもかかわらず、ますます貧困と惨めさに沈んでいるのである。スミス政権下では、このようなことは許されなかったが、現在では、ロンロホ社はローデシアクロムを独占し、好きなように価格を設定している。ムガベ政権が誕生するまでの25年間は、適正な物価水準が維持されていた。イアン・スミスが14年間統治した時代にも問題はあったが、彼が去ってから、失業率は4倍になり、ジンバブエは永久に混沌とした破綻状態にある。ムガベは、フランスのリビエラ、サン・ジャン・キャップフェラとモンテカルロに3つのホテルを建設できるほどの対外援助（年間3億ドル規模）を米国から受けているが、国民は病気、失業、栄養失調に苦しみ、言うまでもなく、一切の不満を許さない鉄壁の独裁政治に悩まされているのだ。これを、アメリカ

から一銭も援助を求めたことも受けたこともないスミス政権と比較してみると、どうだろう。つまり、海外からの援助は、ジンバブエのような国、いや、アフリカのすべての国に対して支配力を行使するための強力な手段であることは明らかです。

また、アメリカ国民を非自発的な隷属状態に置き、そのために政府に意味のある形で反対することができなくなるのである。ロックフェラー氏は、1946年に海外援助法案を成立させたとき、自分が何をしているかを知っていた。それ以来、この法律の正体が明らかになり、最も嫌われる法律のひとつとなった。それは、我々国民が負担する政府運営のゆすりである。

陰謀家たちは、いかにして世界、特にアメリカやイギリスに対する支配力を維持するのか。よくある質問のひとつに

　　　"常に何が起こっているのか　"を単一の組織で把握し、どのようにコントロールするのか?".

本書は、これらの疑問やその他の質問に答えることを試みる。陰謀的成功の現実を理解する唯一の方法は、秘密結社、フロント組織、政府機関、銀行、保険会社、国際企業、石油産業、そして、少なくとも100年間そうしてきた*世界を動かす*究極の支配機関である300人委員会のメンバーを指導者として持つ何十万もの団体や財団について触れ、議論することである。

アメリカの)外交問題評議会（CFR）や三極委員会についてはすでに何十冊もの本があるので、ここではローマクラブとジャーマン・マーシャル・ファンドに直行することにする。私がアメリカでこれらの組織を紹介したとき、聞いたことがある人はほとんどいなかった。1983年に出版した私の最初の本『*ローマクラブ*』は、ほとんど注目されなかった。ローマクラブはカトリック教会と関係があり、ジャーマン・マーシャル・ファンドはマーシャル・プランのことだと思っている素人も少なくない。

これこそ、委員会が*これらの名前を選んだ理由*であり、*混乱*させ、何が起こっているのかから目をそらすためである。アメリカ政府は知らなかったわけではないが、陰謀の一端を担っていたため、真実を知らしめるよりも、情報に蓋をすることに貢献した。私の本が出版されてから数年後、数人の作家がそれまで

未開拓だった情報の宝庫であることを知り、まるで昔から知っていたかのように書き、語り始めたのです。

彼らは、ローマクラブとその資金源であるジャーマン・マーシャル・ファンドが、北大西洋条約機構（NATO）の名の下に活動する高度に組織化された二つの陰謀団体であり、ローマクラブの幹部の大半がNATO出身であることを暴露されたのだ。ローマクラブは、NATOが主張するすべての政策を策定し、300人委員会のメンバーであったキャリントン卿の活動を通じて、NATOを従来の左右両派による2つの政治的会派に分割することに成功したのである。

ローマクラブは、欧州連合とその旧軍事同盟の最も重要な権力集団の一つである。ローマクラブは、ビルダーバーグに次いで、300人委員会の最も重要な外交政策部門の1つである。モーゲンソー・グループは、1968年、故アウレリオ・ペッチェイの電話による呼びかけで、一国政府（現在は新世界秩序と呼ばれているが、私は古い名前の方が好きだ）の計画を加速するために新たに緊急に結成されたものである。これは、新世界秩序よりも良い仕事内容であることは間違いない。新世界秩序はこれまでにもいくつかあったが、一つの世界政府というものはなかったので、いささか混乱している。

ペーチェイの呼びかけに、アメリカ、フランス、スウェーデン、イギリス、スイス、日本から集まった最も破壊的な「未来のプランナー」たちが耳を傾けたのだ。1968年から1972年にかけて、ローマクラブは、新しい科学者、グローバリスト、将来計画者、あらゆる種類の国際主義者たちの凝集した組織となった。ある代表が言ったように、「私たちはヨセフの色とりどりのコートになった」のである。ペーチェイの「*人間の質*」は、NATOの政治部門が採用するドクトリンの基礎を形成している。

以下の文章は、ペーチェイ博士の著書から引用したものです。

　　　「キリスト教の最初の千年紀が始まって以来初めて、大勢の人々が、自分たちの運命を完全に変えてしまうような未知の何かの出現が差し迫っていることに、本当に不安を感じている...人間は、真の意味で近代人になる方法を知らない...人間は邪竜の話を作り出したが、邪竜がいたとすれば、

それは人間自身だ…我々はここに人間のパラドックスを見ることになる。その力を使えば使うほど、その力が必要になってくる。

「我々は、現在の人類全体の深刻な病的状態や不適応を、周期的な危機や過ぎ去った状況と同一視することがいかに愚かなことか、飽きることなく繰り返し言わなければならない。人類が新技術というパンドラの箱を開けて以来、制御不能な人類の拡散、成長マニア、エネルギー危機、実際または潜在的な資源不足、環境悪化、核の狂気、その他多くの関連する苦悩に悩まされてきた。"と。

このプログラムは、同じローマクラブから生まれた偽りの「環境保護主義者」運動が、産業発展の速度を落とし、逆行させるためにずっと後になって採用したものと同じである。

大まかに言えば、ローマクラブが想定した対抗プログラムは、アメリカにおける「ポスト工業化」思想の発明と普及、それに伴うドラッグ、ロック、セックス、快楽主義、悪魔崇拝、魔術、「環境主義」といった対抗文化運動の普及であった。タヴィストック研究所、スタンフォード研究所、社会関係研究所など、実際には応用社会医学研究機関のすべてが、ローマクラブの理事会に代表者を送り込み、あるいは顧問として、NATOが「アクエリアン共謀論」を採用しようとする際に主導的役割を果たしたのです。

新世界秩序という名称は、1991年の湾岸戦争の結果であると考えられている。一方、一つの世界政府という名称は、何世紀も前から存在していたものと認識されている。新世界秩序は新しいものではなく、非常に長い間、何らかの形で存在し、発展してきた（エレミヤ11：9、エゼキエル22：25、黙示録12：7-9）。しかし、それは未来の発展として見られているが、そうではなく、新世界秩序は過去にその根を持ち、現在にも続いているのである。だから私は、「一つの世界政府」という言葉が、他のどの言葉よりも好ましい、あるいはそうあるべきだと、上で述べたのです。アウレリオ・ペッチェイは、かつて親友のアレクサンダー・ヘイグに「アダム・ヴァイスハウプトの生まれ変わりだ」と言ったことがある。ペッチェイは、今日のイルミナティを組織しコントロールするヴァイスハウプトの輝かしい能力の多くを持ち、それはペッチェイのNATOのコント

ロールと世界規模での政策形成に現れていたのであった。

ペッチェイ氏は、ジョバンニ・アニエリ氏のフィアット・モーター・カンパニーのCEOとして30年間、大西洋研究所の経済諮問委員会を率いてきた。イタリアの古代黒人の同名貴族の出であるアニエリは、大西洋研究所の300人委員会の最も有力なメンバーの一人である。

ソ連の開発プロジェクトで主導的な役割を果たした。ローマクラブは、英米の金融業者とヨーロッパの旧黒人貴族、特にロンドン、ベニス、ジェノバのいわゆる「貴族」の連合体であり、陰謀を企てるフロント組織である。彼らの世界支配の成功の鍵は、乱高下する経済不況と最終的な恐慌を作り出し、管理する能力にあるのだ。300人委員会は、世界規模の社会的混乱に続く恐慌を、来るべきより大きな出来事のための準備技法と見ている。世界中の大衆を管理する彼らの主要な方法は、将来、彼らの「福祉」の受益者になることを可能にするからである。

委員会は、人類を家畜より少し上等と考えたポーランド貴族のフェリックス・ドゥゼルジンスキーの哲学をベースに、人類に関する重要な判断を下すことが多いようだ。イギリスの諜報員シドニー・ライリー（実はライリーはボルシェビキ革命の形成期にドゼルジンスキーの指導教官だった）と親しく、暴飲暴食の際にはライリーによく打ち明けたという。ドゼルジンスキーは、もちろん、赤色テロ組織を動かしていた獣である。二人で飲んでいるときに、ライリーにこう言ったことがある。

> "男　"は関係ない。飢えさせたらどうなるか見てみよう。彼は生きるために、死んだ仲間を食べ始める。人間は*自分が生き残ること*にしか興味がない。それでいいんです。スピノザの話はナンセンスだ」。

ローマクラブは独自の民間諜報機関を持っており、またデビッド・ロックフェラーのインターポールから「借り物」をしている。アメリカのすべての情報機関は、KGBやモサドと同様に密接に連携している。唯一、東ドイツの情報機関STASIは、その手の届かないところにいる。ローマクラブは、高度に組織化された政治・経済機関も持っている。レーガン大統領に、同じく「300人委員会」の主要メンバーであったポール・ボルカーを採用するように言ったのも彼らである。

レーガン候補が当選したら解任すると公言していたにもかかわらず、ボルカーは連邦準備制度理事会の議長にとどまった。ローマクラブは、キューバ・ミサイル危機で重要な役割を果たした後、ケネディ大統領に「危機管理」プログラム（FEMAの前身）を売り込もうとした。タヴィストックの科学者数名が大統領のもとに出向いて、この意味を説明したが、大統領は彼らの助言を拒否した。ケネディが暗殺されたその年、タヴィストックは再びワシントンに戻り、NASAと話をした。今回は、話し合いがうまくいった。タヴィストックは、NASAから将来の宇宙開発計画がアメリカの世論に与える影響を評価する契約を受注した。

契約先は、スタンフォード研究所とランド・コーポレーション。この2つの施設でタヴィストックが作成した資料の多くは、日の目を見ることなく、今日まで封印されたままである。情報を得るために問い合わせた上院の監視委員会や小委員会のいくつかは、「聞いたことがない」と言い、私が探しているものがどこにあるのか見当もつかないと言った。そんな300人委員会の力と威信がある。

1966年、情報部の同僚から、政権が関心を持つはずの論文を書いていたアナトール・ラパポート博士にアプローチするよう勧められた。それは、NASAの宇宙開発計画を止めるための文書であり、ラパポートはその有用性を失ってしまったと言った。ラパポートはとても喜んで私にその文書のコピーをくれた。その内容は、詳細は省くが、基本的にNASAの宇宙計画は廃止されるべきであると言っている。NASAには、ロケットの構造から推進力まで、学校や大学で講義をするような科学者が多すぎて、アメリカに悪い影響を与えています。ラパポートによれば、このようなことが起こると、宇宙科学者になろうと決意した大人たちが、2000年には誰も必要としなくなり、「余分な存在」になってしまうというのだ。

ラパポートのNASAに関する報告書がローマクラブからNATOに提出されるやいなや、300人委員会が行動を要求してきたのだ。NASAに対する緊急措置の責任者であるNATO-Club of Romeの役員は、Harland Cleveland、Joseph Slater、Claiborne K.であった。ペル、ウォルター・J・レヴィ、ジョージ・マクギ

一、ウィリアム・ワッツ、ロバート・ストラウス・ヒューブ（NATO米国大使）、ドナルド・リーシュ。1967年5月、北大西洋議会の科学技術委員会と外交政策研究所の主催で、ある会合が開かれた。大西洋の不均衡と協調に関する会議」と題され、フランスのドーヴィルにあるエリザベス女王の豪邸で開催されたのだ。

ドーヴィル会議の基本的な目的と意図は、アメリカの技術や産業の進歩を止めることであった。この会議では2冊の本が作られたが、そのうちの1冊がここで紹介する『ブレジンスキーのテクノトロニック時代』である。もう一つは、会議の議長であるアウレリオ・ペッチェイ氏が書いた「*The Chasm Ahead*」である。ペーチェイ氏は、ブレジンスキー氏の意見にほぼ同意した上で、「世界政府による規制がない未来の世界は混沌としている」と言い切った。この点で、ペーチェイ氏は、ソ連に「NATOとの収斂」を提案し、その収斂は、米国との新世界秩序における対等なパートナーシップに終始しなければならないと主張した。両国は、今後の「グローバルな危機管理と計画」を担当することになった。ローマクラブの最初の「グローバル・プランニング契約」は、300人委員会の主要研究機関の一つであるマサチューセッツ工科大学（MIT）が受注し、ジェイ・フォレスターとデニス・メドウズが担当することになった。

その報告書の内容は？それは、マルサスやフォン・ハイエクが説いたこと、すなわち天然資源の不足という古い問題と根本的に異なるものではなかった。Forrestor-Meadowsのレポートは完全な詐欺だった。しかし、それは、人間の天才的な発明能力が、「不足」を回避する可能性が高いということではなかった。300人委員会の宿敵である核融合エネルギーは、天然資源の創造に応用できるかもしれない。核融合トーチは、1平方キロメートルの普通の岩石から、例えば4年間必要なだけのアルミニウムを作ることができる。

ペーチェイさんは、国民国家を否定し、その破壊性が人類の発展を阻害することを飽きることなく説き続けた。集団的責任」を呼びかけた。ナショナリズムは人間の癌である」というのが、ペーチェイの重要な演説のテーマであった。1977年には、

親友のエルヴィン・ラズロが、ローマクラブの画期的な研究書
『*Goals of Mankind（人類の目標）*』を出版している。このポジ
ションペーパーは、工業の拡大や都市の発展に対する激しい攻
撃だった。この間、キッシンジャーは、RIIAを代表して、指定
されたコンタクトマンとして、モスクワと緊密に連絡を取り続
けた。グローバル・モデリングの文書は、クレムリンにいるキ
ッシンジャーの友人と定期的に共有されていた。

第三世界に関しては、ローマクラブのハーランド・クリーブラ
ンドが、シニシズムの極致ともいうべき報告書を作成した。当
時、クリーブランドはNATOのアメリカ大使だった。要する
に、どの人口を淘汰するかは、第三世界の国々が自分たちで決
めることだ、という文書である。後にペーチェイも書いている
ように（クリーブランドの報告書をもとに）。

> 「三大国家とブロックの矛盾する政策によって傷つき、あ
> ちこちで手当てをしながら、既存の国際経済秩序は目に見
> えて崩壊しつつある...トリアージに頼る必要があるという見
> 通しは、誰が助かるかを決めるために、確かに非常に厳し
> いものである。しかし、不幸にしてそのような事態になっ
> た場合、その決定権を一部の国だけに委ねることはできな
> い。なぜなら、それは世界の飢えた人々の生活を支配する
> 不吉な力を与えることになるからである。"

サハラ以南の国々に見られるように、アフリカ諸国を意図的に
飢え死にさせるのが委員会の方針であった。300人委員会は、
すでに生死の決断を自分たちに委ねており、ペーチェイもそれ
を知っていたのだ。彼は、すでに著書『*成長の限界*』の中で、
このことを指摘していた。ペーチェイは、工業や農業の進歩を
完全に否定し、その代わりに、世界を単一の調整会議、すなわ
ちローマクラブとそのNATO機関の下に置くことを、単一の世
界政府として要求したのである。

天然資源は地球規模の計画のもとに配分されるべきです。国民
国家はローマクラブの支配を受け入れるか、ジャングルの法則
で生き残り、生き残りをかけて戦うかである。最初の「テスト
ケース」として、メドウズとフォレスターは、RIIAに代わって
1973年のアラブ・イスラエル戦争を計画し、石油などの天然資
源が将来的に世界的な計画者、つまりもちろん300人委員会の

管理下に入ることを世界に明らかにするためである。

タヴィストック研究所は、ペーチェイと協議し、マクジョージ・バンディ、ホーマー・パームター、アレクサンダー・キング博士を招待した。ロンドンからホワイトハウスに移動したペーチェイは、大統領や閣僚と会談し、国務省に移動して国務長官や国務省の情報機関、国務省の政策立案審議会などと会談した。このように、アメリカ政府は当初から、300人委員会のこの国に対する計画を完全に把握していたのである。これで、よく聞かれる質問にも答えられるはずです。

> "なぜ我が国政府はローマクラブが米国で破壊活動をすることを許したのか？"

ボルカーの経済・金融政策は、300人委員会のメンバーである大蔵大臣ジェフリー・ハウ卿の政策を反映しており、1812年戦争後、英国がいかに米国を支配し、300人委員会の政策を通じて今も米国を支配し続けているかを示している。

イルミニズム（モリアの征服風）、ディオニュソス教団、イシス教団、カタル教団、ボゴミリズムを受け継ぐこの秘密精鋭集団の目的とは何か？自らをオリンピアンズと呼ぶこのエリート集団は（彼らは自分たちがオリンポスの伝説の神々と同等の力と地位にあると本気で信じており、彼らの神ルシファーのように、我々の真の神の上に自分たちを置いている）、絶対に自分たちが神の権利によって次のことを実行する責任を負っていると信じている。

1) **一つの世界政府** - 彼らの指導の下、統一された教会と通貨システムを持つ新世界秩序。人類に内在する宗教的信念が出口を必要としていることに気づいたため、その信念を自分たちの望む方向に導くために「教会」を作ったのです。「一つの世界政府」が1920年代から1930年代にかけて「教会」の設立を始めたことを知る人はほとんどいません。

2) すべてのナショナル・アイデンティティとナショナル・プライドの完全な**破壊。**

3) **宗教の破壊**、特にキリスト教の破壊、ただし例外として、上記の彼ら自身の創作がある。

4) マインドコントロールとブレジンスキーが「テクノトロニクス」と呼ぶものによるあらゆる人の**コントロールは、**人間に見えるロボットと、フェリックス・ドザジンスキーの「赤い恐怖」が子供の遊びに見えるような恐怖のシステムを作り出すだろう。

5) **すべての工業化の**終焉と、彼らが言う「ポスト工業化ゼロ成長社会」での原子力発電の生産。コンピュータ業界とサービス業界は免除されます。残った米国の産業は、奴隷労働が豊富なメキシコなどの国に輸出されることになる。産業破壊の結果、失業者はアヘン、ヘロイン、コカインに溺れるか、あるいは我々が現在「グローバル2000」と呼んでいる消去法で統計に載ることになる。

6) 麻薬やポルノを**合法化する。**

7) カンボジアでポル・ポト政権が試行したように、主要都市の過疎化を進める。ポル・ポトの大量虐殺計画は、ここアメリカでローマクラブの研究財団の1つによって開発されたものであることは興味深い。また、同委員会が現在、カンボジアのポル・ポト派の虐殺者を復権させようとしていることも興味深い。

8) 委員会が有益と判断したものを除き、あらゆる科学的発展を**抑圧すること。**特に平和目的の原子力は対象としています。現在、委員会とそのプードルたちがマスコミで軽蔑し、嘲笑している核融合実験は、特に嫌われている。核融合トーチの開発は、委員会の「限りある天然資源」という概念を打ち砕くものである。核融合トーチを適切に使えば、ごく普通の物質から未開発の天然資源を無限に生み出すことができるのだ。核融合トーチの用途は数え切れないほどあり、まだ一般には全く理解されていない方法で人類に恩恵をもたらすだろう。

9) 先進国での限定的な**戦争**と第三世界での飢餓や病気によって、2000年までに30億人が死亡するという。300人委員会は、サイラス・ヴァンスに、このような大量虐殺をもたらす最善の方法について論文を書くように依頼した。この文書は「グローバル2000レポート」というタイトルで作成され、カーター大統領がアメリカ政府のために、そして代表

して行動を起こし、エドウィン・マスキー国務長官（当時）が受諾し承認した。グローバル2000レポート」によると、2050年までにアメリカの人口は1億人減少するという。

10) 国民のモラルを**低下させ**、大量の失業者を出すことで労働者階級の士気を低下させる。ローマクラブが導入したポスト産業ゼロ成長政策によって雇用が減少すると、意気消沈した労働者はアルコールやドラッグに走るようになる。この国の若者は、ロックミュージックやドラッグを通じて、現状に反抗することを奨励され、それによって家族単位が損なわれ、最終的には破壊されることになる。この点について、300人委員会は、タヴィストック研究所に、これをどのように実現するかについて、詳細な計画を作成するよう依頼した。タヴィストックは、ウィリス・ハーモン教授の指揮のもと、スタンフォード・リサーチ社にこの仕事を依頼した。この作品は、後に「アクエリアン・コンスピラシー」と呼ばれるようになる。

11) 次から次へと危機を作り出し、その危機を「管理」することによって、あらゆる場所で人々が自分自身の運命を決定するのを**阻止する。** これは、あまりにも多くの選択肢を前にして、大規模な無関心をもたらすほど、国民を混乱させ、士気を失わせる。米国の場合、すでに危機管理機関が設置されている。それは、私が1980年に初めて明らかにした連邦緊急事態管理庁（FEMA）である。FEMAについては、また追って説明します。

12) 新しいカルトを**導入**し、すでに機能しているものを強化し続ける。これには、ヨーロッパの黒人貴族に人気のあるギャングバンド、ミック・ジャガーの「ローリング・ストーンズ」などのロック「音楽」バンドや、「ビートルズ」に始まるタヴィストックの作ったすべての「ロック」バンドも含まれる。イギリス東インド会社の使用人ダービーが始めたキリスト教原理主義のカルトを発展させ続け、「神に選ばれた民」という*神話*によってユダヤ人と同化し、キリスト教を広めるための宗教的大義と誤解して非常に多額の寄付をすることによって、シオニスト国家イスラエルの強

化に乗っ取ることだ。

13) ムスリム同胞団、イスラム原理主義、シーク教などの宗教カルトの普及を**働きかけ**、ジム・ジョーンズや「サムの息子」型の殺人実験を行う。私が1985年に出版した『*イランで本当に起こったこと*』で報告したように、故ホメイニ師は英国軍事情報部第6課（通称MI6）の創作であったことに注意しなければならない。

14) 既存のすべての宗教、特にキリスト教を弱体化させるために、「宗教的解放」の思想を世界中に**輸出すること。これは、**ニカラグアのソモサ家政権を崩壊させた「イエズス会解放の神学」に始まり、25年間「内戦」状態にあるエルサルバドル、コスタリカ、ホンジュラスを破壊している。いわゆる解放の神学に携わる非常に活発な団体として、共産主義を志向するメリー・ノール・ミッションがある。数年前、エルサルバドルで起きたメリー・ノール修道女と呼ばれる4人の殺害事件でマスコミが注目したのもそのためである。この4人の修道女は共産主義破壊工作員であり、その活動はエルサルバドル政府によって広く記録されていた。アメリカの報道機関やメディアは、メリー・ノール宣教修道女が同国で何をしていたかを証明する、サルバドル政府が保有する大量の文書について、一切の紙面や報道を拒否しているのである。メリー・ノールは多くの国で活躍し、ローデシア、モザンビーク、アンゴラ、南アフリカに共産主義を導入することに貢献しました。

15) 世界の経済を崩壊させ、政治を混乱させる。

16) 米国のすべての外交・内政を**掌握する。**

17) 国際連合（UN）、国際通貨基金（IMF）、国際決済銀行（BIS）、国際刑事裁判所などの超国家機関を最大限に支援し、可能であれば、現地の機関を段階的に廃止するか国連の傘下に置くことによって、その影響を軽減すること。

18) すべての政府に**浸透**し、**破壊**し、その中で、彼らが代表する国家の主権的完全性を破壊すること。

19) 世界的な**テロ**組織を**組織**し、テロ活動が行われるたびにテロリストと交渉する。モロ首相とドジエ将軍を誘拐した赤

31|

い旅団と交渉するようイタリアとアメリカの政府を説得したのは、ベッティーノ・クラクシであったことは記憶に新しいところである。ちなみに、ドージャー将軍は自分の身に起こったことを話すなと命じられている。もし彼が沈黙を破れば、キッシンジャーがアルド・モロやアリ・ブット、ジア・ウル・ハク将軍を扱ったような「恐ろしい例」にされるに違いない。

20) アメリカの教育を完全に破壊する意図と目的で、教育を**支配する**こと。1969年に私が初めて挙げたこれらの目標のほとんどは、その後達成されたか、あるいは達成の途上にある。マルサスは、英国の聖職者の息子で、300人委員会のモデルとなった英国東インド会社によって頭角を現した人物である。

マルサスは、人間の進歩は、地球がある一定の数の人間を支えることができる自然的能力に関連しており、それを超えると地球の限られた資源は急速に枯渇すると主張した。これらの天然資源は、一度消費してしまうと、その代替が不可能になります。だからこそ、マルサスが指摘したように、減少する天然資源の範囲内で人口を制限することが必要なのである。言うまでもなく、エリートは「役立たずの食いしん坊」の人口が増えれば困るので、淘汰が必要なのである。すでに述べたように、「グローバル2000レポート」で提唱された方法に従って、今日も「淘汰」が進んでいるのである。

委員会の経済計画はすべて、マルサスと、ローマクラブのスポンサーであるもう一人の悲観的な経済学者、フレデリック・フォン・ハイエクの交差点に位置している。オーストリア系のフォン・ハイエックは、長い間デイヴィッド・ロックフェラーの支配下にあり、フォン・ハイエックの理論は、アメリカではかなり広く受け入れられていた。ハイエクによれば、アメリカの経済基盤は、（a）都市の闇市（b）労働搾取工場による香港型の小規模産業（c）観光業（d）投機家が自由に活動でき、麻薬取引が盛んになる自由企業区域（e）すべての産業活動の終結（f）すべての原子力発電所の閉鎖に基づくべきであるというのである。

ハイエクの思想はローマクラブの思想と完全に一致しており、

この国の右翼界隈でこれほどまでに宣伝される理由もそこにあるのだろう。フォン・ハイエクの知的遺産は、ポーランドに派遣された新しい若い経済学者、ジェフリー・サックスに受け継がれている。

ローマクラブは、ポーランドの経済危機を組織し、同国の政治的不安定を招いたことは、記憶に新しい。いわば同じ経済計画をロシアに押し付けるわけだが、反対が広まれば、すぐに旧来の価格支持制度を復活させるだろう。

300人委員会はローマクラブに、ポーランド民族主義をカトリック教会を破壊し、ロシア軍による再占領の道を開くための道具として利用するよう命じた。連帯」運動は、300人委員会のメンバーであるZbigniew Brzezinskiが、「組合」の名前を選び、その指導者と組織者を選んで作り出したものである。連帯」は、グダンスク造船所の労働者を利用して立ち上げたとはいえ、「労働組合」運動ではなく、一国政府の出現のために強制的な変革をもたらすために作られたハイレベルな「政治的」組織である。

連帯」の指導者の多くは、オデッサ出身のボルシェビキのユダヤ人の子孫で、共産主義を憎んでいたことは知られていない。このことは、アメリカの報道機関が提供する広範な報道を理解するのに役立つ。サックス教授は、このプロセスをさらに一歩進め、ソ連の支配から解放されたばかりのポーランドを経済的に奴隷にすることを確実にしたのである。ポーランドは今後、アメリカの経済的な奴隷になる。マスターが変わっただけです。

ブレジンスキーは、この国の将来に関心を持つすべてのアメリカ人が読むべき本の著者である。テクノトロニック時代」と題されたこの本は、ローマクラブの依頼で書かれたものだ。本書は、今後アメリカをコントロールするための方法と手法を公開したものである。また、クローンや「ロボトイズ」（人のように振る舞い、人のように見えるが、人ではない人々）についても発表しています。ブレジンスキーは、300人委員会を代表して、米国は "これまでにない時代に突入している。"簡単に独裁国家になりうるテクノトロニック時代に突入している、と述べたのだ。私は1981年に「テクノトロニック時代」について大々

的に報告し、ニュースレターでも何度か取り上げてきた。

ブレジンスキーはさらに、我々の社会は「娯楽、スポーツ・スペクタクル（スポーツイベントのテレビ中継）に基づく情報革命の中にあり、それらはますます目的を失った大衆にアヘンを提供する」と述べた。ブレジンスキーもまた先見者であり預言者であったのか。彼は未来を見ることができるのか？彼の本に書かれていることは、ローマクラブに提出された300人委員会の計画書をコピーして実行に移しただけなのだ。1991年の時点で、すでに無目的の市民が大量に存在しているのではないだろうか？3000万人の失業者と400万人のホームレスが「無目的の塊」、あるいは少なくともその核を構成していると言えるでしょう。

レーニンやマルクスが必要だと認めていた「大衆のアヘン」である宗教に加え、今や大衆スポーツ、奔放な性欲、ロックミュージック、そしてドラッグ中毒の子供たちという全く新しい世代のアヘンが存在しているのだ。カジュアルなセックスとドラッグの蔓延は、周囲で起こっていることから人々の目をそらすために生み出されたものです。ブレジンスキーは『テクノトロニック時代』の中で、「大衆」について、まるで人間が無生物であるかのように語っているが、それはおそらく300人委員会でも同じように捉えられている。　彼は絶えず、私たちという「大衆」をコントロールする必要性について言及している。

ある時、彼は秘密を漏らす。

> "同時に、個人に対する社会的・政治的支配力を行使する能力もかなり高まるだろう。近い将来、すべての国民をほぼ永久に管理し、通常のデータに加え、国民一人ひとりの健康状態や個人的な行動など、最も個人的な内容まで含んだ最新のファイルを保持することができるようになるだろう。これらのファイルは、当局が即座に検索することができます。権力は、情報をコントロールする者に引き寄せられる。現在の制度は、事前に起こりうる社会危機を特定し、それに対処するためのプログラムを開発することを任務とする危機管理機関に取って代わられるだろう（これは、ずっと後に登場するFEMAの構造を示している）。

> 「このことは、今後数十年の間に、技術時代、独裁時代へ

の傾向を促し、我々が知っているような政治的手続きの余地をさらに少なくするだろう。最後に、今世紀末を展望すると、人間のように働き、人間のように考える人間を含む、人間に対するバイオシミック・メンタル・コントロールと遺伝子操作の可能性は、いくつかの困難な問いをもたらすかもしれない。

ブレジンスキーは私人としてではなく、カーターの国家安全保障顧問、ローマクラブの有力メンバー、300人委員会のメンバー、CFRのメンバー、ポーランドの旧黒人貴族の一員として書いていたのだ。彼の著書は、アメリカがいかにして産業基盤を放棄し、彼が言うところの「明確な新しい歴史的時代」に突入しなければならないかを説いている。

> "アメリカの特徴は、ポップアートやLSDなど、未来に向けた実験に積極的なところです。今日、アメリカは創造的な社会であり、他の国々は、意識的にせよ無意識的にせよ、模倣者である。"

彼が言うべきことは、アメリカは、旧秩序の崩壊と一つの世界政府-新世界秩序への参入に直接つながる300人委員会の政策のための実験場であるということだ。

テクノトロニック・エイジ』の1章では、新しいテクノロジーがいかに激しい対立をもたらし、社会と国際平和に歪みをもたらすかが説明されている。不思議なことに、私たちはすでに監視によって強い緊張を強いられているのです。キューバのルルドもその一つです。もう一つはベルギーのブリュッセルにあるNATO本部で、「666」と呼ばれる巨大なコンピューターがブレジンスキーが述べたあらゆる種類のデータを保存でき、さらにいくつかの国の何十億人もの人々のデータを収集する拡張能力を持っているが、大量虐殺を行う「グローバル2000レポート」に照らして、おそらく使う必要はないだろうと言われている。

アメリカではデータの検索は簡単で、社会保障番号や運転免許証の番号を666に加えるだけで、ブレジンスキーや300人委員会の同僚たちが発表した監視記録を得ることができるのだ。委員会はすでに1981年に、ソ連を含む各国政府に対して、「300人委員会が新世界秩序の準備を完全にコントロールしない限り、混乱が起こる」と警告している。

"コントロールは委員会を通じて、またグローバルな計画と
危機管理を通じて行われる"

私は、この事実を1981年に受け取ってから数ヵ月後に報告しま
した。もうひとつは、「ロシアが『単一の世界政府』の準備に
参加するよう招待された」というものだ。

私がこの文章を書いた1981年当時、すでに陰謀家たちの世界計
画は高度に準備された状態にあった。この10年間を振り返って
みると、委員会の計画がいかに早く進んできたかがわかりま
す。1981年に提供された情報が憂慮すべきものであったとすれ
ば、私たちが知っているアメリカの終焉の最終段階に近づいて
いる今日、それはさらに憂慮すべきものであるはずだ。無制限
の資金、数百のシンクタンク、5千のソーシャルエンジニア、
メディアの商品化、ほとんどの政府のコントロールなど、現時
点では、どの国も反対できない巨大な規模の問題を企んでいる
ことがわかります。

何度も言うように、私が言っている問題はモスクワに端を発し
ていると誤解されているのだ。私たちは、共産主義が私たちアメ
リカ人が直面する最大の危険であると信じるように洗脳され
ているのです。*それは単純に違う。最大の危機*は、私たちの中
にいる大量の裏切り者から来る。憲法は、国境内にいる敵に注
意するよう警告している。これらの敵は、我々の政府機構の中
で*高い地位*[1] を占める300人委員会の下僕たちである。米国は、
私たちを飲み込もうとする流れを変えるために私たちが戦いを
始めなければならない場所であり、内部の陰謀者たちに会い、
打ち負かさなければならない場所である。

ローマクラブは、米国国務省のエリオット・エイブラムス氏が
描いた全体計画の一部として、エルサルバドルでの25年にわた
る戦争の創出にも直接的な役割を果たしました。サルバドール
のゲリラの「最後の攻撃」に資金を提供したのは、300人委員
会のメンバーで、社会主義インターナショナルの指導者、元西

---

[1] 　*「最後に、兄弟たちよ、主にあって、その力によって強くなりなさい。悪魔
の策略に対抗して立ちうるために、神の武具をすべて身につけなさい。私たち
が戦うのは、血肉に対するものではなく、支配者、権力者、この世の闇の支配
者、高い所にある霊的な悪に対するものである。-　　タルソのパウロ、エペソ
6:10-12。*

ドイツ首相のウィリー・ブラントである。エルサルバドルは、中米を新たな三十年戦争の舞台とするために委員会によって選ばれた。この任務は、「アンデス計画」という無難なタイトルのもとにキッシンジャーに実行させるために割り当てられた。

このように、謀略家は国境を越えて活動するものである。ヴィリー・ブラントが計画した「最終攻撃」行動は、当時ローマクラブによって運命づけられたスペインの首相になる準備をしていたフェリペ・ゴンザレスへの訪問から生まれたものであった。私や私の元諜報部員を除けば、ゴンザレスがキューバに現れるまで、誰も彼のことを知らなかったようだ。ゴンザレスはローマクラブのエルサルバドル担当大使であり、フランコ将軍の死後、スペインで初めて政治権力についた社会主義者であった。

ゴンザレスは、1980年12月に行われたローマクラブの社会主義者「ゲット・レーガン」会合に出席するため、ワシントンへ向かう途中であった。ゴンザレスとカストロの会談には、ワシントンの300人委員会の左翼シンクタンクとして最も有名な政策研究所（IPS）の代表、左翼ゲリラのギレルモ・ウンゴが同席していた。ウンゴは、カストロに会うためにワシントンからハバナへ向かう途中、謎の飛行機事故で亡くなったIPSのメンバーが率いていた。

ご存知のように、政治の左派と右派は同じ人間が支配している。ウンゴがエルサルバドルの右派リーダー、故ナポレオン・ドゥアルテの長年の友人であったことも、その説明に一役買っている。サルバドールゲリラの「最終攻勢」が行われたのは、このキューバ会議の後であった。

南米とアメリカの二極化は、300人委員会がキッシンジャーに与えた特別な任務であった。フォークランド紛争とそれに続くアルゼンチン政府の転覆、経済的混乱、政治的混乱は、300人委員会の幹部であったキャリントン卿とキッシンジャー・アソシエイツが協力して計画したものであった。

アメリカの「300人委員会」の主要な資産の一つであるコロラド州の「アスペン研究所」も、イランの国王が倒れた時と同じように、アルゼンチンでのイベントの企画に協力した。ラテンアメリカは米国にとって重要な国である。米国はラテンアメリ

カ諸国と多くの相互防衛条約を結んでいるだけでなく、米国の技術や重工業機器の輸出に巨大な市場を提供する可能性があり、それによって低迷する多くの企業が活気づき、何千もの新しい雇用がもたらされるだろうからである。これは、30年戦争をしてでも、何としても阻止しなければならない。

300人委員会は、この大きな可能性を肯定的にとらえるのではなく、アメリカのポスト工業化、ゼロ成長計画に対する危険な脅威ととらえ、すぐにアルゼンチンを見せしめにして、他のラテンアメリカ諸国に対して、民族主義、独立、主権的統合を促進するためのあらゆる考えを忘れるように警告する措置をとったのである。このため、中南米の多くの国では、薬物を唯一の生活の糧とするようになったが、これはそもそも共謀者の意図であった可能性がある。

アメリカ人は一般にメキシコを見下しているが、これこそ委員会がアメリカ国民にメキシコを見て*ほしい*と思っている*態度*である。私たちがすべきことは、メキシコや南米全般を見る目を変えることです。メキシコは、あらゆる種類のアメリカ製品にとって潜在的に巨大な市場であり、アメリカ人とメキシコ人の双方にとって何千もの雇用を意味する可能性があります。我々の産業を「国境の南」に移し、マキラドーラに奴隷賃金を支払うことは、どちらの国にとっても利益にはならない。オリンピアン」以外には何のメリットもない。

メキシコはかつて、核技術のほとんどをアルゼンチンから受けていたが、フォークランド紛争でこれを打ち切った。1986年、ローマクラブは、発展途上国への原子力技術の輸出を停止することを宣言した。原子力発電所による安価で豊富な電力供給により、メキシコは「ラテンアメリカのドイツ」になるはずだった。これは、1991年にイスラエルへの輸出を除くすべての核技術輸出を停止した共謀者たちにとって、災難であったろう。

300人委員会がメキシコに考えているのは、封建的な農民であり、メキシコの石油を容易に管理し、略奪できる状態である。安定し繁栄するメキシコは、米国にとって財産となるに違いありません。共謀者たちはこれを阻止したいがために、何十年にもわたってメキシコに対する当てこすり、中傷、直接的な経済戦争に従事してきたのだ。ロペス・ポルティージョ前大統領が

政権を取り、銀行を国有化する以前、メキシコはウォール街の銀行や証券会社の300人委員会の代表が組織・指揮する資本逃避によって1日に2億ドルを失っていた。

もし私たち米国に政治家ではなく政治家がいれば、私たちは一緒に行動し、メキシコを無能な状態に陥れようとする一つの世界政府と新世界秩序の計画を打ち負かすことができるだろう。もし、ローマクラブのメキシコでの計画を打ち砕くことができたら、300人委員会にとっては、立ち直るのに長い時間がかかるほどのショックだろう。イルミナティの後継者は、メキシコと同様、米国にとっても大きな脅威である。メキシコの愛国運動と共通項を見いだすことで、私たちアメリカは侮れない力を持つことができるのです。しかし、そのような行動にはリーダーシップが必要であり、私たちは他のどの分野よりもリーダーシップを欠いているのです。

300人委員会は、多くの加盟団体を通じて、レーガンの大統領就任を無効化することに成功した。ヘリテージ財団のスチュアート・バトラーは次のように語っている。「右派は1980年に勝ったと思っていたが、実際は負けていたのだ。バトラーは、レーガン政権の重要ポストがすべてヘリテージ財団によって任命されたフェビアン社会主義者によって占められていることに気づいた右派が置かれた状況を指している。バトラーはさらに、ヘリテージは右翼的な発想で急進的な左翼主義をアメリカに押し付けるだろう、それはアメリカを代表するフェビアン主義者でヘリテージの最重要人物であるピーター・ビッカース・ホール卿が選挙の年に公然と議論したのと同じ過激な発想だと言い放った。

ピーター・ビッカーズ・ホール卿は、保守的な「シンクタンク」を運営しながらも、活発なフェビアン主義者であり続けた。イギリスの寡頭政治家である武器製造会社ビッカース家の一員として、地位と権力を手にしていたのだ。ヴィッカース家は、第一次世界大戦中も、ヒトラーが台頭してきたときも、両陣営に航空機を供給していた。ビッカースの公式カバーは、カリフォルニア大学の都市・地域開発研究所であった。英国労働党の指導者で300人委員会のメンバーだったアンソニー・ウェッジウッド・ベンの長年の腹心の友であった。

ビッカースとベンは、世界最高峰の洗脳機関であるタヴィストック人間関係研究所に所属している。ビッカースは、タヴィストックのトレーニングを受けたことを、講演で効果的に使っている。次のような例を考えてみましょう。

> "アメリカ "は2つある。ひとつは、19世紀の重工業に基づく社会。もうひとつは、旧アメリカの瓦礫の上に築かれた、急成長するポスト工業化社会である。この2つの世界の間の危機こそが、今後10年間の経済的・社会的破局を生み出すのである。この2つの世界は根本的に対立しており、共存することはできません。最終的には、ポスト工業化された世界は、他者を粉砕し、抹殺しなければならない。"

このスピーチは1981年に行われたものだが、ピーター卿の予言がいかに的中していたかは、経済や産業の現状を見れば明らかである。私は、1991年の不況はいつまで続くのかと聞かれたとき、ピーター卿の発言を紹介し、1995年から1996年までは終わらないだろう、それでも1960年代、1970年代のアメリカとは違うものになるだろうと、自分の意見を付け加えました。アメリカはすでに破壊されているということ。

> "わが民は、（わが）知識の欠如のために滅ぼされる"。- 神、ホセア4:6。

ピーター卿の講演は、講演後すぐに私のニュースレターで報告しました。しかし、300人委員会とその執行機関であるローマクラブによって、すでにアメリカに書き込まれた未来を予測するのは簡単なことだった。ピーター卿は何を婉曲的に言っていたのか。日常語に訳すと、古いアメリカの生活様式、憲法に基づく真の共和制の政治形態は、新世界秩序によって粉砕されるだろうということであった。私たちが知っているアメリカは、消え去るか、粉々に吹き飛ばされるしかなかったのです。

先ほども申し上げたように、「300人委員会」のメンバーは、よく目立つ存在です。ピーター卿も例外ではなかった。最後に、ピーター卿はこう言って、講演を締めくくった。

> 「ヘリテージ財団やそのような団体と一緒に仕事をするのは、まったく問題ない。真のフェビアンたちは、自分たちのより過激なアイデアを押し通すために、新右翼に期待しているのです。この10年以上、イギリス国民はいかに自分

たちが産業的に衰退しているかというプロパガンダの嵐に
さらされ続けてきた。しかし、このようなプロパガンダの
正味の効果は、国民の士気を低下させることであった。(ま
さにタヴィストックのニューサイエンス科学者が予言した
通り)。

"景気が悪くなると、アメリカではこうなる "ということで
す。この(やる気をなくす)プロセスは、人々が困難な選
択を受け入れるために必要なことなのです。もし、将来に
対する計画がなかったり、特別な利益団体が進歩を阻んだ
りすれば、現在では想像もつかないような規模の社会的混
乱が起こるでしょう。アメリカの都市部の展望は暗い。イ
ンナーシティをどうにかすることは可能だが、根本的に都
市は縮小し、製造業の基盤は衰退していくだろう。それは
社会の混乱を招く。"

ピーター卿は超能力者なのか、名うてのマジシャンなのか、そ
れとも単に運のいいチャラ男占い師なのか?答えは、「どれで
もない」です。ピーター卿がやっていたのは、かつての巨大産
業であった米国をゆっくりと死に至らしめるための「300人委
員会-ローマクラブ」計画を読んでいただけなのだ。ピーター卿
の10年間の予測を考えると、300人委員会の先進国アメリカの
終焉の計画は、既成事実化されたと見て間違いないだろうか。

ピーター卿の予測は驚くほど的中したのでは?確かに、ほとん
ど最後の言葉までそうでした。なお、レーガン政権に送られた
3,000ページの諮問資料の多くは、ピーター・ビッカース卿(ビ
ッカース・ホール卿の義父)がスタンフォード大学の研究論文
「Changing Images of Man」に携わっていたものである。また、
ピーター・ビッカース卿は、MI6の英国情報部の幹部として、
ヘリテージに多くの事前情報を提供することができた。

ピーター・ビッカース卿は、300人委員会とNATOのメンバーと
して、NATOがローマクラブに、アメリカの目指す方向を完全
に変えるような社会プログラムの開発を依頼したときに立ち会
った。ローマクラブは、タヴィストックの指導の下、スタンフ
ォード研究所(SRI)に、アメリカだけでなく、大西洋同盟の
すべての国やOECD諸国のために、このようなプログラムの開
発を依頼したのです。

レーガン大統領に3000ページに及ぶ「勧告」を渡したのは、ピーター卿の弟子であるスチュアート・バトラーだった。 この勧告には、国会議員で300人委員会の有力メンバーであるアンソニー・ウェッジウッド・ベンが述べた意見の一部が含まれていたと思われる。 ベンは1980年12月8日にワシントンで会合した社会主義インターナショナル会員に対して、次のように語っている。

> "パイロットレーガンが信用収縮を激化させれば、ボルカー信用収縮の下で繁栄することができる"

バトラーの助言は、レーガン政権の経済政策の下で加速した信用組合と銀行業界の崩壊に見られるように、レーガン政権にも踏襲され、適用されたのである。ベンは「舵取り」と言ったが、本音はレーガンを洗脳しなければならないということだった。興味深いことに、ヘリテージの創設メンバーであるフォン・ハイエックは、弟子のミルトン・フリードマンを使ってローマクラブの脱工業化計画を主宰し、レーガン大統領の時代に鉄鋼業、そして後に自動車産業と住宅産業の崩壊を加速させたのである。

この点、フランスの黒人貴族エティエンヌ・ダビニョンは、300人委員会のメンバーとして、この国の鉄鋼業を崩壊させる仕事を任されたのである。10年間仕事を失った何十万人もの鉄鋼労働者や造船所の労働者が、ダヴィニョンのことを耳にしたことはないだろう。ダヴィニョン計画については、1981年4月の『経済評論』で詳しく説明した。その年の12月10日、ワシントンDCで開かれたローマクラブの会合に、イランからホメイニ師の特使であるバニ・サドルという謎の男が出席していた。

1980年12月10日のコンクラーベで行われたある演説が私の注意を引いた。それは、フランスのエスタブリッシュメントから時代遅れと見なされていたフランソワ・ミッテランのものだったからだ。しかし、以前から私の情報筋は、ミッテランが回復し、埃を払い、政権を取り戻そうとしていると言っていたので、彼の発言は私にとって非常に重みがあるものだった。

> 「産業資本主義の発展は自由の対極にある。XXe と XXIe 世紀の経済システムは、機械を使って人間に取って代わるだろう。まず第一に、原子力の分野で、すでに恐るべき結果

を生み出している。"

ミッテランのエリゼ復帰は、社会主義にとって大きな勝利であった。それは、300人委員会が、たとえミッテランのケースのように、数日前にパリの有力グループから完全に拒絶されていたとしても、出来事を予測し、それを力づくで、あるいはあらゆる手段で実現させ、どんな反対勢力も粉砕できるほど強力であることを証明したのである。

1980年12月のワシントンでの会合に「オブザーバー資格」で参加したもう一人の代表者は、名誉毀損防止同盟（ADL）の調査委員会の責任者、「アーウィン・スール」としても知られるジョン・グラハムであった。ADLは、MI6とJIOという英国諜報機関の3部門が運営する本格的な英国諜報活動である。スオールは、ロンドンのイーストエンドの下水道で、その膨大なトリックを身につけた。スオールは、今もジェームズ・ボンド風のエリート作戦部隊である超秘密情報局（SIS）に所属している。ADLのパワーやその長いリーチを過小評価する人はいないでしょう。

スオールはホールや他のフェビアニストと密接に連携している。ミルナー、ローズ、バージェス、マクリーン、キム・フィルビーなどを輩出した共産主義教育の中心地、英国オックスフォード大学のラスキン労働大学に在学中、英国諜報機関にとって有用であると指定されたのだ。オックスフォード大学やケンブリッジ大学は、長い間、エリートの息子や娘、つまり、両親が英国の上流社会の「クリーム」に属する人々の領域であった。スオールは、オックスフォード大学在学中に青年社会主義同盟に参加し、まもなく英国秘密警察に採用された。

スオールは、アメリカに赴任し、この国で最も陰湿な左翼の一人であるウォルター・リップマンの保護と後援を受けることになった。リップマンは、産業民主化同盟と民主社会のための学生という二つの左翼組織を設立し、指導した。この二つの組織は、彼が「資本家階級」と呼ぶボスたちと産業労働者を対立させることを目的としていた。この2つのプロジェクトは、リップマンが重要なメンバーであった「300人委員会」のアメリカ全土を網羅する装置の不可欠な部分であった。

スオールは司法省と密接な関係にあり、標的とする人物のFBI

プロファイルを入手することができる。司法省はスオールが欲しいものをいつでも与えるように命令している。スオールの活動のほとんどは、「右翼団体や個人を監視すること」である。ADLは国務省に門戸を開いており、国務省の優秀な情報機関を有効に活用している。

国務省には、「大胆不敵な反ユダヤ主義の闘士」を装う右翼のエージェント層がいる。この情報提供者のグループには4人のリーダーがおり、そのうち3人は目立たないユダヤ系同性愛者である。このスパイ集団は、20年前から活動している。彼らは激しく反ユダヤ的な「新聞」を発行し、さまざまな反ユダヤ的な書籍を販売しています。主要なオペレーターの一人はルイジアナ州で働いています。メンバーの一人は、キリスト教右派界隈で人気の作家である。このグループとその中の個人は、ADLの保護下にあります。スオールはABSCAMと深く関わり、しばしば警察から捜査や潜入捜査の支援を要請されています。

スオールは、ヘリテージ財団が新大統領に示した道筋から、レーガンを「監視」し、レーガンがいつでも逸脱したり、目隠しを外したりしそうになったら、警告のショットを放つという任務を負っていた。スオールは、レーガン政権でヘリテージに忠実でない厄介な右翼の顧問を排除するのに貢献した。レーガンの労働長官であったレイ・ドノバンがそうであった。彼は、ADLの "Dirty-Tricks "部門（[2]）のおかげで、最終的に罷免されることになった。ヘリテージ財団の3000人推薦リストの一人であるジェームズ・ベーカー3世は、スオールのドノバンに関するヘイトメッセージを大統領に渡した仲介者である。

もう一人の重要な共謀者は、CIAからのいわゆる「亡命者」であるフィリップ・エイジである。委員会のメンバーではないが、メキシコ担当のケースオフィサーを務め、（イギリスの）王立国際問題研究所（RIIA）と（アメリカの）外交問題評議会の指導を受けた。ちなみに、アメリカで起こることは、RIIAの認可なしには起こりません。これは、1938年にチャーチルとルーズベルトによって初めて公然と結ばれた（これ以前にも多くの秘密協定があった）継続的かつ恒久的な協定であり、この協定に基づいて米国情報機関は英国情報機関と最高機密情報を共

---

[2] "Twisted blows"、Ndt.

有することが義務付けられている。

これが、チャーチルやハリファックス卿があらゆる意味で「特別」だと自慢した、いわゆる日米の「特別な関係」の根底にあるものである。

この「関係」は、米国が英国の利益、特にエリザベス女王の直系家族が大きな利害関係を持つ300人委員会の最重要企業の一つであるブリティッシュ・ペトロリアム社のために、そしてその代理としてイラクに対する湾岸戦争を遂行したことに責任がある。

1938年以来、この特別な合同司令部機構を通さない限り、情報活動は行われていない。フィリップ・エイジは、ノートルダム大学を卒業後、CIAに入り、そのイエズス会のメイソンの輪に入った。エイジは1968年、メキシコシティ大学暴動事件の諜報員として初めて私の目に留まった。メキシコの学生暴動は、ニューヨーク、ボン、プラハ、西ベルリンでの学生暴動と同時期に発生したことが重要なポイントである。

国際刑事警察機構（INTERPOL）が持つ調整の専門知識と特別な情報網のおかげで、学生暴動から主権国家と思われる国の指導者の排除まで、委員会が慎重に計画した世界規模の行動を引き起こすことは、最初に見たほど難しくはないのです。すべては「オリンピアン」たちの日々の仕事の一部なのだ。エイジはメキシコから、プエルトリコのテロリスト集団と手を組んだ。この間、キューバの独裁者フィデル・カストロの腹心の友となった。

エイジがこれらの作戦を行っていたとき、「不正な」エージェントとして行っていたと考えるべきではありません。それどころか、これらのミッションの間、彼はCIAのために働いていた。問題は、カストロのDGI（キューバ情報局）が彼を「転向」させることに成功したときだ。エイジは、その二重の役割が発覚するまで、CIAの一員として働き続けていた。キューバのルルドにあった、西側では最大のソ連軍の通信傍受基地である。ルルドは、3,000人のソビエト監視と信号解読の専門家を抱え、同時に数千の電子信号を監視することができる。ある議員とその愛人の間で交わされた数々の私的な電話のやり取りが、ルルドで拾われ、有効活用されたのです。

1991年の今日、「共産主義は死んだ」と言われているが、アメリカは目の前にある膨大なスパイ活動を止めるために何もしていないのである。ちなみにLourdesは、FAXや電動タイプライターが発する「テンペスト」と呼ばれる微弱な信号も拾うことができ、これを解読すると、タイプやFAXの内容がわかるという。ルルドは今もアメリカの「心臓に刺さった短剣」である。その存在を維持する理由は全くない。米ソが本当に平和なら、なぜこれほど大規模なスパイ活動を続ける必要があるのだろうか。単純な話、私たちが信じているように、KGBは人員を減らすどころか、1990年と1991年に大量に採用したのである。

バーナード・レヴィンは、アメリカではあまり知られていないかもしれない。退廃的なポップスターやハリウッドのみすぼらしい最新「発見」とは異なり、学者が人前に出ることは、たとえあったとしてもほとんどない。ローマクラブの支配下で働く何百人もの米国人学者の中で、レビンは特筆に価する。イラン国王の失脚は、バーナード・レヴィンとリチャード・フォークが考案し、ロバート・アンダーソンのアスペン研究所が監修した計画に従って実行された。

レヴィンは、国家や個々の指導者の士気をいかにして打破するかについて、ローマクラブが出版した『*Time Perspective and Morale*』の著者である。以下は、その資料の抜粋である。

> "恐怖の戦略　"によって士気を高める主なテクニックの1つは、まさにこの戦術であり、相手に自分の状況や期待できることを知らせないことです。さらに、厳しい懲戒処分と良い待遇の約束の間で頻繁に揺れ動き、矛盾したニュースが流されることによって、状況の構造が不明瞭になると、本人はある計画が自分をゴールに導くものなのか、それとも遠ざけるものなのかわからなくなるかもしれない。このような状況では、明確な目標を持ち、リスクを取ることをいとわない個人でさえ、"自分は何をすべきか　"という深刻な心の葛藤によって、麻痺してしまう。

このローマクラブのプロジェクトは、国だけでなく、個人、特にその国の政府の指導者にも適用されます。アメリカでは、「ああ、ここはアメリカだから、こういうことは起こらない」と考える必要はないのです。アメリカでは、おそらく他のどの国よりも、そういうことが起こっていると断言しておきましょ

う。

レビンとローマクラブの計画は、私たち全員の士気を低下さ
せ、最後には計画されたことに従わなければならないと思わせ
るように設計されているのです。私たちはローマクラブの命令
に羊のように従います。突然現れた強いリーダーが、国を救う
というのなら、それは最大限の疑いの目で見なければならな
い。ホメイニは、英国の諜報機関、特にパリ滞在中に何年もか
けて育てられ、突然イランの救世主として登場したことを忘れ
てはならない。エリツィンも同じMI6-SISの出身である。

ローマクラブは、米国を「軟化」させるという任務を成功裏に
終えたと確信している。この国の人々に対する45年間の戦争の
後、誰がそれが確かにその任務を達成したと疑うだろうか。周
りを見渡せば、私たちがいかにやる気をなくしているかわかる
はずです。麻薬、ポルノ、ロックンロール「音楽」、フリーセ
ックス、完全に損なわれた家族単位、レズビアニズム、同性
愛、そして最後に、母親による何百万人もの罪のない赤ん坊の
恐ろしい殺人がある。集団妊娠中絶ほど卑劣な犯罪がかつてあ
っただろうか。

米国が精神的にも道徳的にも破綻し、産業基盤が破壊され、
3000万人が失業し、大都市は考えうるあらゆる犯罪のひどい巣
窟となり、殺人率は他国のほぼ3倍、400万人のホームレスがい
て政府の腐敗が横行しているとき、誰が米国が内部崩壊寸前の
国になっていることに反論できるだろうか。400万人がホーム
レスとなり、政府の腐敗が横行する中、米国は内部から崩壊
し、暗黒時代の新しい一国政府の腕の中に落ちるような国にな
りつつあると誰が主張できるだろうか。

ローマクラブは、キリスト教会を分裂させることに成功した。
シオニスト国家イスラエルのために戦うカリスマ的原理主義者
と福音主義者の軍隊を作ることに成功したのである。湾岸戦争
のとき、「キリスト教の正義の戦争であるイラク戦争」にどう
して反対するのか、という手紙が何十通も届いた。キリスト教
原理主義者による（300人委員会の）イラク戦争への支持が聖
書的でないとどうして疑うことができようか。何しろ、ビリ
ー・グラハムは銃撃戦が始まる直前にブッシュ大統領と祈りを
交わさなかっただろうか？聖書には「戦争と戦争のうわさ」が

書かれているのでは？

これらの手紙から、タヴィストック研究所の活動の*有効性*を知ることができます。キリスト教原理主義者は、まさに予言されたように、イスラエル国家の背後にある強力な勢力となるだろう。このような善良な人々が、ローマクラブに大きく惑わされ、彼らの意見や信念は*彼ら自身のものではなく*、アメリカの風景に点在する300の「シンクタンク」の何百もの委員会が彼らのために*作り出した*ものだということに気付かないのは、なんと悲しいことだろう。つまり、アメリカの他の層と同様に、キリスト教原理主義者や福音主義者は完全に洗脳されてしまっているのである。

国家として、私たちはアメリカ合衆国と、かつて世界から羨望されたアメリカの生活様式の終焉を受け入れる用意があるのです。今起きたことだと思わないでください。昔からある「時は移り変わる」症候群です。時間は何も変えません。変えるのは人です。300人委員会やローマクラブをヨーロッパの制度と考えるのは間違いだ。ローマクラブはアメリカでも大きな影響力と力を持っており、ワシントンD.C.を拠点に独自のセクションを持っています。

ペル上院議員がリーダーで、メンバーには元下院エネルギー小委員会スタッフのフランク・M・ポッター氏もいる。下院エネルギー小委員会の元スタッフ・ディレクター、ポッター氏。ローマクラブがいかに米国のエネルギー政策の支配力を維持してきたか、そして原子力発電に対する「グリーン」な反対運動がどこから来ているのかを理解するのは難しいことではない。クラブの最大の功績は、原子力発電に関して議会を押さえ、米国が強い産業国家として21^{ème}世紀を迎えることを阻む効果をもたらしたことだろう。ローマクラブの反原発政策の効果は、沈黙する高炉、放棄された鉄道駅、錆びついた製鉄所、長く閉鎖された造船所、そして二度と集められない米国内に散在する貴重な技能労働力という形で測ることができる。

米国におけるローマクラブの他のメンバーは、議会調査局のWalter A. Hahn、上級エコノミストのAnn CheathamとDouglas Rossの二人である。米国議会調査局のHahn、Ann Cheatham、Douglas Rossの両シニアエコノミスト。ロスの仕事は、彼自身

の言葉を借りれば「ローマクラブの視点を法制化し、国が豊かさの幻想を捨てられるようにすること」であった。アン・チーサムは、「コングレス・クリアリングハウス・フォー・ザ・フューチャー」という組織の責任者であった。

彼女の仕事は、占星術やニューエイジの迷信に影響を受けそうな議員をプロファイリングすることだった。一時期は100人以上の下院議員を授業に参加させていた。毎日、彼女の「オカルト的な感覚」に基づいて、さまざまな占星術の「予言」が行われた。彼のセッションには、下院議員以外にも、マイケル・ウォルシュ氏、Committee of 300の有力メンバーであるソーントン・ブラッドショー氏、オールステート保険会社の副社長であるデビッド・スターンライト氏など、著名人が参加していた。300人委員会の最も著名なメンバーの何人かは、NATOのメンバーでもあり、この事実を忘れてはならない。この「300人委員会」のメンバーは、複数の役職を兼任していることが多い。NATO-Club of Romeのメンバーには、ハーランド・クリーブランド元NATO大使、ジョセフ・スレーター・アスペン研究所所長、ドナルド・レッシュ元米国安全保障局職員、ジョージ・マクギー、クレイボーン・ペルなど、そうそうたるメンバーが名を連ねている。

テレビ番組やニュースサービスで彼らの名前が登場したときに、彼らが誰で、何のためにいるのかを思い出せるように、これらの名前を覚えておくことが重要なのです。諜報活動の常套手段として、委員会のリーダーはしばしばテレビに登場し、通常は最も無邪気な装いで登場する。私たちは、彼らのすることに罪はないことを知るべきです。

300人委員会は、米国の筋肉と神経、政府、議会、大統領周辺の顧問職、大使、国務長官などに工作員を送り込んでいる。ローマクラブは、時々、会議やミーティングを開くが、その際、無難な題名であっても、行動委員会に分けられ、各委員会には、特定の任務と、その任務を完了しなければならない正確な目標期日が割り当てられている。300人委員会は、何もしなければ、非常に決まったスケジュールで動いている。米国で最初のローマクラブ会議は、1969年に300人委員会によって「ローマクラブ協会」："The Club of Rome Association "の名称で開催さ

れた。次の会合は、1970年に「Riverdale Centre of Religious Research」というタイトルで、トーマス・バーニーを中心に開かれた。その後、1971年からテキサス州ヒューストンで開催された「ウッドランド会議」に続くものである。以後、毎年ウッドランドで定期的に開催されるようになった。また、後日の1971年には、ミッチェル・エネルギー開発公社がローマクラブのエネルギー戦略会議：The recurring themeを開催した。米国での成長を制限している。さらに、1980年7月には、ローマクラブの傘下で活動するさまざまな機関の会員や関連会社である社会技術者やシンクタンクのメンバー4,000人が参加して、第1回世界未来会議が開催された。

第1回世界未来会議は、ホワイトハウスのお墨付きで、第1回世界会議のフォーラムの記録をもとに、独自の会議を開催した。それは「1980年代に関するホワイトハウス委員会」と呼ばれ、ローマクラブの政策を「将来の米国政策の指針として」公式に推奨し、米国経済は産業段階から脱却しつつあるとまで言い切った。これは、ピーター・ビッカーズ＝ホール卿やズビブニエフ・ブレジンスキーのテーマと同じであり、300人委員会が内外の米国問題に対して行使している支配力をさらに証明するものである。

1981年に私が言ったように、私たちは政治的、社会的、経済的にローマクラブの計画に縛られたままであることを余儀なくされています。すべてが私たちに不利な条件です。私たちが生き残るためには、300人委員会が政府を支配していることを断ち切らなければならないのです。カルビン・クーリッジがホワイトハウスに立候補して以来、どの選挙でも「300人委員会」は政府の要職に工作員を配置し、誰がホワイトハウスを手に入れるかは問題にしていないのだ。例えば、フランクリン・D・ルーズベルトの時代から大統領選に出馬した候補者はすべて、RIIAの指示で行動する外交問題評議会によって選ばれた、いわば「手打ち」された人たちである。

特に1980年の選挙では、アメリカの最高権力者の候補者は皆、CFRの指示を受けていた。だから、誰が大統領選に勝とうが、共謀者には関係ないのである。ヘリテージ財団やCFRのようなトロイの木馬のおかげで、新政権のすべての重要な政策ポジシ

ョンは外交問題評議会の候補者によって、それ以前は1960年代からNATOのローマクラブのイエスマンによって占められてきた。したがって、主要政策の決定にはローマクラブとCFRの消えない刻印があり、300人委員会の執行機関として機能しているのだ。

1984年、1988年の選挙は、この伝統的なパターンで行われた。国務長官ジョージ・シュルツは、300人委員会が選んだ完璧な国務長官であった。シュルツは、もともとCFRの中心人物であるヘンリー・キッシンジャーの息がかかっていた。さらに、300人委員会の主要企業で、世界的な規模を持つベクテル社での地位は、キッシンジャーとのつながりを疑われるような国々へのアクセスを可能にした。カーター政権では、陰謀論者の要職への登用が加速した。カーター氏が当選する前、選挙参謀のハミルトン・ジョーダン氏は、「もし、サイラス・ヴァンスかブレジンスキーがカーター内閣に就任したら、ジョーダンは辞任するだろう」と発言している。そうなんです。ジョーダンは辞任*しなかった*。

カーターがポール・ボルカーを選んだこと（実はロックフェラーがボルカーを任命するように言ったのだ）が、ローマクラブの計画に従ってアメリカ経済を崩壊させる引き金となった。私たちは、一つの世界政府を樹立しようとする強力な勢力に直面しています。私たちは45年間も壊滅的な戦争をしているのに、そのように認識されていない。私たちは、気づかないうちに、計画的、系統的に洗脳されているのです。タヴィストック研究所は、そのためのシステムを提供し、そしてその運用を開始した。

自分たちを守る唯一の方法は、共謀者とその複数のフロント組織を暴露することだ。一度失えば記憶にも残らない貴重な遺産を守るために、戦略を練ることのできる経験豊かな人材が必要なのです。共謀者の手法を学び、それを知り、対策を採る必要があるのです。緊急プログラムだけが、我が国を蝕む腐敗を止めることができるのです。

多くの作家が金銭的な恩恵を受けているため、世界的な陰謀という考えを受け入れがたい人もいるかもしれない。また、地球規模での活動がうまく調整できるかどうか、疑問視する声もあ

る。彼らは、政府の巨大な官僚機構を見て、「個人が政府以上のことをできるとどうして信じられるのか」と言うのです。"政府が陰謀の*一端を担っている*"という*事実を見落*としているのです。彼らが欲しいのは確かな証拠であり、それを手に入れるのは難しい。

また、「だからどうした」と言う人もいます。陰謀なんてどうでもいい、わざわざ投票に行くこともない。"これはまさに、アメリカの一般市民がどのように反応するかというプロファイリングです。私たちの国民は、45年間私たちに対して行われた（心理）戦争の結果、落胆し、混乱してしまったのです。しかし、学者のノンフィクションをわざわざ読む人がどれだけいるだろうか。意気消沈し、混乱している人々は、すべての問題を解決し、人々がフルタイムで働き、家庭内の争いが少ない秩序ある社会を約束する偉大な人物の突然の出現を、より早く歓迎することでしょう。彼らの独裁者、それが彼なのだから、両手を広げて歓迎されることだろう。

敵が誰であるかを知ることは、必要不可欠なことです。正体不明の敵と戦って勝てるわけがない。この本は、軍隊のフィールドマニュアルとして使えるかもしれません。その内容を*勉強*し、すべての名前を暗記する。この章では、プロファイリング技術について、かなり頻繁に触れてきました。プロファイリング」については、次章で詳しく説明します。プロファイリングの科学における最も深い洞察のひとつは、個人、政党グループ、政治団体など、下々に至るまで比較的容易に行うことができることである。その簡単さを理解すれば、もはや陰謀は我々の理解を超えている。そうすると、ケネディ大統領暗殺事件やレーガン大統領暗殺未遂事件も理解しやすくなり、解読しやすくなる。

コントロールが行われる機関

プロファイリングとは、1922年に英国王立国際問題研究所（RIIA）の命令で開発された手法である。英国陸軍の技術者ジョン・ローリングス・リース少佐は、サセックス大学に属するタヴィストック人間関係研究所に、世界最大の洗脳施設を設置するよう指示された。この研究所が、イギリス心理戦局の核となった。1970年に私が初めてアメリカでリースとタビストックの名前を紹介した時、ほとんど興味を持たれなかった。しかし、私がタヴィストックとその陰謀における重要な役割について明らかにするにつれ、私の初期の研究を真似ることが流行るようになったのです。

英国心理戦局は、8万人の英国陸軍のモルモットにリースの研究を大いに利用し、捕虜の兵士にさまざまなテストを行った。タヴィストックが考案した手法によって、アメリカは第二次世界大戦に参戦し、クルト・ルイン博士の指導のもと、CIAの前身であるOSSを創設したのである。ルインは戦略爆撃調査の責任者になった。これは、イギリス空軍がドイツの労働者の住居を集中的に爆撃し、軍需工場などの軍事目標には手をつけないという計画であった。というのも、軍需工場は双方とも、その資産が破壊されるのを見たくない国際的な銀行家が所有していたからである。

その後、戦争が終わると、NATOはサセックス大学に特別な洗脳センターを設立するよう命じ、それはイギリスの心理戦局の一部となったが、その研究は軍事的というよりむしろ民生的なものに向けられた。科学政策研究所（SPRI）と呼ばれたこの超秘密部隊については、麻薬の章で触れることにしよう。

民間労働者住宅への飽和爆撃の背景には、ドイツ人労働者の士気をくじくという考えがあった。ドイツの軍事機構に対する戦争努力に影響を与えないためである。つまり、空軍の夜間爆撃

でドイツ人労働者の住居の65％が破壊されれば、民間人のモラルは崩壊するという目標数値に到達したのだ。実際の文書は、プルデンシャル・アシュアランス・カンパニーが作成したものです。

英国空軍は、ハリスの指揮の下、ルウィンの計画を実行に移し、ドレスデンへのテロ爆撃で、老若男女を中心に12万5千人以上が犠牲になった。ボマー」ハリスが行ったドイツ民間人への恐ろしい空襲の真実は、第二次世界大戦が終わるまで極秘にされ続けた。

タヴィストックは、米国初の諜報機関である海軍情報局（ONI）の創設につながる詳細なプログラムのほとんどを提供し、その規模と範囲はCIAを凌駕する。米国政府は何十億ドルもの契約をタヴィストックに発注しており、タヴィストックの戦略プランナーは、現在でも国防総省が使用しているものを多く提供しています。これは、300人委員会が米国と我々の組織の大部分を支配していることを示すもう一つの例である。タヴィストックは米国で30以上の研究機関を運営しており、巻末の表にはそのすべての研究機関の名前が記されている。

これらのアメリカン・タビストック的な組織は、多くの場合、巨大なモンスターとなり、政府機関のあらゆる側面に入り込み、すべての政策決定を支配するようになっている。NATOの創設メンバーであり、300人委員会のお気に入りであり、ローマクラブの著名なメンバーでもあるアレクサンダー・キングは、我々の生活様式を破壊する主要な人物の一人である。キング牧師はローマクラブの依頼を受け、特定の議員や裁判官と密接に協力して全米教師協会を支配し、アメリカの教育を破壊することを目的としていた。300人委員会の影響力がいかに大きいか、本書を読めば疑問は払拭されるはずである。

ローマクラブが作った連邦緊急事態管理庁（FEMA）は、ペンシルベニア州ハリスバーグのスリーマイル島原子力発電所に対してテストを行った。ヒステリックなメディアによって「事故」と呼ばれたが、事故ではなく、FEMAのために*意図的*に作られた危機管理テストであった。さらに、メディアによって恐怖とヒステリーが引き起こされ、実際には危険がなかったのに、人々がその地域から逃げ出すようになったということもあ

った。これはFEMAにとって成功であり、反核勢力にとって多くのポイントを獲得することになった。TMIは、ローマクラブに代わってアスペン研究所が高い資金力を持ち、コントロールする、いわゆる「環境保護主義者」の結集地点となったのである。メディア取材は、元英国諜報部員であるCBSテレビのウィリアム・ペイリー氏が無償で行ってくれた。

FEMAは、第二次世界大戦中の戦略爆撃の研究を自然に受け継いだものである。タヴィストックの共謀者たちが危機管理と呼ぶものの理論家であるクルト・ルイン博士が深く関わっていたのだ。ルインとタヴィストックの間には、37年にわたる連綿としたつながりがある。ルインは、戦略爆撃の研究をFEMAに統合したが、必要な微調整を加えただけであった。

第二次世界大戦が終わって45年、引き金に手をかけているのはやはりタビストックで、銃口はアメリカに向けられている。故マーガレット・ミードは、タヴィストックの援助を受けて、ドイツ人と日本人を集中的に調査し、空爆のストレスにどう反応したかを調べた。アーヴィン・ヤヌスは、このプロジェクトに准教授として参加し、英国陸軍の准将に昇進したジョン・ローリングス・リース博士の指導を受けた。試験結果はFEMAに提出された。アーヴィング・ヤヌスの報告書は、FEMAの方針を決定する上で大いに役立った。ヤヌスはこの言葉を、後に書いた『AIR WAR AND STRESS』という本の中で使っている。彼の本に書かれている考え方は、スリーマイル島の「危機」の際にFEMAが忠実に実行したものである。次々と起こる危機をシミュレーションし、ルヴァンの恐怖戦術に従って国民を操作すれば、彼らはまさに正しいことをするようになる、というのがヤヌスの非常にシンプルなアイデアだったのです。

この演習を行う中で、ルインは新しい発見をした。つまり、メディアを使ってテレビで核戦争の恐怖を宣伝することで、大規模な社会統制が可能であることを知ったのだ。彼は、核戦争の恐怖を描くのに女性誌が非常に効果的であることを発見したのです。ジャナス社が行った裁判では、アーカンソー州のデール・バンパース上院議員の妻ベティ・バンパースが、このテーマで雑誌「マッコールズ」に「執筆」している。

マッコールズ』1983年1月号に掲載された記事。実は、この記

事はバンパースさんが書いたものではなく、タヴィストックの
ライターが専門としているグループが彼女のために作成したも
のなのです。それは、完全に虚偽の情報に基づいた、真実でな
い、事実でない、臆測の集まりであった。バンパースの記事
は、タヴィストックが得意とする心理操作の典型であった。マ
ッコールズを読んでいる女性なら、核戦争がどのようなもの
か、恐怖とホラーの物語に感動しない人はいないはずだ。

300人委員会は、民間と政府のあらゆるリーダーを代表する数
百のシンクタンクやフロント組織からなる大規模な官僚機構を
有している。ジャーマン・マーシャル・ファンドを筆頭に、で
きるだけ多くの名前を挙げよう。そのメンバーとは、チェー
ス・マンハッタン銀行のデービッド・ロックフェラー、名門マ
ニュファクチュア・ハノーバー信託金融公司のガブリエル・ヘ
ーグ、フォード財団のミルトン・カッツ、社会主義インターナ
ショナル指導者のウィリー・ブラント、KGBエージェント、
300人委員会のメンバー、自動車労組執行委員長のアーヴィ
ン・ブルーストン、ローマクラブ米国会長のラッセル・トレイ
ンのことで、彼らはNATOとローマクラブのメンバーでもあり
ます。ローマクラブとフィリップ王子の世界自然保護基金の米
国会長ラッセル・トレイン、CBSの番組プロデューサーエリザ
ベス・ミジリー、ラッセル・セージ財団のディレクターB・R・
ギフォード、アスペン研究所のグイド・ゴールドマン、300人
委員会の特別会員故アヴェレル・ハリマン、カーネギー財団の
トーマス・L・ヒューズ、MIT「ワールドダイナミクス」のデ
ニス・メドウズとジェイ・フォレスターなどであった。

300人委員会は、150年以上前から存在していたが、現在の形に
なったのは1897年頃である。また、王立国際問題研究所など、
他のフロント機関を通じて指示を出す傾向もあった。RIIAは、
欧州の問題をコントロールする超機関として、タヴィストック
研究所を設立し、その研究所がNATOを創設することになっ
た。NATOは5年間、ジャーマン・マーシャル・ファンドから資
金援助を受けていた。委員会の外交政策部門であるビルダーバ
ーガーの最も重要なメンバーは、おそらくジョセフ・レッティ
ンジャーであろう。彼はその創設者であり組織者であると言わ
れており、その年次会合は何十年にもわたって陰謀ハンターの
お気に入りであった。

レティンガーは、イエズス会の神父であり、33ème degreeのフリーメイソンであった。ワシントン・ポストの経営権を得るために夫を殺害した疑いのあるキャサリン・メイヤー・グラハム夫人もローマクラブの有力メンバーであったし、アメリカ最大の保険会社の一つで、イギリスのエリザベス女王の肉親と直接関係のある有力企業の一つであるニューヨーク生命保険会社のポール・G・ホフマンもそうであった。戦後ドイツを一掃しようとしたジョン・J・マクロイと、ジェームズ・A.カーネギー社のパーキンスは、ビルダーバーガーやローマクラブの創設メンバーでもあった。

なんというスターキャストでしょうか。しかし、不思議なことに、最近までこの組織のことを知る者は、実際の諜報機関以外にはほとんどいなかった。これらの重要人物と彼らが代表する企業、テレビ局、新聞社、保険会社、銀行が振るう権力は、少なくともヨーロッパ2カ国の権力と名声に匹敵し、これは300人委員会のクロスネットワークへの巨大な関心と、それが行使するコントロールのインターフェイスの氷山の一角に過ぎないのである。

Richard Gardnerは上記のリストに記載されていない。300人委員会の最初のメンバーの一人でありながら、特命でローマに派遣されたのである。ガードナーは、ベネチア最古の黒人貴族の一家に嫁ぎ、ベネチア貴族はホワイトハウスに直系することになった。故アベレル・ハリマンもまた、クレムリンとホワイトハウスを直接結ぶ委員会の一員であり、ハリマンの死後、キッシンジャーがその地位を受け継いだのである。

ローマクラブは、300人委員会の強力な機関であり、表向きは米国の問題に取り組んでいるが、300人委員会の他の機関の傘下にあり、米国のメンバーは、しばしば日本やドイツの「問題」に取り組むことになる。上記委員会が運営するフロント組織には、以下のようなものがありますが、これに限定されるものではありません。

産業民主化同盟オフィシャル：マイケル・ノバック、ジーン・カークパトリック、ユージン・ロストウ、IRWIN　SUALL、レーン・カークランド、アルベルト・シェンカー

目的：鉄鋼、自動車、住宅産業などを中心に、労働組合を洗脳

して無理な要求をさせ、労使間の正常な労使関係を破壊・混乱させること。

自由の家公式サイトレオ・チャーン、カール・ガースマン

目的：アメリカのブルーカラー労働者に社会主義者の偽情報を流し、不満と不平を広めること。これらの目的がほぼ達成された今、ガースマンは、ローレンス・イーグルバーガーによって、統一ドイツによるドナウ流域への貿易拡大を阻止するために新設された組織、CEDCに採用された。

民主多数決委員会オフィシャル：Ben　　　　　Wattenburg、Jeane Kirkpatrick、Elmo Zumwa、Midge Dector。

目的： 教育水準の高い社会主義者層と少数民族を結びつけ、選挙において左翼候補への投票を期待できる強固な有権者層を構築すること。まさに、最初から最後までフェビアン主義が貫かれていたのです。

外交政策研究院オフィシャル：ロバート・ストラウス・ヒュープ

目的：NASAの宇宙開発計画を弱体化させ、最終的に終了させる。

米国社会民主主義者協会（SOCIAL DEMOCRATS U.S.A.）役員：バヤード・ラスティン、レーン・カークランド、ジェイ・ロブストン、カール・ガースマン、ハワード・サミュエル、シドニー・フック。

その目的は、特に少数民族の間で急進的な社会主義を普及させ、社会主義国の類似した組織間の連携を図ることであった。ロベストンは、何十年もの間、アメリカ大統領のソ連問題に関する主要なアドバイザーであり、モスクワと直接的に強いつながりを持っていた。

Institute for Labour Relations（労使関係研究所）。オフィシャル：ハーランド・クリーブランド、ウィリス・ハーモン目標：アメリカの考え方を変える。

市民リーグオフィシャル：バリー・コモナー

その目的は、特に防衛分野の様々な政府機関に対して「共通の

理由」による訴訟を起こすことです。

戦争抵抗者連盟リーダー：ノーム・チョムスキー、デビッド・マクレイノルズ

目的：左翼団体、学生、ハリウッドの「セレブ」たちの間でベトナム戦争への抵抗を組織すること。

民主社会主義協会組織委員会。オフィシャル：フランク・ザイダー、アーサー・レディエ、デビッド・マクレイノルズ

目的：欧州連合、米国、欧州内の左派社会主義者の思想と活動の交流の中心。

反中傷連盟の調査部門です。

オフィシャル：IRWIN SUALL、またの名をJohn Graham。

目的：FBIと英国シークレットサービスによる共同作戦で、極右グループとそのリーダーが大規模で影響力を持つようになる前に孤立させ、無力化させること。

INTERNATIONAL ASSOCIATION OF MACHINIST（国際機械工学会）。

目的： 社会主義インターナショナルのための労働者戦線、および労働者の組織的扇動の焦点、労働者と使用者の両極化。

マージン・ガーメント・ワーカー

オフィシャル：Murray　　　　Findley、IRWIN　　　　SUALL、Jacob Scheinkman。

目的：機械工組合と同様に、衣料品部門の労働者を社会化し、二極化すること。

INSTITUT A.フィリップ・ランドルフオフィシャル：ベイヤーズ・ラスティン

目的： 学生や労働者の間で社会主義的な考えを広めるなど、共通の目的を持つ組織を調整する手段を提供すること。

ケンブリッジ・ポリシー・スタディーズ・インスティテュートオフィシャル：ガー・アペルロビッツ

目的：政策研究所で行われた仕事を発展させる。1969年2月、ゲイロード・ネルソン上院議員の元側近で国際社会主義者のガー・アペロビッツによって設立された。アペロビッツは、ジャーマン・マーシャル・ファンドから資金提供を受けていたローマクラブのために、論争の的になった本『ATOMIC DIPLOMACY』を執筆した。アメリカ社会を根本から変えること、つまり次の世界統一政府のためのフェビアン合衆国を作ることを目標に、研究と行動プロジェクトに力を注いでいる。

北大西洋研究所経済委員会。オフィシャル：Dr. Aurellio Peccei.

目的：世界経済問題を扱うNATOのシンクタンク。

センター・オブ・ザ・デモクラティック・インスティテュート
関係者：300人委員会の創設者ロバート・ハッチンス、ハリー・アシュモア、フランク・ケリーと大勢の「名誉会員」たち。

その目的は、民主主義をイデオロギーとする自由主義的な社会改革につながる思想を広めることであった。彼の活動の一つは、デンマークのような強い君主制と社会主義を併せ持つ米国の新憲法を作ることである。

センターは「オリンピア」の拠り所です。サンタバーバラに位置し、「パルテノン神殿」と呼ばれる建物に入居しています。ジョン・ラリック元代議士は「共産主義者だらけの施設」と言った。1973年、新しい合衆国憲法の起草は35年目に入り、「環境権」を保証する修正条項が提案された。その内容は、米国の産業基盤を1969年当時の単なる胎動に終わらせるというものである。つまり、ローマクラブの300人委員会が定義したポスト工業化、ゼロ成長政策を実行するのである。

その他、景気循環のコントロール、福祉、国営企業や公共事業の規制、公害防止なども目的としている。300人委員会を代表して、アシュモア氏は、CSDIの機能は、我々の政治システムをより効果的にする方法を見つけることである、と述べた。「教育を変え、新しいアメリカ憲法と世界のための憲法を検討する必要がある」とアシュモアは語った。

その他、アシュモアが掲げた目的は以下の通りです。

1)　　　国連加盟は普遍的なものにしなければならない。

2)　　　国連は強化されなければならない。

3)　　　東南アジアは中立化しなければならない（Neutralised は「共産化」の意）。

4)　　　冷戦は終わらせなければならない。

5)　　　人種差別は撤廃されなければならない。

6)　　　発展途上国は助けなければならない。(破壊することを意味する)。

7)　　　軍事的な問題解決はしない。(湾岸戦争前にジョージ・ブッシュに言われなかったのが残念だ)。

8)　　　国家的な解決策だけでは十分ではありません。

9)　　　共存が必要です。

ハーバード・サイコロジカル・クリニックリーダー：クルト・ルイン博士と新科学を専門とする15人の科学者のチーム。

目的：300人委員会が米国に対して無制限の権力を行使できる環境を作ること。

社会調査研究所リーダー：クルト・ルイン博士と新科学を専門とする20人の科学者チーム。

目的：アメリカを産業界から引き離すための一連の新しい社会プログラムを設計すること。

科学政策研究ユニット。オフィシャル：リーランド・ブラッドフォード、ケネス・ダム、ロナルド・リッパート

対象：英国サセックス大学のフューチャーショック研究機関、タヴィストック・ネットワークの一員。

システム開発会社である責任者：シェルドン・アレンバーグと、ここでは紹介しきれないほどの数百人のチーム。

その目的は、欧州連合、米国、英国の情報機関のすべての要素を調整することである。例えば、スペインは水増しされたカトリック教会の傘下に、国連は事務総長の下に、というように、

どの「アクター」に国家としての役割を与えるべきかを分析するのである。シンクタンク、軍事施設、法執行センターを、テレタイプとコンピュータの全国ネットワークでペンタゴンと結ぶ「X RAY 2」システムを開発し、監視技術を国家規模で適用する。アレンバーグは、自分のアイデアは軍隊的なものではないと主張するが、その技術は軍隊から学んだものが中心である。彼は、ジョージ・オーウェルの『1984年』に典型的なプロジェクトであるニューヨーク州身分証明・情報システムの責任者であり、我々の憲法では完全に違法とされている。NYSIISシステムは、全国的に採用が進んでいます。ブレジンスキーが言うところの、あらゆる人物のデータをほとんど瞬時に取り出すことができる能力である。

NYSIISは、州内のすべての政府機関および法執行機関とデータを共有しています。個人記録、犯罪記録、社会記録の迅速な保存と検索を可能にします。これは300人委員会のTYPICALなプロジェクトである。　システム開発株式会社が何をしているのか、全容解明が急がれるが、それは本書の範囲外である。ひとつだけ*確か*なことは、SDCは合衆国憲法が保証する自由を守るためにあるのではないということだ。ロバート・ハッチンズの「パルテノン神殿」に近い、サンタバーバラという立地は、なんと便利なことでしょう。

これらのローマクラブの機関が発行している出版物を紹介します。

- ➤ センターマガジン
- ➤ カウンタースパイ
- ➤ コベントリー
- ➤ コバート・アクション・インフォメーション・ブレティン
- ➤ ディセンダント
- ➤ 人間関係
- ➤ 産業研究
- ➤ お問い合わせ

- ➢ マザー・ジョーンズ
- ➢ 1名
- ➢ プログレッシブ
- ➢ ストーリーテラー
- ➢ 新共和国
- ➢ 新しい社会のためのワーキングペーパー

これは決してローマクラブの後援で発行された出版物のすべてではない。この他にも数百の財団があり、実際、それぞれの財団が独自の出版物を発行しています。タヴィストック研究所とローマクラブが運営する財団の数を考えると、ここに掲載できるのはその一部だけである。最も重要な財団やシンクタンクを以下に紹介するが、その中には陸軍のシンクタンクも含まれている。

300人委員会の「シンクタンク」と「新しい戦争戦術」の模索に軍がいかに関与しているかを知れば、アメリカ国民は驚くだろう。1946年、ローマクラブは300人委員会から、委員会の理念を広める新しい手段であるシンクタンクの発展を促すように指示されたことをアメリカ人は知らない。これらのシンクタンクが突如として増殖した1959年以降だけでも、我が国の軍隊に与えた影響は、本当に驚くべきものである。20世紀後半には、この国の日常生活において、さらに重要な役割を果たすことは間違いないだろう[ème]。

モン・ペラン協会

Mont Pèlerinは、誤解を招くような経済理論を発表し、欧米の経済学者に影響を与え、折に触れて提案するモデルに従わせることを目的とした経済財団である。その主な実践者は、フォン・ハイエクとミルトン・フリードマンである。

フーバー機関

元々は共産主義に対抗するために設立された機関だが、徐々にではあるが確実に社会主義へと向かっている。年間予算200万ドル、300人委員会の庇護のもと企業から資金を調達し、現在は銃規制や米国の国内問題に重点を置いた「平和的変革」を目

指している。保守的な視点が必要なときに意見を求める「保守的な」組織として、メディアでよく利用されている。フーバー研究所は、保守的な組織とは程遠く、1953年のポジションペーパーに続いて、それなりの組織になっている。

ローマクラブと提携したグループがこの機関を買収したため、新世界秩序の「望ましい」政策の出口になってしまった。

遺産相続財団

醸造王ジョセフ・クアーズが保守系シンクタンクとして設立したヘリテージは、まもなくローマクラブの指示のもと、フェビアン派のピーター・ビッカーズ＝ホール卿、スチュアート・バトラー、スティーブン・アイズレイ、ロバート・モス、フレデリク・フォン・ハイエクらに乗っ取られることになりました。この研究所は、イギリス労働党の指導者アンソニー・ウェッジウッド・ベンの「レーガンのサッチャー化」という命令を実行する上で、大きな役割を果たしたのである。ヘリテージは、時に保守的に見えることもありますが、決して保守的な組織ではありません。

じんざいけんきゅうしょ

サイコテクノロジー」を扱う陸軍の研究施設である。その職員のほとんどは、タヴィストックのトレーニングを受けています。サイコテクノロジー」は、GIのモチベーションやモラル、敵が使用する音楽などを取り上げている。実際、ジョージ・オーウェルが『1984年』で書いたことの多くは、ハムロで教えられていることと驚くほど似ているように思います。1969年、300人委員会がこの重要な機関を引き継ぎ、ローマクラブの支援のもとで運営される民間の非営利団体に変身させた。米国最大の行動学研究グループです。

専門は、ストレス下の小集団の研究。HUMRROは、兵士は装備の延長に過ぎないということを教えており、アメリカ軍で広く受け入れられている「人間／武器」システムとその「人間品質管理」に大きな影響を与えた。ハムロ」は、軍隊のあり方に非常に顕著な影響を与えました。そのマインドコントロールの手法は、タヴィストックからそのまま出てきたようなものです。HUMRROの応用心理学講座は、陸軍将校に人間兵器の運

用方法を教えることになっています。その好例が、対イラク戦争の兵士たちが、現場マニュアルに書かれた命令に背き、1万2千人のイラク兵を生き埋めにする覚悟を決めたことだ。

この種の洗脳はひどく危険だ。今日は軍隊に適用され、軍隊はそれを適用して何千人もの「敵」兵士を残酷に破壊し、明日は軍隊が政府の政策に反対する民間人集団を「敵」だと言い出すかもしれないのである。私たちはすでに無脳で洗脳された羊の群れ（[3]*We the sheeple [?]*）ですが、HUMRROはさらにその操作とマインドコントロールを進めることができそうです。HUMRROはタヴィストック社にとって貴重な存在であり、HUMRROで学んだことの多くが湾岸戦争で生かされ、アメリカ兵が伝統的なアメリカの戦闘員の概念とはかけ離れた冷酷無比な殺人者のように振る舞うようになった理由をもう少し理解できるようになった。

株式会社リサーチ・アナリシス

バージニア州マクリーンにあるHUMRRO "1984 "の姉妹組織です。1948年に設立され、1961年に300人委員会に引き継がれ、ジョンズ・ホプキンス・ブロックの一角を占めるようになった。黒人の軍への統合、核兵器の戦術的使用、心理戦プログラム、大量人口制御など、600を超えるプロジェクトに取り組んできた。

もちろん、他にも多くの主要なシンクタンクがあり、そのほとんどは本書で紹介する。シンクタンクが生み出すものと、政府や公共政策になるものとの間で最も重要な協力関係のひとつが、「世論調査員」の存在である。世論調査員は、世論を共謀者に都合のよい方向に形成し、成形するのが仕事である。CBS-NBC-ABC、*New York Times*、*Washington Post*などでは、常に世論調査が行われている。このような努力のほとんどは、ナショナル・オピニオン・リサーチ・センターで調整され、驚くべきことに、国民全体の心理的プロファイルが作成されたのである。

その結果は、Gallup Poll社やYankelovich, Skelley and White社のコンピュータに取り込まれ、比較評価される。私たちが新聞で読

---

[3] "We the sheep", Ndt.

んだり、テレビで見たりすることのほとんどは、最初に世論調査会社によってオーソライズされたものである。私たちが見ているものは、世論調査会社が考えるものなのです。これを「世論」と言います。この小さな社会的条件付けの背後にある考え方は、300人委員会が与える政治的方向性に対して国民がどのように反応するかを見極めることである。 我々は「ターゲット人口集団」と呼ばれ、世論調査会社が測定するのは、「夜のニュース」に登場するものに対する抵抗の度合いである。[4]後ほど、この不正な行為がどのように始まり、誰が責任を負うのか、正確に知ることができます。

これはすべて、タヴィストックで作られた精巧な意見形成プロセスの一部なのです。今日、国民は自分たちは情報に通じていると思っているが、*自分たちの意見だと思っているもの*が実はアメリカの研究機関やシンクタンクで作られたものであり、メディアや世論調査員から与えられる情報によって、自分たちの意見を自由に言える人は誰もいないことに気づいていないのである。

世論調査は、米国が第二次世界大戦に参戦する直前にクライマックスを迎えた。アメリカ人は知らず知らずのうちに、ドイツと日本を危険な敵とみなし、止めなければならないと思い込まされていた。ある意味で、これは真実であり、条件付きの思考をより危険なものにしている。なぜなら、与えられたINFORMATIONに基づいて、敵は確かにドイツと日本であるように思えたからだ。つい最近も、アメリカ人がイラクを脅威と認識し、サダム・フセインをアメリカの個人的な敵として認識するように仕向けられ、タヴィストックの条件付けプロセスがいかにうまく機能しているかを目の当たりにした。

このような条件付けの過程を、専門的には「メッセージが影響を受けようとする人々の感覚器官に到達する」と表現する。世論調査で最も尊敬されているのは、300人委員会のメンバーであるダニエル・ヤンケロビッチ（Yankelovich, Skelley and White）事務所だ。ヤンケロビッチ氏は、世論調査は世論を変えるためのツールである、と胸を張るが、これはヤンケロビッチ氏がローマクラブの依頼で書いたデビッド・ネイスベットの

---

[4] "イブニングニュース

著書「TREND REPORT」に触発されたものであり、オリジナルではない。

ネイスベットはその著書の中で、300人委員会が望む世論を作り出すために、オピニオンメーカーが使ったさまざまなテクニックを紹介している。世論形成はオリンピアの王冠の宝石である。何千人もの新しい社会科学者を自由に使い、メディアを手に入れれば、ほとんどどんなテーマでも2週間以内に新しい世論を作り出し世界中に広めることができるからだ。

まさに、彼らのしもべであるジョージ・ブッシュがイラク戦争を命じられたときのことである。2週間もしないうちに、アメリカの世論だけでなく、ほとんどすべての世界の世論が、イラクとその大統領サダム・フセインに対して反旗を翻したのである。これらのチェンジ・アーティストや情報操作者はローマクラブに直接報告し、ローマクラブは英国女王が率いる300人委員会に報告する。英国女王は、税金を払わず誰にも責任を負わず、財団を通じて研究機関に資金を提供し、その共同活動によって我々の日常生活をほぼ完全に支配している緊密な企業の巨大ネットワークを君臨しているのだ。

保険会社、銀行、金融会社、石油会社、新聞社、雑誌社、ラジオ局、テレビ局、この巨大な組織が、米国と世界の頂点に君臨している。ワシントンD.C.の政治家で、何らかの形でこの会社に肩入れしていない人は一人もいないでしょう。左派はこの装置を「帝国主義」と呼んで憤慨していますが、これは事実です。しかし、左派は右派を支配するのと同じ人々によって運営されているので、左派は我々よりも自由ではないのです

条件付けに関わる科学者は「ソーシャルエンジニア」あるいは「新しい科学の社会科学者」と呼ばれ、私たちが見たり聞いたり読んだりするものに不可欠な役割を担っているのです。旧派」の社会工学者は、カート・K・ルイン、ハドレー・カントリル教授、マーガレット・ミード、ダーウィン・カートライト教授、リプシット教授で、ジョン・ローリング・リースとともにタヴィストック研究所の新しい科学者たちのバックボーンを形成していました。

第二次世界大戦中、クルト・ルヴァインの指導の下、100人以上の研究者が、親衛隊のラインハルト・ハイドリヒが採用した

方法を忠実に模倣して研究していた。これらすべての結論は、イギリスとアメリカの政府は、わずかな抵抗で私たちを新世界秩序に導くために必要な機械をすでに設置しており、この機械は1946年以来設置されている、ということである。年を追うごとに、新たな改良が加えられています。

この300人委員会こそが、この世界でかつてないほど拘束力の強いコントロールネットワークとメカニズムを確立しているのです。鎖やロープで縛る必要はない。これから起こることへの恐怖は、どんな物理的な拘束手段よりもはるかに効果的にこの役割を果たします。私たちは洗脳され、武器を持つ憲法上の権利を放棄し、憲法そのものを放棄し、国連に外交政策を、IMFに財政金融政策を支配させ、大統領にアメリカの法律を平気で破り、外国に侵攻し、その国の元首を誘拐することを許しています。要するに、私たちは洗脳され、政府が行うあらゆる違法行為を国民として何の疑問も持たずに受け入れてしまっているのだ。

私は、もうすぐ私たちが委員会から国を取り戻すために戦わなければならないこと、あるいは永遠に国を失うことを知っています。しかし、そうなったときに、実際に武器を手にする人がどれだけいるのか。1776年、ジョージ3世に対して武器を手にしたのは人口のわずか3%だった。今回は3%では到底無理でしょう。というのも、マインド・コントローラーは、私たちに複雑な問題を突きつけて、長期的な浸透に屈し、多くの重要な問題で決断を下さないようにするために、私たち自身を盲目の路地に導くことを許してくれないからです。

300人委員会を構成する人々の名前を見ていくが、その前に、委員会の支配下にあるすべての主要機関、企業、銀行が大規模に織り成すものを見ていく必要がある。なぜなら、彼らは、誰が生きるべきか、誰が「無駄飯食い」として排除されるべきかを決める人々であり、神を礼拝する場所、着るもの、食べるものさえも決める人々だからです。ブレジンスキーによれば、我々は1日24時間、1年365日、際限なく監視下に置かれることになる。

私たちが内側から裏切られているという事実は、年々多くの人々に受け入れられています。それは良いことです。私たちが

人類の敵を打ち負かすことができるのは、Knowledge[5]　、
BELIEFという言葉から翻訳された言葉なのですから。私たち
がクレムリンの化け物に気を取られている間に、トロイの木馬
はワシントンD.C.に設置された。今日、自由な人々が直面して
いる最大の危険は、モスクワからではなく、ワシントンD.C.か
らだ。私たちはまず内部の敵を征服しなければならず、それか
ら地球上から共産主義とそれに伴うすべての「イズム」を排除
すべく攻撃を開始するほど強くなるのだろうか？

カーター政権は、ローマクラブとルシス・トラストのメンバー
であるロバート・ストレンジ・マクナマラが始めた経済と軍隊
の崩壊を加速させたのである。レーガンは、公約とは裏腹に、
カーター大統領の後を継いで、わが国の産業基盤を弱体化させ
続けた。防衛力を強化する必要がある一方で、脆弱な産業基盤
ではそれができません。なぜなら、よく管理された軍産複合体
がなければ、存続可能な防衛システムを持つことはできないか
らです。300人委員会は、このことを認識して、1953年当時、
現在急成長しているポスト工業のゼロ成長政策を計画した。ロ
ーマクラブのおかげで、第二次世界大戦で負かしたはずの日本
やドイツよりも技術力が落ちている。なぜ、そこにたどり着い
たのか？アレクサンダー・キング博士のような人物と私たちの
盲目的な考え方のために、私たちは教育機関やシステムの破壊
を認識することができなかったのです。このような盲目的な姿
勢のせいで、世界の先進国の仲間入りをするのに十分な数の技
術者や科学者を輩出することができなくなってしまったので
す。キング牧師という、アメリカではほとんど知られていない
人物のおかげで、アメリカの教育は1786年以来最低の水準にあ
る。高等教育研究所が作成した統計によると、米国の高校生の
読み書きの能力は、1786年当時の高校生に比べて低下している
ことが明らかになっています。

今日、私たちが直面しているのは、自由と国家の構造そのもの
を失うだけでなく、もっと悪いことに、私たちの魂が失われる
可能性があるのです。この共和国の基盤が着実に侵食され、空
洞ができた。*悪魔崇拝者*とカルト信者は、魂の合成物質でその
空洞を埋めようと躍起になっている。この事実を受け入れるこ

---

[5]"わが民は、（わが）知識の欠如のために滅ぼされる"。- 神、ホセア4:6。

とは困難です。もし、突然、文化的、宗教的なショックが襲ってきたら、私たちは無関心な状態から揺り戻されることになるでしょう。

しかし、*漸進主義*、つまりフェビアニズムが作動する過程では、何の警鐘も鳴らない。大多数のアメリカ人は、私が述べたようなことの動機がわからないので、それを受け入れることができず、（私が指摘した）陰謀は軽蔑され、しばしば（乱暴な理論、あるいは想像の産物として）嘲笑されるのです。日々、何百もの選択肢を提示し、混沌とさせることで、モチベーションを明確に示さない限り、関連する情報はすべて拒否される状態に陥っているのです。

これは、陰謀の連鎖の弱点であり、強点でもある。多くの人は、動機のないものを否定する。だから、陰謀家たちは、国家と個人の生活における危機の到来を指摘する人々を嘲笑することで、安心しているのである。しかし、多くの人に真実を知ってもらうことができれば、この妨害は弱まり、より多くの人が啓蒙され、「アメリカではありえない」という（誤った）観念が捨て去られ、ついに封鎖されるのである。

300人委員会は、創造された出来事に対する私たちの反応を支配するために、私たちの不適応な反応に依存しています。私たちは、共謀者を特定し、彼らの計画を暴露することによって、これらのことが公になるように、作り出された危機への対応をADAPTIVEな対応に変えていかなければならないのです。ローマクラブはすでに「バーバリズムへの移行」を進めている。*携挙/* を待つのではなく、私たちを計画された「新しい暗黒時代」の囚人（奴隷）にするという彼らの目的を達成する*前*に、300人委員会を*阻止*しなければならないのです。神頼みではなく、*私たち次第*なのです。必要な措置を講じなければならない。

"彼らは止めなければならない、すべてはそこにかかっている"

本書で提供する情報はすべて、非の打ち所のない情報源に裏打ちされた長年の研究の成果である。何もかもが大げさなのです。この資料は事実に基づいており、正確です。この資料が「偽情報」であるという敵の罠にはまらないようにしましょう。この20年間、私は非常に正確であることが証明された情報

を提供し、多くの混乱した出来事を説明するのに役立ってきました。私は、この本を通じて、この国に立ちはだかる陰謀的な力について、より明確で幅広い理解が得られることを望んでいる。この希望は、より多くの若者が疑問を持ち、何が起こっているのか情報を求め始めたことで実現しつつあります。このような陰謀家が実在し、私や他の多くの人々が帰属する力を持っていることを人々が理解するのは困難です。多くの人が、この文明に対する恐ろしい脅威に対して、政府が何もしないのはどうしてなのか、と書いています。問題は、政府が問題の一部であり、陰謀の一部であることだ。そして、ブッシュ大統領の時代ほど、このことが明白になった時代はない。もちろん、ブッシュ大統領は、300人委員会が私たちに何をしているのか、よく知っている。彼は彼らのために働いているのです。また、"政府と戦っているつもりだった　"と書いている人もいます。もちろんそうなのだが、政府の背後には、情報機関がその名を口にすることさえ恐れるほど強力ですべてを包み込む力、「オリンピアン」（有名な隠し手）が存在している。

300人委員会の証明は、委員会が所有し支配する多数の強力な機関にある。ここでは最も重要なものをいくつか紹介するが、これらはすべて、何百もの「支店」からなる広範なネットワークを持つ、あらゆる思考槽と研究機関の母体であるタビストック人間関係研究所の下にあるものだ。

スタンフォード研究センター

スタンフォード大学研究センター（SRC）は、1946年に Tavistock Institute For Human Relations（タヴィストック人間関係研究所）によって設立されました。スタンフォードは、300人委員会でアラスカ北斜面の石油利権を確保したロバート・アンダーソンと彼の石油会社ARCOを支援するために作られた。実際、アンダーソン氏のアスペン研究所では、この課題は大きすぎたので、新しいセンターを設立し、資金を調達する必要があった。この新しい研究所が「スタンフォード研究所」である。アラスカは、頭金9億ドルで権利を売却したが、これは300人委員会の中では比較的少額であった。アラスカ州知事は、国税庁に照会して助言を受けた。これは偶然ではなく、綿密な計画と長期にわたるパッケージングの結果である。

知事の呼びかけに応じ、3人のSRI研究者がアラスカに移動し、州長官や州計画局と面談した。SRIチームを率いるフランシス・グリーハンは、「SRIに任せれば、この石油資源の管理問題は解決する」と知事に約束した。当然ながら、グリーハン氏は、300人委員会やローマクラブには言及しなかった。グリーハンは、1ヵ月足らずの間に数百人の経済学者、石油専門家、新人科学者を集めてチームを結成した。SRIが知事に提出した報告書は、88ページにも及ぶものだった。この提案は、1970年にアラスカ州議会でほぼそのままの形で可決された。グリーハンは、300人委員会で実に目覚ましい活躍をした。当初からIRSは、4,000人の職員と1億6千万ドルを超える年間予算を持つ機関に成長した。その社長であるチャールズ・A. また、SRI社会政策研究センター所長のウィリス・ハーモン教授も、ロンドンのタヴィストック研究所から移籍してきた科学者を中心に、数百人の科学者を雇用し、在任中にこのような成長を目の当たりにしてきた。その1人が、RCA社の会長で元英国情報機関のデビッド・サルノフ氏で、ハーモン氏らと25年にわたり密接な関係

にあった。サーノフ氏は、サセックスにある親会社の研究所の「番人」のような存在であった。

スタンフォードは、イスラエルとアラブ、南アフリカとリビアのために働くプロジェクトについて道徳的な判断をしないと主張しているが、想像できるように、この姿勢をとることによって、CIAが非常に有用と考える外国政府との「内部の優位性」を確保しているのである。ジム・リッジウェイ著『閉ざされた企業』の中で、IRSのスポークスマンであるギブソン氏は、IRSの無差別的な姿勢を誇っている。連邦政府の契約研究機関としては記載されていないが、IRSは現在、ハドソンやランドをしのぐ最大の軍事シンクタンクである。SRIの専門部門の中には、化学兵器や生物兵器に関する実験センターもあります。

スタンフォード大学の最も危険な活動の1つは、民間人を対象とした対反乱作戦で、まさに政府がすでに自国民に対して使っている「1984」的なものである。アメリカ政府は、この非常に議論を呼ぶタイプの「研究」のために、SRIに年間何百万ドルも支払っているのだ。スタンフォード大学の化学兵器実験に対する学生の抗議を受けて、SRIはわずか2,500万ドルで民間団体に「売り払い」ました。もちろん、実際には何も変わっていない。SRIは依然としてTavistockのプロジェクトであり、300人委員会が所有しているが、騙されやすい人々は、重要でないこの表面的な変化に満足しているようだ。1958年、驚くべき新展開が現れた。国防総省の契約機関であるARPA（Advanced Research Products Agency）が、IRSに極秘で持ちかけた提案である。国防総省のジョン・フォスター氏は、「技術的な驚き」から米国を守るためにプログラムが必要だとSRIに説明した。火山や地震を誘発する特殊爆弾、敵の行動や新兵器として使える鉱物や金属の研究など、環境が武器になるような状態を完成させようとした。このプロジェクトはSRIに受け入れられ、「SHAKY」というコードネームが与えられた。

SHAKYの巨大な電子頭脳は、多くの命令を実行することができた。彼のコンピュータは、SRIのためにIBMが作ったものである。28人の科学者が「ヒューマン・オーギュメンテーション」と呼ばれる研究に取り組んだ。IBMのコンピューターは、問題を類推して解決する能力まで持っており、一緒に作業する

科学者を認識し、識別することができる。このツールの「特殊な用途」は、説明するより想像した方がいいでしょう。ブレジンスキーは「*THE TECHNOTRONIC ERA*」を書いたとき、*自分が何を言っているのか分かっていた。*

スタンフォード研究所は、多くの民間のコンサルティング会社と密接に連携し、軍事技術を国内の状況に適用しようとしている。これは必ずしも成功したとは言えないが、技術が向上するにつれて、ブレジンスキーが述べたような大規模な*ユビキタス監視*が日々現実味を帯びてきているのだ。たとえ小さな不具合があっても、すでに存在し、使用されているのです。

この民間のコンサルティング会社の1つが、バージニア州マクリーンのシュリーバー・マッキー・アソシエイツで、タイタン、トール、アトラス、ミニットマンなどのロケットを開発した空軍システム司令部の元長官バーナード・A・シュリーバー元大将が代表を務めていた。

シュリーバーは、ロッキード、エマソン・エレクトリック、ノースロップ、コントロール・データ、レイセオン、TRWのコンソーシアムを、URBAN SYSTEMS Associates INC.という名称でまとめました。コンソーシアムの目的は？社会的・心理的な「都市問題」を、高度な電子システムを使った軍事技術で解決する。興味深いのは、TRWがアーバン・システムズ・アソシエイツ社との提携により、信用調査業界最大の信用情報収集会社となったことだ。

このことは、この国がすでにどの程度、「300人委員会」の第一要件である「TOTAL SURVEILLANCE」下に置かれているかを物語るものであるはずだ。どんな独裁国家も、特に世界規模の独裁国家は、すべての個人を完全にコントロールすることなしには機能しない。国税庁は、「300人委員会」の重要な研究機関となる過程であった。

1980年代、SRIの契約の60%は、軍事と民間の両方に適用される「未来派」に充てられていた。主な顧客は、米国国防総省の国防研究技術局、「研究管理への行動科学応用」を扱う航空宇宙研究局、大統領府の科学技術局、米国保健省などであった。保健省のために、IRSは「ESDEA Title I Reading Achievement Testsのパターン」と題するプログラムを実施しました。その他

のクライアントには、米国エネルギー省、米国労働省、米国運輸省、米国科学財団（NSF）などがありました。特に重要なのは、NSFのために作成された「将来および国際問題の評価」と題する論文である。

ロンドンのタヴィストック研究所の傘下にあるスタンフォード研究センターは、「ビジネス・インテリジェンス・プログラム」と呼ぶ大規模で恐ろしいシステムを開発した。米国内外の600社以上の企業が加入している。プログラムは、日本の対外貿易関係、変化の時代における消費者マーケティング、国際テロの増大する課題、消費者製品の官能評価、電子送金システム、光電子検出、探索的計画法、米国の防衛産業と資本の利用可能性に関する研究をカバーしていた。このプログラムの顧客となった300人委員会の主要企業には、ベクテル社（ジョージ・シュルツは同社の取締役）、ヒューレット・パッカード社、TRW、バンク・オブ・アメリカ、シェル社、RCA、ブライス、イーストマン・ディロン、サガ・フーズ社、マクドネル・ダグラス、クラウン・ゼラーバッハ、ウェルズ・ファーゴ銀行、カイザー・インダストリーズがあった。しかし、SRIの中でも最も邪悪なプログラムの一つで、社会的、道徳的、宗教的に米国の進む方向を変えることによって甚大な損害を与える可能性があるのが、スタンフォード大学チャールズ・F・ケタリング財団の「人間のイメージの変化」であり、スタンフォード大学の公式資料「契約番号 URH (489)-2150 政策研究報告番号4/4/74 SRI社会政策研究センター、ウィリス・ハーモン所長作成」とされている。これは、人間をどう変えるかについて、これまでに行われた最も徹底的な調査の一つであろう。

319ページに及ぶ報告書は、タヴィストック監修のもと14名の新科学研究者と、B.A.を含む23名の上級コントローラーによって執筆されました。F・スキナー、マーガレット・ミード、アーヴィン・ラズロ、そしてMI6に所属する英国情報機関の高官ジェフリー・ヴィッカーズ卿。彼の義理の息子であるピーター・ビッカース・ホール卿が、いわゆる「ヘリテージ財団」という保守派の組織の創設メンバーであったことは記憶に新しいところである。1981年1月にレーガン政権に提出された3,000ページに及ぶ「提言」の多くは、ウィリス・ハーモンの「CHANGING IMAGES OF MAN」からの資料に基づいている。

私は、『THE CHANGING IMAGES OF MAN』がアメリカ政府
に受理された5日後に、情報部の同僚からそのコピーを受け取
る機会に恵まれた。今まで見たこともないような、未来のアメ
リカの青写真を見ているようで、衝撃を受けたのです。国民
は、変化するようにプログラムされ、計画された変化に慣れ、
大きな変化が起きてもほとんど気づかないようにすることだっ
た。水瓶座の陰謀」（ウィリス・ハーモンの技術論文にある本
の題名）が書かれて以来、我々は急速に劣化し、今日では離婚
は汚名を着せられず、自殺は史上最高でほとんど異議を唱え
ず、社会常識からの逸脱や性的異常はかつてまともな社会では
言及されなかったが、今では当たり前で特に抗議を喚起されな
い。

私たちは、"THE EVOLUTION OF MAN IMAGES "がいかにアメ
リカの生活様式を根本的に変えてしまったかに気づいていな
い。ある意味、「ウォーターゲート・シンドローム」に負けた
とも言える。ニクソンが、アール・ウォーレンのマフィア仲間
とつるんで、ニクソン邸の隣に立派な家を建ててもらった安っ
ぽいペテン師に過ぎないことを知り、しばらくはショックと落
胆の連続だった。あまりにも多くの「未来ショック」やニュー
スの見出しに注意を要求されると、迷うというか、昔も今も
日々直面する膨大な数の選択肢に混乱し、必要な選択ができな
くなるのです。

さらに悪いことに、大所高所からの犯罪の嵐とベトナム戦争の
トラウマにさらされた我が国は、これ以上の真実を求めないか
のようであった。この反応は、ウィリス・ハーモンの専門的な
論文に丁寧に説明されているが、要するに、アメリカの国家
は、まさに説明されたような反応をしていたのである。さらに
悪いことに、私たちは真実を受け入れたくないがために、さら
に一歩進んで、真実から私たちを守ってくれる政府を頼ったの
だ。

レーガン-ブッシュ政権の腐敗臭を、6フィートの土で覆ってや
りたいくらいだ。イラン・コントラ事件（あるいはスキャンダ
ル）という名目で行われた犯罪を、我々は発見されたくなかっ
たのだ。私たちは、1980年10月20日から23日の間、大統領が自
分の居場所について嘘をつくことを*許した*のです。しかし、こ

れらの犯罪は、その量と範囲において、ニクソンが在任中に行ったものをはるかに上回っている。私たちは国家として、これが野放図な天下りであることを認識しているのだろうか。

いいえ、そんなことはありません。ホワイトハウスの中にある小さな、私的な、よく組織された政府が、この国の魂とその上にある共和制の制度を攻撃する犯罪を次々と犯すのに忙しかったという真実をアメリカ国民に伝えることを仕事とする者たちは、そんなことで国民を退屈させてはいけないと言われたのである。「このような憶測の話は聞きたくない」というのが、お決まりの答えだった。

その国の最高選挙権者が、起訴可能な犯罪である合衆国憲法よりも国連の法律を露骨に優先させたとき、大多数はそれを「普通」として受け入れたのです。国の最高選挙権者が議会の宣戦布告なしに戦争に行ったとき、その事実はメディアによって検閲され、再び私たちは真実を直視するのではなく、それを受け入れたのです。大統領が画策した湾岸戦争が始まったとき、私たちは最も露骨な検閲を喜んだばかりか、"戦争のためになる"と信じて、それを真に受けてしまったことさえあった。大統領が嘘をつき、[6] エイプリル・グラスピーが嘘をつき、国務省が嘘をつきました。フセイン大統領がクウェートから手を引くように警告されていたから、戦争は正当化されたのだと。グラスピーの国務省公文書が公開されると、アメリカの上院議員が次々と娼婦のグラスピーを擁護した。民主党や共和党の出身であることは関係なかった。私たち国民は、彼らが下劣な嘘をつくのを見逃しています。

このようなアメリカ国民の意識の中で、ウィリス・ハーモンとその科学者たちの夢は現実のものとなっていった。タヴィストック研究所は、かつて偉大だったこの国の自尊心と自我を破壊することに成功し、喜んでいるのである。湾岸戦争に勝ったと言われています。大多数のアメリカ人は、戦争に勝つために、わが国の自尊心と名誉を犠牲にしたことにまだ気づいていない。クウェートとイラクの砂漠の砂に眠っているのは、クウェートとバスラからの合意退却で我々が虐殺したイラク兵の死体

---

[6]そして最近では、クリントンがモニカ・ルインスキーとの不倫について嘘をついたことだ。

の隣にあるものだ。我々はジュネーブ条約を尊重し、攻撃しないという約束を守ることができなかったのである。勝利か自尊心か？両方は無理だ"

100年前ならあり得なかったことが、今では何のコメントもなく起こっているのです。私たちは、タヴィストックがこの国に対して行った長期的な浸透戦争に屈してしまったのです。プルデンシャル社の爆撃調査によって敗れたドイツ国民のように、私たちの多くは、この国を過去の全体主義政権が夢の中でしか思い描けなかったような国にすることに同意したのです。「世界有数の大国でありながら、真実を求めない国がここにある」と。プロパガンダ機関などなくても大丈夫です。私たちは、この国から真実を隠すために苦労する必要はありません。この国は、自らの意思で自発的に拒否しているのです。この国はチキンだ"

かつては誇り高かったアメリカ合衆国共和国は、今や一連の犯罪的なフロント組織となっている。これは、歴史が示すように、常に全体主義の始まりなのである。これが、1991年末にアメリカで到達した恒久的な変化の段階である。私たちは使い捨ての社会に生きており、長続きしないようにプログラムされているのです。400万人のホームレス、3000万人の失業者、1500万人の赤ん坊が殺されても、私たちはひるむことはない。これらは、アクエリアン時代の「捨て駒」である。あまりにもひどい陰謀に直面したとき、大多数はその存在を否定し、これらの出来事を「時代が変わったから」と*合理化*するのだろう。

タヴィストック研究所とウィリス・ハーモンは、このように*私たちが反応するようにプログラム*しているのです。私たちの理想の解体は、抗議の声もなく続いています。我が民族の精神的、知的な勢いは破壊されたのだ！1991年5月27日、ブッシュ大統領は非常に深い発言をした。その内容は、ほとんどの政治評論家によって完全に誤用されているようだ。

> 「アメリカ政治の道徳的側面は、最小悪の世界において道徳的な道筋を描くことを要求している。これは現実の世界であり、白か黒かではなく、モラルを絶対視する余地はほとんどないのです。

ホワイトハウスを占拠した史上最悪の悪人である大統領に、他

に何を期待できるというのだろう。

12,000人のイラク人兵士を生き埋めにするよう軍に命じたことと照らし合わせて考えてみてください。彼が現在行っているイラクの人々に対する大量虐殺の戦争と照らし合わせて考えてみてください。ブッシュ大統領は、サダム・フセイン大統領を「現代のヒトラー」と呼んで喜んでいた。わざわざ根拠を示すこともなかった。その必要はなかったのです。ブッシュ大統領がそう発言したから、私たちは何の疑問も持たずにそれを受け入れた。300人委員会から密かに指示を受けながら、アメリカ国民の名でこれらすべてのことを行ったという事実を踏まえて考えてみてください。

しかし、何よりも考えてみてほしいのは、ブッシュ大統領とその支配者たちは、もはやアメリカ国民を邪悪に支配していることを隠す必要も、嘘をつく必要もないほど安全だと感じているということだ。それは、彼がリーダーとして、彼のコントローラー（そして私たち）が必要と判断すれば、真実、誠実さ、良識に対してあらゆる妥協をする、という発言に表れている。1991年5月27日、アメリカ合衆国大統領は、憲法に謳われているあらゆる原則を放棄し、もはや憲法に拘束されることはないと大胆に宣言したのである。これは、タヴィストック研究所とプルデンシャル社の大勝利である。彼らのターゲットは、1945年のドイツ労働者の住宅から、1946年に始まり1992年まで続く戦争におけるアメリカ国民の魂に移ったのである。

1960年代初め、スタンフォード研究所は、この国に変化を求めるプレッシャーを強めていった。SRIの攻勢は、ますます勢いを増していった。テレビをつければ、スタンフォードの勝利が目の前にある。性的描写の多いトークショー、倒錯、ロックンロール、ドラッグが支配するビデオ特集などだ。かつてジョン・ウェインが支配した場所に、今はマイケル・ジャクソンという男（あるいは彼か？）がいる。彼は人間のパロディでありながら、何百万というアメリカの家庭のテレビ画面でくねくねとつぶやき、叫びながらヒーローとして描かれているのである。

結婚を重ねた女性が全国的に報道される。退廃的で、不潔で、半身不随で、麻薬中毒のロックバンドは、その無意味な音と狂

った回転、服装と言語の異常さについて何時間も放送されるのだ。ポルノに限りなく近いものを見せるソープオペラには、コメントがつきません。1960年代初頭には決して許されることではなかったが、今では当たり前のように受け入れられている。私たちは、タヴィストック研究所が「未来ショック」と呼ぶものにさらされ、屈してきた。その未来とは「今」であり、次々と起こるカルチャーショックに麻痺し、抗議することは無駄な行為に思えるほど、論理的には抗議することに意味がないと考えているのである。

1986年、300人委員会は、圧力を上げるよう命じた。アメリカは動きが鈍かった。アメリカは、カンボジアの虐殺者、200万人のカンボジア国民を殺害したポル・ポトの犯罪者政権を「承認」するプロセスを開始したのである。そして、1991年、その歯車は一巡した。米国は、ワシントンの裏切り者を信用するようにプログラムされた友好国と戦争をした。私たちは、小国イラクのフセイン大統領をあらゆる種類の悪事で訴えたが、そのどれもが真実ではなかった。私たちは彼の子供たちを殺し、傷つけ、飢えさせ、あらゆる種類の病気で死ぬようにしたのです。

同時に、私たちはブッシュの300人委員会の使者をカンボジアに送り、200万人のカンボジア人の暗殺者を認識させました。彼らは300人委員会の都市過疎化の実験によって犠牲となった人々で、アメリカの主要都市がそう遠くない将来に経験することになるでしょう。今日、ブッシュ大統領とその300人委員会だらけの政権は、事実上、「いいですか、皆さん、私に何を求めているのですか」と語っている。ポル・ポトのような殺人者と交渉することになろうとも、私が適切と考えるときには妥協すると言ったはずだ。だからどうした - 手にキスして

1993年、変革の圧力はピークに達し、私たちが想像もしなかった光景を目にすることになるだろう。酔ったアメリカは反応しますが、ほんの少しです。自由に対する最新の脅威であるパーソナルコンピュータカードでさえ、私たちの邪魔をすることはないのだ。ウィリス・ハーマンの論文「CHANGING IMAGES OF MAN」は、多くの人にとって専門的すぎる内容だっただろう。そこで、マリリン・ファーガソンさんにお願いして、より

わかりやすくしてもらいました。"THE AGE OF AQUARIUS "ではヌードショーが行われ、"Dawn of the Age of Aquarius "という曲がチャートのトップに躍り出た。

パーソナルコンピュータカードが普及すれば、私たちは慣れ親しんだ環境を奪われることになる。米国は、世界の歴史上、他のどの国にもない激しいトラウマの時期を経験しており、最悪の事態はまだ来ていない。

すべてはタヴィストックが命じ、スタンフォードの社会学者が予測したとおりに起こっているのです。時代は変わるものではなく、変わるようにできているのです。すべての変更は、事前に計画され、慎重に行動した結果です。最初は徐々に変化していきましたが、今は変化のスピードが加速しています。米国は、神に祝福された国から、多くの神の下にあるポリグロットの迷路のような国へと変わりつつあります。米国はもはや神に祝福された国ではない。憲法の立案者は戦いに敗れたのだ。

私たちの祖先は、共通の言葉を話し、共通の宗教であるキリスト教とその共通の理想を信じていたのです。それは、意図的に計画されたもので、米国を一連の断片的な国籍、文化、信条に分割しようとするものであった。もし、これを疑うなら、土曜日にニューヨークのイーストサイドやロサンゼルスのウエストサイドに行って見てください。米国は、いくつかの国が共通の政府制度のもとで共存しようと努力している状態です。300人委員会の代表のいとこであるフランクリン・D・ルーズベルトによって移民の門が大きく開かれた時、カルチャーショックは大きな混乱と混乱を引き起こし、「一つの国」は実行不可能な概念になった。ローマクラブとNATOが状況を悪化させた。"あなたの隣人を愛する "という理想は、あなたの隣人が "あなた自身と同じ "である場合にのみ機能します。

憲法を制定した人々にとって、未来の世代のために打ち立てた真理は「自明」であった。*後世*の人々も、自分たちがこの国を縛る真理を自明のものとして認めるかどうかわからないから、それを明示することにしたのだ。というのは、自分たちが確立した真理が、後世の人々にとって自明でなくなる時代が来ることを恐れていたのだろう。タヴィストック人間関係研究所は、憲法制定者が恐れていたことが実際に起こるようにしたので

す。その時は、ブッシュと彼の「絶対はない」と300人委員会の指示の下での新世界秩序の時に来た。

これは、アメリカ人に課せられた社会変革のコンセプトの一部であり、ハーモンとローマクラブは、深刻なトラウマと大きなプレッシャーを引き起こすだろうと述べている。タヴィストック、ローマクラブ、NATOの出現以降に起こった社会の激変は、吸収限度を無視する限り、アメリカでも続くだろう。国家は個人で構成されており、個人と同じように、どんなに頑丈でも変化を吸収する能力には限界がある。

この心理的真実は、ドイツの労働者住宅への飽和爆撃を呼びかけた「戦略爆撃研究」によってよく証明された。前述したように、このプロジェクトは*プルデンシャル保険会社*の仕事であり、この作戦によってドイツが敗れたことを今日疑う人はいない。このプロジェクトに携わった科学者の多くは、現在、アメリカへの飽和爆撃に取り組んでいるか、あるいはその巧妙な技術を後進に託し、転進している。

彼らが残した遺産は、私たちが国家としての道を*見失った*というよりも、200年以上にわたって宣言の著者たちが私たちに与えたものとは*反対*の方向に*舵*を切ってきたということである。つまり、私たちは歴史的な遺伝子、私たちのルーツ、私たちの文化との接点を失ってしまったのです。

独立宣言と合衆国憲法の起草者たちが残した遺産から恩恵を受けながら、無数の世代のアメリカ人にインスピレーションを与え、国家として前進してきた「信仰」。私たちが迷子（羊）であることは、真理を求める者にとっては、どんなに不愉快なことであっても明らかである。

ブッシュ大統領と彼の "No moral high ground "を指針として、私たちは迷える国家と個人がやりがちなように前進しているのです。私たちは、自分たちの没落と奴隷化のために、300人委員会（神に対して[7]）と*協力*しているのです。それを感じ取り、強い不安感を抱く人もいる--。彼らが知っている様々な陰謀論は、すべてをカバーしていないようです。それは、共謀者の階

---

[7]*私と共にない者は私に逆らう者であり、私と共にない者は散らばる者である*。"- キリスト、マタイによる福音書12章30節

層である「300人委員会」を知らないからだ。

深い不安と何かが非常に間違っていることを感じながら、その問題を集団で指さすことができない魂は、暗闇の中を歩いているのです。彼らは、自分たちから遠ざかっていく未来に目を向けているのです。アメリカンドリームは蜃気楼と化した。彼らは宗教に信頼を置いているが、その信仰をACTIONで支援する手段をとらない。ヨーロッパが暗黒時代の最盛期に経験したような後退を、アメリカ人が経験することはないだろう。彼らは、断固とした行動によって、再生の精神を呼び覚まし、栄光のルネッサンスを実現したのです。

これまで導いてきた敵は、1980年にアメリカに対して強襲をかけ、アメリカのルネサンスを不可能にすることを決めたのです。敵は誰なのか?敵は顔のない「彼ら」ではない。敵は、300人委員会、ローマクラブ、NATOとその関連組織、シンクタンク、タヴィストックに支配された研究機関であることは明らかだ。彼ら」や「敵」は、省略形以外では使う必要がない。私たちは、「彼ら」が誰であるかを知っています。東海岸のリベラルな「貴族」、銀行、保険会社、巨大企業、財団、通信網を持ち、「陰謀家」の階層が主宰する「300人委員会」、これが敵である。

ロシアの恐怖政治、ボルシェビキ革命、第一次、第二次世界大戦、韓国、ベトナム、ローデシアの崩壊、南アフリカ、ニカラグア、フィリピンに生命を与えた力である。アメリカ経済の崩壊を制御し、かつて世界が知る限り最大の産業大国であったアメリカを永久に非工業化したのは、ハイレベルの秘密政府であった。

今のアメリカは、戦いの最中に眠ってしまう兵士に例えることができます。私たちアメリカ人は、多種多様な選択肢に直面し、混乱した結果、無関心になり、眠ってしまったのです。私たちの環境を変えるのは変化であり、私たちの抵抗力を弱めるので、戦いの真っ最中に朦朧として無気力になり、ついには眠ってしまうのです。

この状態には専門用語があります。ロングレンジ・ペネトレーション・ストレス」と呼ばれるものです。非常に大人数の人々に継続的に長距離の浸透電圧をかける技術は、タヴィストック

人間関係研究所とそのアメリカの関連会社であるスタンフォード研究所、ランド社、その他少なくとも150のアメリカの研究機関で働く科学者によって開発されたものである。

この極悪非道な戦争を開発した科学者クルト・ルイン博士は、平均的なアメリカの愛国者にさまざまな陰謀論を心配させ、不確かで不安な気持ちにさせ、孤立し、おそらくは恐怖さえも求めるようになったのである。が、「THE　　　　　CHANGING PICTURES OF MAN」によって引き起こされる腐敗や腐敗を理解せず、自分が望ましくないと思い、望まないが、ますます激しさを増す社会、道徳、経済、政治の変化を特定し、それに対抗することができないのだ。

ルイン博士の名前は、私たちの機関の歴史書のどこにも出てこない。いずれにせよ、歴史書は、主に支配階級や戦争の勝者側の出来事を記したものである。だから、私は誇りをもって彼の名前を紹介します。すでに述べたように、ルイン博士は、タヴィストック研究所の支援のもとに、ハーバード大学心理クリニックと社会研究所を組織した。この2つの組織の目的は、名前からはあまりうかがい知ることができない。

このことは、1827年に可決された悪名高い「貨幣及び通貨に関する法律改正法案」を思い起こさせる。法案のタイトルは無害なものであった、あるいはそう思われた、それが支持者の意図であった。この行為によって、シャーマン上院議員は国家を国際銀行家に裏切られたのである。

シャーマンは "読まずに "法案を提出したと伝えられている。ご存知のように、この法案の真の目的は、貨幣を非貨幣化し、泥棒銀行家に我が国の信用に対する無制限の権力を与えることであった。この権力を銀行家が持つことは、米国憲法の明確かつ明白な条項により、明らかに資格がない。

カート・ルーインは、タヴィストック研究所、ローマクラブ、NATOに、他のいかなる組織、団体、社会にもない、アメリカに対する無限の権力を与えたのだ。これらの機関は、これらの簒奪された権力を使って、アメリカ革命の成果を奪い、一つの世界政府の下での新しい暗黒時代へと導く陰謀者たちの計画と意図に抵抗する国家の意志を破壊してきた。

この長期的な浸透を目的としたルインの同僚は、リチャード・クロスマン、エリック・トリスト、H・V・ディックス、ウィリス・ハーモン、チャールズ・アンダーソン、ガーナー・リンゼイ、リチャード・プライス、W．R.ビオンそのため、彼らの存在を知っているアメリカ人はほとんどおらず、これらの名前の背後にいる人物がアメリカで何をしてきたか、何をしているのかについてもまったく知らない。

ジェファーソン大統領はかつて、「新聞を読めば何が起こっているかがわかると思っている人たちはかわいそうだ」と言った。イギリスの首相ディズレーリも同じようなことを言っている。確かに、いつの時代もリーダーは裏方に徹して物事を動かすことを楽しんできた。人間は常に、人に気づかれずに支配したいという欲求を感じており、その欲求は現代ほど高まっていない。

そうでないなら、なぜ秘密結社が必要なのでしょうか？もし私たちが、民主的に選ばれた職員によって運営される開かれたシステムによって統治されているなら、なぜアメリカ中のすべての村、町、都市にメーソンの秘密結社が必要なのでしょうか？フリーメイソンがこれほどまでに公然と活動しながら、その秘密が隠されているのはなぜか。パリのナイン・シスターズ・ロッジの9人の無名の男たちや、ロンドンのコロニアル・カルテット・ロッジの9人の仲間たちに、この質問をすることはできないのだ。しかし、この18人は、さらに秘密政府であるRIIA、そしてその先にある300人委員会の一員である。

フリーメーソンのスコティッシュ・ライトがジョン・ヒンクレーを洗脳し、レーガン大統領を殺そうとさせたのはなぜか？なぜ、エルサレム聖ヨハネ騎士団、円卓会議、ミルナーグループなど、秘密結社が延々と続いているのか。彼らはローマクラブ、NATO、RIIA、そして最終的には陰謀家たちの階層である300人委員会へと続く、グローバルな指揮命令系統の一部なのだ。人間は、自分たちの行為が悪であり、隠さなければならないから、こうした秘密結社を必要とするのです。悪は真理の光の前に立ちはだかることはできません。

水瓶座の時代

この本には、陰謀家、そのフロント機関、プロパガンダ機関の
ほぼ完全なリストが掲載されている。1980年には、「水瓶座の
陰謀」が本格化し、その成功は私たちの私生活と国民生活のあ
らゆる側面に見られるようになった。精神的な暴力、連続殺
人、10代の自殺、無気力の兆候など、「遠距離浸透」は私たち
の新しい環境の一部であり、汚染された空気と同じくらい、あ
るいはそれ以上に危険である。

アクエリアンエイジの到来は、アメリカを完全に驚かせた。私
たち国民は、自分たちに*課せられた*変化に対して何の準備もで
きていなかったのです。タヴィストック、クルト・ルイン、ウ
ィリス・ハーモン、ジョン・ローリングス・リースの名前を聞
いたことがあるだろうか？ 彼らはアメリカの政治シーンにさえ
いなかったのだ。もし、私たちが見ようと思えば、未来的な衝
撃に耐える力が弱まり、疲れ、不安になり、ついには心理的シ
ョックと無気力の時代に入り、「長距離浸透戦」の外見上の現
れであることに気がついたはずである。

アクエリアンエイジ」は、タヴィストック研究所によって、
「大きな社会集団のストレスに対する反応と応答には、3つの
明確な段階がある」と、乱流のベクトルとして説明されてい
る。*第一に、表面的なもの*である。攻撃を受けている人々はス
ローガンで自らを守るが、これでは危機の*原因*を特定できず、
したがって危機の解決には何もできず、それゆえ危機が持続し
てしまうのである。2つ目は、*フラグメンテーション*です。危
機が続き、社会秩序が崩壊したときに発生する。そして、人口
集団が*「自己実現」の段階*に入り、誘発された危機から目を背
ける*第3段階*がある。これが不適応反応につながり、能動的な
統覚的観念論と解離を伴う。"

薬物使用の激増-「クラック」は毎日何千人もの新しい即席中毒

者を作っている-、毎日行われている子供の殺害の衝撃的な増加（大量堕胎幼児虐殺）、それは今や二つの世界大戦、韓国とベトナムで我々の軍隊が受けた損失をはるかに超えている、同性愛とレズビアンの公然の受け入れ、その「権利」は年々多くの法律で守られていることを誰が否定できるであろうか。エイズと呼ばれる都市や町を襲う恐ろしい災い、教育システムの完全な失敗、離婚率の驚異的な増加、世界中を震撼させる殺人率、悪魔の連続殺人事件。変質者に誘拐された何千人もの幼い子供たちの失踪、テレビ画面に映る「寛容さ」を伴うポルノのバーチャルな高波-この国が危機に瀕していることを誰が否定できるだろうか。

この分野を専門にする良識ある人々は、問題の多くを教育、あるいは米国でいうところの教育に起因すると考えている。今の犯罪者は9歳から15歳の年齢層に多い。レイプ犯は10歳にも満たないことが多い。社会科学者、教員組合、教会は、すべて教育システムの欠陥が原因だと言っています。テストの点数が下がり続けている。専門家は、米国の教育達成度が現在、世界で39^{ème}位にあることを嘆いている。

なぜ、当たり前のことを嘆くのか。私たちの教育システムは、自滅するようにプログラムされているのです。それが、NATOから依頼されたアレクサンダー・キング博士の仕事であった。ヒューゴ・ブラック判事が修正を命じられたのは、この点だ。事実、300人委員会は、我が国政府の承認の下、我々の若者が適切に教育されることを望んでいないのである。フリーメイソンのヒューゴ・ブラック判事、アレクサンダー・キング、グンナル・ミルダール夫妻がアメリカの子供たちに与えるようになった教育は、「犯罪は報われる、機会はすべて重要である」というものである。

アメリカの法律は不平等だ、それでいいじゃないか、と子供たちに教えてきたのです。私たちの子供たちは、10年にわたる腐敗した例によって適切に教育されてきた。ロナルド・レーガンとジョージ・ブッシュは欲に支配され、それによって完全に腐敗してしまったのである。私たちの教育システムは失敗していません。キング、ブラック、ミルダールのリーダーシップの下で、実際、大きな成功を収めているのだが、それは誰の視点で

見るかによるのだろう。300人委員会は、我が国の教育制度を
喜んでおり、コンマの変更も許さない。

スタンフォード大学とウィリス・ハーモンによると、私たちの
教育の長期的な浸透によるトラウマは45年間も続いている。し
かし、この社会で陰湿な圧力がかかり、毎日洗脳にさらされ続
けていることにどれだけの人が気づいているだろうか。1950年
代にニューヨークで勃発した謎のギャング抗争は、陰謀家たち
がどのような騒動も作り出し、演出できることを示す一例であ
る。しかし、このような「社会現象」を演出する隠れた支配者
が1980年代に発見されるまで、ギャングの抗争がどこから来た
のか、誰も知らなかった。

ギャング戦争はスタンフォードで慎重に計画され、社会にショ
ックを与え、混乱を引き起こすために意図的に作られたものだ
った。1958年には、このようなギャングが200以上も存在する
ようになった。ハリウッドのミュージカルや映画「ウエスト
サイドストーリー」で人気を博した。10年間、新聞紙面をにぎわ
せていた彼らは、1966年、突然、ニューヨーク、ロサンゼル
ス、ニュージャージー、フィラデルフィア、シカゴの街角から
姿を消したのである。

ギャングによる暴力の10年間を通じて、一般の人々はスタンフ
ォードが期待するプロファイリングされた反応に従って反応し
た。社会全体がギャングの抗争を理解できず、一般の人々は不
適切な反応をしたのだ。もし、ギャングの抗争がスタンフォー
ド大学の社会工学と洗脳の実験であることを認識する賢明な
人々がいれば、陰謀は発見されたはずである。そのような事態
を察知できる訓練を受けた専門家がいなかったのか、あるいは
脅されて黙っていたのか、どちらかでしょう。スタンフォード
大学とメディアの協力は、タヴィストック大学のソーシャルエ
ンジニアやニューサイエンス科学者が予言したように、私たち
の環境に対する「新しい時代」の攻撃を浮き彫りにしたのであ
る。

1989年、ロサンゼルスの街角に、変革のための社会的条件付け
として、ギャングの抗争が再び登場した。最初の事件から数カ
月もしないうちに、ロスのイーストサイドの路上で、最初は数
十人、次には数百人のギャングが増殖し始めた。クラックハウ

スや売春が横行し、麻薬の売人が通りを支配していた。邪魔に
なる者はすべて撃たれた。マスコミの反発は大きく、長く続い
た。スタンフォードの標的となった住民グループは、スローガ
ンを掲げて反撃に転じた。これは、タヴィストックが第1段階
と呼ぶもので、対象となるグループが危機の原因を特定できな
いでいる状態です。暴力団抗争危機の第二段階は「分断化」で
ある。ギャングが頻繁に訪れる地域に住んでいない人たちは、
「彼らがうちの近所にいなくてよかった」と言った。これは、
危機が有無を言わさず続いていること、ロサンゼルスの社会秩
序が崩壊し始めていることを無視したものであった。タヴィス
トック・プロファイルによれば、ギャング抗争の影響を受けて
いないグループが「自己防衛のために離脱した」のは、危機の
原因が特定されなかったからで、いわゆる「不適応」プロセ
ス、つまり解離の時期である。

麻薬の売買の拡散は別として、ギャングの抗争は何のためにあ
るのでしょうか？まず、ターゲットグループが安全でないこ
と、つまり不安を生んでいることを示すことである。第二に、
組織化された社会がこの暴力に対して無力であることを示すこ
と、第三に、社会秩序が崩壊しつつあることを人々に認識させ
ることである。スタンフォード・プログラムの3つの段階が完
了すれば、現在のギャング暴力の波は、始まった時と同じよう
にすぐに消えるでしょう。

スタンフォード研究所の視線の先にいる人口集団が望ましくな
い変化と認識していても、「変化を受け入れる社会的条件付
け」の顕著な例が、ビートルズの「出現」である。ビートルズ
は、自分たちの知らないところで、大きな人口集団を洗脳する
社会実験の一環としてアメリカに持ち込まれた。

タヴィストックがビートルズをアメリカに持ち込んだとき、誰
も彼らの後に続く文化的な惨事を想像できなかった。ビートル
ズは「THE AQUARIAN CONSPIRACY」の不可欠な一部であ
り、「THE CHANGING IMAGES OF MAN」URH (489) 2150に由
来する生命体である。 政策研究報告書No.4/4/74を参照。SRI社
会政策研究センター所長ウィリス・ハーモン教授が作成した政
策報告書。

ビートルズ現象は、古い社会秩序に対する若者の自然発生的な

反抗ではなかった。むしろ、特定できない陰謀的な機関によっ
て、非常に破壊的で分裂的な要素を、その意思に反して変革の
対象となる大きな人口集団に導入するために、慎重に作られた
陰謀だったのである。タヴィストックが用意した新しい言葉や
フレーズは、ビートルズとともにアメリカに紹介された。音楽
の音に関連する「ロック」、「ティーンエイジャー」、「クー
ル」、「発見」、「ポップミュージック」などの言葉は、ドラ
ッグの受容を意味する偽装のコードワードの語彙であり、ビー
トルズが「ティーンエイジャー」に「発見」されるために、ど
こへ行くにも一緒に来て同行したのである。ちなみに、「ティ
ーンエイジャー」という言葉は、タヴィストック人間関係研究
所のおかげで、ビートルズが登場するまで使われることはなか
った。

暴力団同士の抗争と同様、メディア、特に電子メディア、そし
て共謀者からその役割を指導されていた硫黄のようなエド・サ
リバンの協力なしには、何も実現できなかったし、実現できな
かっただろう。リバプールの雑多なメンバーや、その後に続く
12音制の「音楽」については、過剰なほどの報道がなければ、
誰も関心を持たなかっただろう。この12音システムは、アドル
ノがディオニュソス崇拝とバアルの神官の音楽から引用した重
厚な反復音で構成されており、イギリス女王の特別な友人、つ
まり300人委員会によって「現代」風味に仕上げられているの
です。

タヴィストックとスタンフォードの研究センターは、「ロッ
ク・ミュージック」とそのファンの間で一般的に使われるよう
になるきっかけとなる言葉を作り出した。この言葉がきっかけ
となり、若い世代を中心に、ビートルズが自分たちの好きなバ
ンドであると、社会工学的な条件付けによって信じ込ませる、
新しい独特の集団が生まれたのです。ロック」という文脈でデ
ザインされたすべてのトリガー・ワードは、新しいターゲッ
ト・グループであるアメリカの若者を大衆的にコントロールす
るためのものであった。

ビートルズは完璧な仕事をした。いや、タヴィストックとスタ
ンフォードが完璧な仕事をしたと言った方が正しいかもしれな
い。ビートルズは単に訓練されたロボットのように「友人から

少し助けを借りて」[8] - ハイになって「クール」になるためのコードワードだ。ビートルズは、非常に目立つ「新参者」-タヴィストックの専門用語です-となり、そのため、*意図したとおり*、古い世代を混乱させる新しいスタイル（服装、ヘアスタイル、言語などの流行）を生み出すのに時間はかかりませんでした。これは、ウィリス・ハーモンと彼のチームの社会科学者と遺伝子工学のいじり屋が開発し、実行した「断片化-ミスフィット」プロセスの一部である。私たちの社会における印刷メディアと電子メディアの役割は、大規模な人口集団をうまく洗脳するために極めて重要です。1966年、ロサンゼルスでギャングの抗争が終わり、メディアも報道しなくなった。今、ロサンゼルスで起こっているギャングの抗争も同じことだろう。ストリートギャングは、飽和状態のマスコミ報道がトーンダウンし、その後完全になくなれば、つるりと枯れてしまうだろう。1966年同様、「焼け石に水」であろう。ストリート・ギャングは、混乱と不安を引き起こすという目的を達成したことになる。ロックも同じパターンでしょう。メディアの注目を浴びることなく、いずれは歴史に名を残すことになるでしょう。

タヴィストック研究所によって結成されたビートルズの後、ビートルズと同様にテオ・アドルノにカルト的な歌詞を書かせ、すべての「音楽」を作曲させた「メイド・イン・イングランド」のロックバンドが現れました。私はこの美しい言葉を「ビートルマニア」の文脈で使うのは嫌いだ。それは、「恋人」という言葉が、豚小屋でもがく二人の同性愛者のいやらしい相互作用を指して誤用されていることを思い起こさせるからだ。ロック」を音楽と呼ぶのは侮辱であり、「ロック調の歌詞」で使われる言葉も同様である。[9]

そして、タヴィストックとスタンフォード研究所は、300人委員会から依頼された第2段階の研究に着手した。　この新しい段階は、アメリカにおける社会変革の圧力を高めるものであった。ビートルズが登場すると同時に、ビート・ジェネレーションという、社会を分離・分断するためのトリガー・ワードが登場したのである。今、マスコミが注目しているのは、ビートた

---

[8] ビートルズの楽曲「With a little help from my friends」への言及。EDITOR'S NOTE
[9] ロックの歌詞、NDT。

けし世代です。ビートニク、ヒッピー、フラワーチルドレンなど、タヴィストックによって生み出された言葉は、アメリカの語彙の一部になっている。汚れたジーンズを履き、洗っていない長い髪で歩く、そんな「放し飼い」が流行したのです。ビート・ジェネレーション」は、アメリカの主流から自らを切り離したのだ。彼らは、その前のクリーンなビートルズと同様に悪名高い存在となった。

新しく作られたグループとその「ライフスタイル」は、何百万人ものアメリカの若者をカルトに引き込みました。アメリカの若者は、意識することなく過激な革命を遂げた。一方、上の世代は無力なまま、危機の原因を特定できず、その現れであるあらゆる種類の薬物に不十分な反応を示した。これは、スイスの製薬会社サンド社が、化学者の一人アルバート・ホフマンが、強力な精神安定剤である合成エルゴタミンの製造方法を発見したことに端を発している。300人委員会は、その銀行の一つであるS・C・ウォーバーグ社を通じて資金を調達し、哲学者のオルダス・ハクスリーによってアメリカに薬が運ばれたのである。

この新しい「不思議な薬」は、すぐに「サンプル」サイズのパックになって、全米の大学キャンパスや「ロック」コンサートで無料配布され、薬物使用の普及の主役となった。問題は、ドラッグが社会に及ぼした影響です。当時、麻薬取締局（DEA）は何をしていたのですか？DEAは何が起こっているかを*知って*いながら、*何も*しないように命じられたことを示唆する説得力のある状況証拠がある。

イギリスの新しい「ロック」バンドが非常に多くアメリカに上陸したことで、ロックコンサートはアメリカの若者の社会的なカレンダーに定着し始めた。この「コンサート」と並行して、若者の薬物使用も比例して増加した。重苦しい不協和音が鳴り響き、聞く者の心を麻痺させ、「みんながやっているから」という理由で簡単に新薬を試すように仕向けた。同調圧力は非常に強力な武器です。この「新しい文化」は、マスコミに最大限取り上げられ、共謀者たちは一銭も損をしなかった。

しかし、その怒りの矛先は「原因」ではなく「結果」に向けられていた。ロック・カルトを批判する人々は、禁酒法時代と同

じ過ちを犯し、法執行機関、教師、親など、陰謀家以外のすべての人を批判した。

私は、薬物という大きな脅威に対する怒りと憤りを感じているので、慣れない言葉を使ったとしても、謝罪はしません。アラン・ギンズバーグは、アメリカの街を歩いた中で最悪の麻薬中毒者の一人である。このギンズバーグは、通常であれば数百万ドルのテレビ広告収入になるところを、何のコストもかけずに広告でLSDの使用を推し進めたのである。このような薬物、特にLSDの無料宣伝は、メディアの自発的な協力が続いたおかげで、1960年代後半に新たなピークを迎えることになった。ギンズバーグの大量広告キャンペーンの効果は絶大で、アメリカ国民は次々と近未来的なカルチャーショックを受けることになった。

私たちは、過剰な露出と過剰な刺激を受けていました。もう一度言いますが、これはタヴィストックの専門用語で、タヴィストックのトレーニングマニュアルにある言葉です。その新しい展開に圧倒され、その時点までに私たちの心は無気力に陥り始めていました。ギンズバーグは詩人だと言っていたが、詩人を志した人間がこんなくだらないことを書くわけがない。ギンズバーグに与えられた任務は、詩とはあまり関係がなく、新しいサブカルチャーを宣伝し、多くの対象者に受け入れてもらうことが主な役割だった。

ギンズバーグは、その作業を助けるために、精神病院に入院していたこともある一種の作家、ノーマン・メイラーを協力させた。メーラーはハリウッド左翼のお気に入りなので、ギンズバーグを最大限に利用することに何の問題もなかった。当然、メイラーも言い訳をしなければならなかった。彼でさえ、ギンズバーグのテレビ出演の真相を公然と明かすことはできなかったのだ。そこで、メイラーがギンズバーグとカメラに向かって、詩や文学について「真面目な」議論をするという茶番劇が採用された。

このように、コストをかけずにテレビで広く紹介する方法は、ギンズバーグに追随するすべてのロックバンドやコンサートプロモーターに踏襲された。電子メディアの大物たちは、このような不潔な生き物、さらに不潔な製品、うんざりするようなア

イデアに自由な時間を与えることに関して、重い心境に陥っているのだ。この恐ろしいゴミの宣伝は、印刷物や電子メディアの豊富な協力がなければ、麻薬取引は1960年代後半から1970年代前半のように急速に広まることはなかっただろうし、おそらくいくつかの小さな地方にとどまったままであったろうと思う。

ギンズバーグは、芸術や音楽の世界で発展しつつあった「新しいアイデア」や「新しい文化」を口実に、LSDやマリファナの良さを謳うパフォーマンスを全米で何度もテレビ放映することができた。電子メディアに負けず劣らず、ギンズバーグの崇拝者たちは、アメリカの主要な新聞や雑誌の芸術欄や社会欄に「この色男」を熱く語る記事を書き立てた。新聞、ラジオ、テレビの歴史上、これほど無料の宣伝キャンペーンはなかったし、アクエリアン・コンスピラシー、NATO、ローマクラブの推進者たちは1ペニーも犠牲にしていない。それは、「芸術」や「文化」を薄く装った、LSDの無料広告だった。

ギンズバーグの親友の一人、ケニー・ラブは、ニューヨーク・タイムズ紙に5ページのレポートを発表した。これは、タヴィストックやスタンフォード・リサーチが用いた方法論と一致している。もし、まだ大衆が受け入れていないものを洗脳して宣伝したいのなら、誰かにそのテーマのあらゆる側面を網羅する記事を書いてもらえばいい。もう一つは、テレビでトークライブを企画し、専門家のパネルが「議論する」という名目で製品やアイデアを宣伝する方法である。賛否両論があり、賛成と反対の参加者が表明しています。終わるころには、宣伝すべきトピックが聴衆の心に定着しているのです。1970年代前半には目新しかったが、現在ではトークショーが盛んに行われるようになった。

ラブが書いた5ページの親LSD、親ギンズバーグの記事は、『ニューョーク・タイムズ』にちゃんと掲載された。もし、ギンズバーグが同じだけのスペースを広告で買おうとしたら、少なくとも5万ドルはかかっただろう。しかし、ギンズバーグは心配する必要はなかった。友人のケニー・ラブのおかげで、ギンズバーグはこの巨大な広告をタダで手に入れることができたのだ。ニューョーク・タイムズやワシントン・ポストのような

新聞は、300人委員会の支配下にあり、この種の無料宣伝は、どんな話題にも、特に退廃的なライフスタイル、つまり麻薬や快楽主義など、アメリカ人の心を乱すようなものには、何でも行われる。ギンズバーグとLSDの裁判の後、ローマクラブはアメリカの大手新聞社に、自分たちが宣伝している人物や思想について、要求に応じて無料で宣伝するよう依頼する習慣を作った。

さらに悪いことに（見方によっては良いことだが）、ユナイテッド・プレス（UP）は、ケニー・ラブの「ギンズバーグとLSD」の無料広告を、ニュース記事の体裁をとって全米の何百もの新聞や雑誌に電報で送ったのだ。ハーパーズ・バザール』や『タイム』といった権威ある雑誌でさえ、ギンズバーグ氏を尊敬の対象にしていたのだ。

もし、これだけの規模の全国的なキャンペーンを広告代理店がギンズバーグとLSD推進者に提示したとしたら、1970年当時、少なくとも100万ドル（約1億円）の値がついただろう。現在なら、1,500万〜1,600万円は下らないでしょう。私がマスコミを「ジャッカル」と呼ぶのも無理はない。

連邦準備制度理事会について暴露するメディアを探してみてはどうでしょう。私は、世界最大の詐欺を見事に暴いたこの記事を、主要な新聞社、ラジオ局、テレビ局、雑誌、そしてトークショーの司会者数人に提出した。そのうちの何人かは、「必ず記事を掲載し、それについて話すよう招待する」「1週間待てば連絡をくれる」という、良さそうな約束をしてくれました。そして、私の記事が彼らの新聞や雑誌の紙面に載ることはなかった。まるで、私と私が広めようとしているテーマに沈黙のマントがかけられてしまったかのようで、まさにその通りだったのです。

メディアが大々的に宣伝し、常に報道していなければ、ドラッグやヒッピー・ビートニック・ロックのカルト的な流行は起こらず、地元の物珍しさにとどまっていただろう。ビートルズは、ジャラジャラしたギター、くだらない表現、麻薬のような言葉、奇妙な服装で、ほとんど役に立たなかっただろう。むしろ、ビートルズがメディアに取り上げられたことで、アメリカは次々とカルチャーショックを受けたのです。

シンクタンクや研究所に埋もれている、まだ名前も顔も知らない人たちが、マスコミの役割を確実に果たしていたのだ。逆に、将来のカルチャーショックの背後にある力を開示しないというメディアの重要な役割は、危機の原因が特定されないことを意味した。こうして私たちの社会は、心理的なショックやストレスによって狂ってしまったのです。追い込まれた狂気」という言葉は、タヴィストックのトレーニングマニュアルから引用したものである。1921年に謙虚にスタートしたタヴィストックは、1966年、アメリカにおける大規模かつ不可逆的な文化革命を開始する準備が整いましたが、これはまだ完成していません。アクエリアン・コンスピラシーはその一部である。

このように、我が国は、禁酒法時代に匹敵する規模と莫大な利益をもたらす麻薬の導入の機が熟していると考えられたのである。これもまた、「アクエリアン」の陰謀の一部であった。サセックス大学のタヴィストック構内にある科学政策研究ユニット（SPRU）が、薬物使用の拡散を研究テーマの1つにした。それは「フューチャーショック」センターと呼ばれるもので、いわゆる未来志向の心理学につけられた呼称で、「未来ショック」を引き起こすためにグループ全体を操作するように設計されたものだった。タヴィストック社が設立したこのような機関の最初のものである。

フューチャーショック」は、人間の脳が情報を吸収できないほど急速に起こる一連の出来事と説明されています。先ほども申し上げたように、科学は、心が扱うことのできる変化の量と性質には、はっきりとした限界があることを明らかにしています。連続的な衝撃の後、多くの対象者は選択をしたくないと思うようになる。無関心になると、ロサンゼルスのストリートギャング、連続殺人犯、強姦犯、児童誘拐犯のような無差別暴力がしばしば発生する。

そのような集団はコントロールしやすくなり、訓練の目的である反抗することなく、従順に命令に従うようになるのです。"フューチャーショック "とは、SPRUでは "人間の心の意思決定メカニズムに過剰な負荷を与えることによって生じる身体的・心理的苦痛　"と定義しています。それはタヴィストックの専門用語で、私が持っていることを知らない彼らの教科書にそのま

まま載っている言葉です。

電気回路に負荷がかかるとスイッチが入るように、人間は「ア
ンプラグド」という状態になる。この症候群は医学的にも解明
されつつあるが、ジョン・ローリング・リースは早くも1920年
代にこの分野の実験を行っている。想像するに、このようなター
ゲット層は、多くの選択肢のプレッシャーから逃れるため
に、「トリップアウト」して薬物を摂取することも厭わないの
だろう。こうして、アメリカのビートジェネレーションでは、
ドラッグの使用が急速に広まった。ビートルズとLSDのサンプ
ルパックをきっかけに始まった薬物乱用は、アメリカを席巻す
る潮流となった。

麻薬取引は、上から下まで「300人委員会」が牛耳っている。
麻薬の取引はイギリス東インド会社から始まり、オランダ東イ
ンド会社がそれに続いた。どちらも「300人会議」が支配して
いた。BEICのメンバーや株主の名前のリストは、Debrettsのピ
アージュと似ている。BEICは、中国の農民、いわゆるクーリー
をアヘンに依存させることを使命とする中国内地使節団を創設
した。その結果、アヘン市場が形成され、BEICがそれを埋めて
いった。

同様に、300人委員会は「ビートルズ」を使って、アメリカの
若者やハリウッドの「群衆」の間で「社会的麻薬」を普及させ
た。エド・サリバンは、タヴィストック研究所からアメリカに
渡った最初の「ロックバンド」に会うためにイギリスに派遣さ
れた。その後、サリバン氏はアメリカに戻り、電子メディアと
一緒にバンドの見せ方、売り方について戦略を練った。電子メ
ディア、特にエド・サリバンの全面的な協力がなければ、「ビ
ートルズ」とその「音楽」は枯渇していただろう。その代わり
に、私たちの国民生活とアメリカの性格は、永遠に変わってし
まったのです。

今となっては、「ビートルズ」の薬物乱用キャンペーンがいか
に成功したかがよくわかる。テオ・アドルノがビートルズの音
楽と歌詞を書いたという事実は、世間には隠されていた。ビー
トルズ」の主な機能は、ティーンエイジャーに発見され、彼ら
がサウンドを愛し、それを受け入れ、それに伴うすべてを受け
入れると確信するまで、「ビートルズの音楽」の無限の弾丸に

さらされることであった。リバプールのバンドは期待に応え、「友人たちからのちょっとした助け」、つまりドラッグと呼ばれる違法な物質によって、タヴィストック研究所が命じた通りの全く新しいタイプのアメリカの若者を作り上げたのである。

タヴィストックは、麻薬の運び屋として、人目につく「新人」を作っていた。中国内陸部伝道の「*キリスト教宣教師*」は、1960年代には居場所がなかったはずだ。「このことは、タヴィストックが望んでいたように、ビートルズは新しい社会的パターンを生み出し、主に薬物使用の常態化と大衆化、新しい服装の好み、新しいヘアスタイルを生み出し、前の世代とは一線を画していたことを意味します。

タヴィストックが意図的に使った断片的な表現に注目することは重要である。ティーンエイジャー」は、自分たちが憧れている「異質なもの」が、イギリスのシンクタンクやスタンフォード研究所の年配の科学者たちの産物であるとは、想像もしていなかったのだ。もし、自分たちの「かっこいい」習慣や表現のほとんどが、年配の社会科学者たちによって意図的に作られたものだと知ったら、彼らはどんなに悔しがることだろう。

国民的な規模で薬物使用を推進する上で、メディアの役割は昔も今も非常に重要である。ストリートギャングの報道がメディアによって突然打ち切られると、社会現象として「炎上」し、その後、ドラッグの「新時代」が到来した。メディアは常に触媒として、「新しい大義」を押し出してきた。現在、アメリカでは、薬物使用とその推進者である「ビートジェネレーション」（これもタヴィストックの造語）にメディアの注目が集まっており、社会変革のために断固として取り組んでいる。

アメリカでは、薬物の使用は日常生活の一部として受け入れられていました。タヴィストックが設計したこのプログラムは、何百万人もの若いアメリカ人を受け入れ、古い世代は、アメリカが自然な社会革命を起こしていると信じるようになった。しかし、自分の子供たちに起こっていることが、自然発生的な運動ではなく、アメリカの社会と政治生活に変化を迫るために作られた高度に人工的なものだということには気づいていない。

イギリス東インド会社の子孫たちは、薬物促進プログラムの成功に大喜びだった。彼らの信奉者たちは、リゼルグ酸（LSD）

に精通するようになった。リゼルグ酸は、アルダス・ハクスリーなどの麻薬取引の後援者、スイスの名門企業サンド社、偉大な銀行家ウォーバーグの資金によって、容易に入手できるようになったのである。この新薬は、さっそくロックコンサートや大学構内で無料配布された。問題は、「この間、FBIは何をしていたのか」ということだ。"

ビートルズの目的がはっきりしてきたのだ。ロンドンの上流社会に住むイギリス東インド会社の子孫たちは、何十億円ものお金が流れ込むようになって、さぞかしいい気分だったことだろう。ロック」（以後、アドルノの極悪非道な悪魔的音楽の略語として使用する）の出現により、世俗的なドラッグ、特にマリファナの使用が激増したのである。麻薬取引全体は、科学政策研究ユニット（SPRU）の管理・指導の下で発展してきた。SPRUは、リーランド・ブラッドフォード、ケネス・ダム、ロナルド・リッパートの3人が率いていた。彼らの専門的な指導の下、多くの新人科学者が「未来ショック」を促進するために訓練された。その主なものの1つが、アメリカのティーンエイジャーによる薬物使用の激増であった。SPRUの政策文書は、麻薬取締局（DEA）を含むさまざまな政府機関に挿入され、レーガン政権とブッシュ政権が行ったとされる悲惨な「麻薬との戦い」の行方を決定づけた。

タヴィストック社の資料をもとに、自分たちの意見だと固く信じている内部政府によって、委員会や評議会が次々と運営される、今日の米国のあり方の先駆けだったのです。このバーチャルな見知らぬ人たちが、私たちの政府形態を永遠に変え、米国の生活の質に影響を与えるような決定を下しているのです。危機適応」のおかげで、私たちはすでに大きく変化し、1950年代とはほとんど比較にならないほどになっています。また、私たちを取り巻く環境も変化しています。

最近、環境についてよく言われますが、緑の環境、澄んだ川、きれいな空気などが主な話題ですが、それと同じくらい重要なもう一つの環境、それは薬の環境です。生活環境が汚れている、考え方が汚れている。私たちの運命をコントロールする能力は、汚染されてしまったのです。私たちは、何を考えているのかわからないほど、思考を汚染する変化に直面しているので

す。変化する環境」は国を麻痺させ、私たちはほとんどコント
ロールできず、不安や混乱が生じているように見えます。

私たちは今、個人で問題を解決するのではなく、グループで解
決しようと考えています。私たちは、自分たちのリソースを使
って問題を解決することはしません。この分野では、薬物使用
の多発が大きな役割を担っています。これは、新しい科学の科
学者、社会工学者、いじわるな人たちが考え出した意図的な戦
略で、最も傷つきやすい部分、つまり自己イメージ、つまり自
分自身の認識の仕方をターゲットにしており、最終的には虐殺
に導かれる羊（我々、羊）のようになるのです。私たちは、多
くの選択肢に戸惑い、無気力になってしまっています。

私たちは、気づかぬうちに不誠実な人間に操られているので
す。特に麻薬取引はそうであり、ブッシュ政権下で大きく前進
した現行憲法の統治形態を変える覚悟ができる過渡期に入って
いるのだ。しかし、「アメリカではありえない」と言う人がい
るのも事実です。私たちが望まない出来事に抵抗する意志は、
着実に損なわれ、弱体化しているのです。抵抗する、と言う人
もいますが、そんなに多くはないでしょうし、少数派でしょ
う。

麻薬取引は、私たちの環境を陰湿に変化させています。いわゆ
る「麻薬戦争」は茶番であり、イギリス東インド会社の子孫に
差をつけるほどの量は存在しない。さらにコンピュータ化が進
み、私たちはほとんど洗脳され、強制された変化に抵抗する力
を奪われています。このことは、もう一つの環境、個人情報管
理として知られる「PEOPLE　CONTROL」をもたらす。この環
境なくして、政府は数字ゲームを行うことができないのだ。こ
のままでは、私たち国民は、政府が私たちの何を知っている
か、知らないかを知る術が全くない。政府のコンピューター・
ファイルは一般に公開されていません。私たちは、個人情報が
神聖なものであると愚かにも信じているのでしょうか。どの社
会にも、法執行機関を支配する富裕層や権力者がいることを忘
れてはならない。そういう家庭があることを証明したのです。
この家族たちが私たちのことをもっと知りたいと思えば、それ
ができないと思わないでください。300人委員会のメンバーに
なっていることが多い家庭です。

例えば、キッシンジャーは、アメリカだけでなく、世界中の何十万人もの人々に関する自分の個人的なファイルを持っている。私たちはキッシンジャーの敵リストに載っているのでしょうか？それは奇想天外な話ですか？そんなことはありません。P2メイソニックロッジやモンテカルロ委員会を例にとると、このような数万人規模のリストを持っている。ちなみに、キッシンジャーもその一人である。後ほど紹介する*INTEL*のような「民間」情報機関もある。

ヨーロッパにヘロインを持ち込む方法のひとつに、モナコ公国を経由する方法がある。ヘロインはコルシカ島産で、夏の間、コルシカ島とモンテカルロ間を激しく行き来するフェリーで運ばれる。このフェリーに入るもの、出るものをコントロールすることはできない。フランスとモナコの間には国境がないため、麻薬、特にヘロイン（アヘンを部分的に加工したもの）は、モナコの開かれた国境を通ってフランスの研究所へ、あるいはすでにヘロインに加工されていれば、直接流通業者へ渡ることになる。

グリマルディ一族は何世紀にもわたって麻薬の密輸を手がけてきた。レーニエ王子が欲を出して大儲けし始め、3度の警告にも止めなかったため、妻のグレース王女が交通「事故」で殺害された。レイニアは、自分がメンバーである委員会の力を過小評価していた。彼女が乗っていたローバー社の車には、ブレーキ液のタンクが改造されており、ブレーキをかけるたびに液が少しずつ放出され、いくつかのヘアピンカーブのうち最も危険なカーブに差し掛かった時には、車を止める力がなくなり、石垣を乗り越えて50フィート下の地面に激突し、ひどい音を立てました。

300人委員会の工作員たちは、グレース王女殺害の真相を隠すためにあらゆる手を尽くした。現在もローバーはフランス警察に保護されており、トレーラーのカバーの下に隠されていて、誰も近づくことはおろか、調べることも許されていない。グレース王女の処刑の合図は、キプロスにあるイギリス軍の受信所で拾われ、ある有力な情報筋は、モンテカルロ委員会とP2メーソンロッジが命令を出したと見ている。

300人委員会が支配する麻薬取引は、人類に対する犯罪であ

る。しかし、タヴィストック研究所による長年の執拗な砲撃に
よって条件付けられ、軟化させられた私たちは、麻薬取引を
「大きすぎる」問題と見て、新しい環境を多かれ少なかれ受け
入れてきた。そうではないんです。もし、国家全体を組み立
て、何百万人ものアメリカ兵を装備して、介入する必要のない
ヨーロッパでの戦争に送り込み、ヨーロッパの大国を打ち負か
すことができたなら、第二次世界大戦と同じ戦術で麻薬取引も
つぶすことができるはずだ。第二次世界大戦に参戦したときに
解決しなければならなかった物流の問題は、今日でも頭を悩ま
せている。

しかし、私たちはすべての問題を見事に克服しました。では、
なぜドイツよりはるかに小さく弱い、明確に定義された敵を、
今日我々が持っている非常に改良された武器と監視装置で倒す
ことができないのだろうか。麻薬問題が根絶されない本当の理
由は、世界の大家族が巨大な金儲けマシンの一部として協調し
て運営しているからである。

1930年までに、南米に投じられた英国資本は、英国の「支配
地」に投じられた資本をはるかに上回った。英国の海外投資の
権威であるグラハム氏は、英国の南米への投資は「1兆ポンド
を超えた」と述べた。これは1930年のことで、当時は1兆ポン
ドというのは途方もない額だったことを忘れてはならない。南
米にこれだけの投資をした理由は何だったのでしょうか。一言
で言えば、「薬」である。

イギリスの銀行を支配していた富裕層は、当時も今も、自分た
ちの本当の活動を隠すために、最も立派な表情を作っている。
誰も彼らの手を汚したところを捕まえたことはない。そのた
め、現在のように、物事がうまくいかなかったときに責任を取
るフロントマンが常に存在していたのです。当時も今も、麻薬
取引とのつながりは、せいぜい薄いものだ。300人委員会のメ
ンバーである英国の立派な「貴族」銀行家については、これま
で誰も手を付けなかった。

この広大な帝国の支配者であった国会議員が、チャールズ・バ
リー卿やチェンバレン一族などわずか15名であったことは、非
常に重要なことである。これらの金融王は、アルゼンチン、ジャ
マイカ、トリニダードなどの国々で活動し、麻薬取引を通じ

て彼らの主要な資金源となった。これらの国では、英国の富裕層は、侮蔑的に呼ばれる「現地人」を、奴隷と大差ない非常に低い生活水準に抑えていた。カリブ海の麻薬取引で儲けた財産は相当なものだった。

富裕層はトリニダード・リースホールズ社のような顔で隠れていたが、当時も今も「本当の良いもの」はドラッグだったのである。ジャマイカの国民総生産（GNP）は、ほとんどマリファナの一種であるガンジャの売上で成り立っているのである。ガンジャの取引を管理する仕組みは、デビッド・ロックフェラーとヘンリー・キッシンジャーによって「カリブ海盆地構想」として立ち上げられた。

比較的最近まで、中国におけるアヘン貿易の真実の歴史は、これでもかというほど取材されていたため、まったく知られていなかった。私が講義をしていると、多くのかつての教え子がやってきて、「なぜ中国人はアヘンを吸うのが好きなんだ？彼らは、今日でも多くの人がそうであるように、中国で実際に起こったことについての矛盾した記述に困惑していた。彼らの多くは、中国の労働者が市場でアヘンを買って吸っている、あるいは何千もあるアヘン窟に吸いに行って、自分たちのひどい生活をしばし忘れているのだ、と思っていた。実は、中国へのアヘン供給は、英国政府の専売特許であり、英国の公式政策であった。例えば、ラドヤード・キップリングがよく書いた「インドのクライヴ」や「帝国」の栄光のためにインドで勇敢に戦ったイギリス軍の物語、また、ヴィクトリア朝のイギリスの上流社会のサロンのために中国から茶を積んで海を渡った「ティー・クリッパー」の物語などがそうである。実際、イギリスのインド占領とアヘン戦争の歴史は、西洋文明の最も不名誉な汚点の一つである。

英国統治下のインドの収入の13%近くは、英国が経営する中国のアヘン商に良質のベンガル・アヘンを販売することで得ていた。当時の「ビートルズ」と呼ばれた中国内地宣教師（「キリスト教宣教師」）は、貧しい中国人労働者（クーリー）の間でアヘン消費を見事に増殖させた。アメリカの10代の中毒者と同じように、このような中毒者が突然現れたわけではありません。中国では、まずアヘンの市場が作られ、ベンガル・アヘン

で埋め尽くされた。同様に、マリファナとLSDの市場は、すでに述べた方法によってまずアメリカで作られ、その後、イギリスの財閥とそのアメリカの従兄弟たちが、イギリスの銀行のエスタブリッシュメント・ロードの助けを借りて埋め尽くしたのだ。

儲かる麻薬取引は、人間の不幸を搾取する最悪の例の一つである。もう一つは、ロックフェラーが所有する製薬会社（ほとんどがアメリカだが、スイス、フランス、イギリスにも大企業があり、アメリカ医師会（AMA）が全面的に支援している）が運営する合法麻薬取引である。汚れた麻薬取引とそれが生み出す金は、ロンドンのシティを経由して、香港、ドバイ、そして最近ではイスラエルのレバノン侵攻のおかげで、レバノンにも流れている。

これに疑問を持つ人もいるだろう。「フィナンシャル・タイムズのビジネス・セクションを見ろ」と言われそうだ。"まさかドラッグマネーのため？"もちろんそうなのだが、イギリスの貴族たちがその事実を宣伝してくれるとは少しも思わないでほしい。イギリスの東インド会社を覚えていますか？正式には茶商であった。

ロンドン・タイムズ』紙は、紅茶で莫大な利益を上げることは不可能であることを英国国民にあえて伝えなかった。また、ロンドンのおしゃれなクラブで過ごす人々やロイヤル・ウィンザー・クラブでポロをする人々が行っていたアヘン取引や、帝国のためにインドに赴いた紳士官僚が、アヘンに依存した数百万人の中国人クーリーたちの苦痛から得た莫大な収入によってのみ資金を得ていたという事実にさえ言及することはなかった。

この貿易は、輝かしいイギリス東インド会社によって行われ、アメリカの政治、宗教、経済への干渉は、200年以上にわたって私たちに多大な犠牲を強いてきたのである。イギリス東インド会社の300人の役員は、庶民のはるか上をいっていた。バートランド・ラッセル卿が「天国で困っている神様に助言することもできる」と言ったほどの力を持っていたのだ。また、当時と状況が変わったと想像することもできない。今日の300人委員会のメンバーが、しばしば自分たちを「オリンピアン」と呼ぶのも、まさにそのような姿勢からである。

その後、イギリス王室、すなわち王室はイギリス東インド会社の貿易に加わり、それを媒介としてベンガルなどインド各地でアヘンを生産し、「通過税」と呼ばれるもの、すなわち国家当局に正式に登録されたアヘン生産者が中国へ送る際に、王室が課税して輸出をコントロールするようになったのだ。

1896年以前は、この取引がまだ「違法」であり、アヘン生産者からより多くの貢ぎ物を引き出すために使われる言葉で、この取引を止めようとする試みはなかった。大量のアヘンがインドから、伝説と伝統のある帆船、チャイナティクリッパー号で運ばれ、インドと中国からロンドンの取引所に茶箱を運ぶはずだったのだ。

イギリス東インド会社の諸侯は、この致死性の物質を錠剤にして、北軍と南軍に鎮痛剤として売ろうとしたほど大胆であった。もし、彼らの計画が成功していたらどうなっていたか、想像に難くないですか？何十万人もの兵士が、アヘン中毒になって戦場を去っていったことだろう。ビートルズ」は、その後、何百万人ものティーンエイジャーを中毒者にすることにはるかに成功したのである。(彼らは皆、エリザベス2世からOBE(英国王室勲章)[10]、ポール・マッカートニーにはナイトの称号まで与えられた)。

ベンガル商人とそのイギリス人支配人や銀行家は、中国人クーリーによる悲惨なアヘン取引からイギリス東インド会社の金庫に流れ込む巨額の資金で肥え太り、不寛容になっていったのだ。BEICの利益は、当時でもゼネラルモーターズ、フォード、クライスラーの3社がピーク時に出した利益の合計をはるかに超えていた。薬物で巨額の利益を得るという流れは、1960年代に入ってからも、LSDのメーカーであるサンド社やバリウムのメーカーであるホフマン・ラ・ロシュ社など、「合法」薬物の死の商人たちによって受け継がれていった。ホフマン・ラ・ロシュ社がバリウムの原料と製造に要する費用は、1キロ（2.2ポンド）あたり3ドルである。1キロあたり2万円で販売代理店に売られている。消費者に届くころには、バリウムの価格は1キロあたり5万ドルにまで上がっている。バリウムは欧米で大量に使用されています。この種の薬物の中で、おそらく世界で最

---

[10]大英帝国 勲章

も広く使われている（*中毒性のある*）薬物である。

ホフマン・ラ・ロシュ社は、ビタミンCの製造に1キロ当たり1セント以下のコストで取り組んでいる。万円の利益で販売される。私の友人が、欧州経済共同体法違反により、特許法違反で他の生産者と独占契約を結んだこの犯罪企業を内部告発したところ、スイスとイタリアの国境で逮捕されて刑務所に入れられ、彼の妻はスイス警察から自殺するまで脅迫されたそうだ。イギリス人である彼は、状況を知らされるや否やベルンのイギリス領事に救出され、その後刑務所から釈放され、飛行機で国外に追放された。ホフマン・ラ・ロシュの秘密をあえて漏らしたために、彼は妻も仕事も年金も失った。スイスは産業スパイ法を非常に重要視しています。

今度、スイスのスキー場、美しい時計、自然のままの山々、カッコウなどの可愛い広告を目にしたら、このことを思い出してください。スイスはそうではありません。スイスの大手銀行を通じ、何十億ドルもの汚れたマネーロンダリングの拠点となっているのです。300人委員会の「合法」（中毒性）薬物の製造者である。スイスは、世界的な災難に見舞われたときに、資金と国民を守るための委員会の究極の「安全な場所」である。

このような悪質な活動に関する情報が公開されると、スイス当局は深刻な事態に陥る可能性がある。スイスでは、これを「産業スパイ」とみなし、通常5年の実刑判決が下される。スイスは清潔な国であるかのように装う方が、その裏側やジャンクバンクの中を覗くより安全である。

1931年、「ビッグ・ファイブ」と呼ばれる英国企業の最高経営責任者が、麻薬によるマネーロンダリングを行ったとして、その報酬として王国の同輩に指名されたのである。誰がそのようなことを決め、栄誉を与えるのでしょうか。麻薬取引の最高地位にある人物に栄誉を与えるのは、イギリスの女王である。

この恐ろしい取引に関わったイギリスの銀行は枚挙にいとまがないが、その中から最も重要な銀行を紹介しよう。

- ➢ 中東の英国銀行
- ➢ ナショナル・アンド・ウエストミンスター銀行

> ➤ カナダロイヤル銀行

> ➤ ベアリング・ブラザーズ銀行

> ➤ ミッドランドバンク

> ➤ バークレイズ銀行

> ➤ 香港上海銀行（HSBC）

例えば、ジョセリン・ハンブロ卿が率いるハンブロスは、麻薬取引で利益を得ている。中国におけるアヘン貿易について、本当に興味深い大研究をするには、ロンドンのインド事務所にアクセスする必要がある。私は情報機関の認定を受けてアクセスすることができ、故フレデリック・ウェルズ・ウィリアムソン教授の記録管理者から、18世紀^{e} と19世紀^{e} のイギリス東インド会社のインドと中国におけるアヘン取引について豊富な情報を得ることができ、貴重な助言を得ることができました。この文書が公開されれば、ヨーロッパの冠たる毒蛇たちの頭上で、どんな嵐が吹き荒れることか[11] 。現在では、安価なコカインが北米の市場の多くを占めるようになり、取引はやや変化している。

アメリカ市場1960年代には、香港、レバノン、ドバイからヘロインが殺到し、アメリカや西ヨーロッパを飲み込む恐れがあった。需要が供給を上回ると、コカインに切り替えた。しかし、1991年末の現在、その流れは逆転し、ヘロインが復活している。ただし、コカインは依然として貧困層の間で大人気であることは事実である。

ヘロインは中毒者にとってより満足度の高いもので、コカインよりも効果が強く、長く続くと言われており、国際的な注目はヘロイン生産者よりもコロンビアのコカイン荷主に集まっている。しかも、中国軍の支配下にあるゴールデントライアングルでのアヘン生産を止めるために、アメリカが本気で取り組むとは思えないし、どこかの国がアヘン取引を禁止しようとすれば、深刻な戦争が勃発するだろう。アヘン貿易への本格的な攻撃は、中国の軍事介入につながる。

---

[11]"父祖の計らいを満たしなさい蛇の群れ、毒蛇の群れ、地獄の火の懲罰からどうして逃れられるのか。"キリスト マタイによる福音書23章32～33節

英国はこのことを知っている。彼らは中国と何の争いもしていない。[12]、誰が一番大きなパイを手に入れるかについて、時折口論になることを除けば。イギリスは2世紀以上にわたって、中国のアヘン取引に関与してきた。英国のオリガルヒの銀行口座に何百万ドルも何千万ドルも流れ込み、香港の金市場ではロンドンとニューヨークの取引の合計よりも多くの金が取引されているとなれば、誰も波風を立てるような愚か者はいないでしょう。

ゴールデン・トライアングルの丘陵地帯にある中国やビルマの小領主と何らかの取引をすることを嬉々として想像している人たちは、どうやらそれがどういうことなのか分かっていないようだ。知っていれば、アヘン貿易を止めるなどという話はしなかっただろう。このような話をすると、中国におけるアヘン貿易の巨大さ、複雑さをほとんど知らないことがわかる。

イギリスの富裕層、ロシアのKGB、CIA、アメリカの銀行家などが中国と共謀している。一人の人間が、この取引を止めることができるのか、あるいは少しでも食い止めることができるのか。想像するのもばかばかしい。ヘロインとは何か、なぜ最近コカインより好まれるのか。この分野の権威であるガレン教授によれば、ヘロインはアヘンから派生したもので、感覚を鈍らせ、長い眠りをもたらす薬物であるという。これは、ほとんどの依存症患者が好むもので、「モーフィアスの腕の中にいる」と呼ばれています。アヘンは人間の中で最も中毒性の高い薬物である。多くの薬には程度の差こそあれアヘンが含まれており、アヘン産業で使われていた紙が薬の材料として使われていたと考えられている。

タバコの製造は、最初にアヘンを含浸させるので、喫煙者はその習慣に溺れることになる。

ケシの実の由来は、インドのムガール人が古くから知っており、難敵にお茶に混ぜて献上していたそうです。また、クロロ

---

[12]1999年10月21日、中国国家主席はバッキンガム宮殿で「レッドカーペット」待遇を受けた。女王とともに、馬車のロイヤルキャリッジとロールスロイスのリムジンで優雅に移動し、豪華な手配で感動とおもてなしをした。同時に、中国の人権状況に反対するデモを、英国警察は彼の機嫌を損ねないよう、誰もできないようにした。

ホルムなど一昔前の麻酔薬に大きく取って代わる鎮痛剤としても使用されている。アヘンは、ヴィクトリア朝のロンドンのおしゃれなクラブで人気があり、ハクスリー兄弟のような男たちが盛んに使っていたのは周知の事実である。ヘレニズム時代のギリシャのオルフィス教団や天王朝時代のエジプトのオシリスホルス教団は、ビクトリア朝が信奉していたため、アヘンを吸っていた。1903年にセント・アーミンズ・ホテルに集まり、どのような世界にするかを決めた人たちもそうだった。セント・エルミンズの人々の子孫は、今日、300人委員会で見ることができます。 このような世界の指導者と呼ばれる人々が、我々の環境に変化をもたらし、通常の法執行戦術や政策ではもはや止めることができないほど、麻薬使用が増殖することができるようになったのです。特に大都市では、人口が多いため、何が起こっているのかが見えなくなってしまうのです。

王室では、多くの人がアヘンを常用していた。彼らのお気に入りの一人は、作家のクーデンホーフ・カレルギーで、1932年に「REVOLUTION THROUGH TECHNOLOGY」という本を書き、世界を中世社会に戻そうという計画だった。この本は、実は300人委員会の、アメリカを始めとする世界の脱工業化計画のワーキングドキュメントとなった。人口過剰の圧力は深刻な問題であるとし、カレルギーは「オープンスペース」への回帰を提唱する。クメール・ルージュやポル・ポトのような感じでしょうか？

以下、同書からの抜粋です。

> "未来の都市は、そのレイアウトが中世の都市に似ている...そして、職業上、都市に住むことを咎められない者は、田舎に行くだろう "と。我々の文明は大都市の文化である。したがって、それは、自発的に、あるいは非自発的に、この人生の行き止まりの道に身を置いた堕落者、病人、退廃者から生まれた沼沢植物である"......。

これは、「アンカー・ワット」がプノンペンを過疎化させた「彼」の理由に非常に近いのではないだろうか？

1683年、英国東インド会社のティー・クリッパー号によって、ベンガルから初めてアヘンが英国に到着した。アヘンは、庶民、ヨーマン、下層階級に飲ませることができるかどうか、試

験、実験としてイギリスに持ち込まれた。今でいう新製品の
「テストマーケティング」である。しかし、頑健なヨーマンや
揶揄される「下層階級」は手強く、テストマーケティングの試
みは大失敗に終わった。イギリス社会の「下層階級」は、アヘ
ン喫煙を断固として拒否した。

ロンドンの上流社会の富裕層やオリガルヒは、これほどまでに
抵抗感がなく、柔軟性のない市場を探し始めたのだ。そのよう
な市場を中国に見出したのです。インド庁の「古記録雑纂」で
調べた資料には、英国東インド会社の出資による「中国内地伝
道団」の設立後、中国でのアヘン取引が本格化したことを証明
する、願ってもない資料があった。表向きは*キリスト教宣教団
体*だが、実際には市場に投入された新製品オピウムを「普及」
することだけが彼らの任務であったのである。

このことは、後に私がインド官庁の公文書館でジョージ・バー
ドウッド卿の書類に接した時に確認された。中国大陸宣教師が
見本袋を配り、クーリーたちにアヘンの吸い方を教え始めてか
ら間もなく、中国に大量のアヘンが届くようになった。ビート
ルズは、これ以上ないほどの仕事をした。(いずれも、ビートル
ズを公然と支持する英国王室が公認した取引だった)。イギリス
東インド会社は、イギリスでは失敗したが、中国では想像を超
える成功を収めた。

アヘン窟は中国全土に広がり、上海や広州などの大都市では、
何十万人もの不幸な中国人が、アヘンのパイプでどうやら生活
に耐えられるらしいということがわかった。イギリス東インド
会社は、中国政府が気づくまで100年以上にわたってフリーハ
ンドを続けていた。アヘン摂取を禁止する法律が初めて制定さ
れたのは、1729年のことである。これを嫌ったBEIC社の300人
の取締役会は、すぐに中国政府と争うことになった。

BEICは、完全支配下にあったインドのガンジス川流域のベナレ
スとビハール州のケシ畑から、最高品質のアヘンを供給するケ
シの種を開発していたのだ。この市場を失いたくない英国王室
は、中国軍と交戦し、これを撃破した。同じように、アメリカ
政府は今日の麻薬王と戦っているはずなのに、[13] 、中国同様、

---

[13]なぜ、このような人々が麻薬王ではなく、麻薬王と呼ばれるのか、不思議に

大敗している。しかし、ひとつだけ大きな違いがある。中国政府は勝つために戦ってきたが、アメリカ政府は勝つ気がない。だから、麻薬取締局（DEA）の離職率が高いのである。

最近、パキスタンから荒涼とした海岸のマルカを経由して、高品質のアヘンが密輸され、そこから船でドバイに運ばれ、金と交換されるようになった。コカインよりもヘロインが好まれるようになった理由の一端はここにある。ヘロインの取引はより慎重で、コロンビアで毎日のように起こっているような有力者の暗殺はない。パキスタンのアヘンは、三角地帯や黄金の三日月地帯（イラン）のアヘンほど高価ではない。このため、ヘロインの生産と販売が大幅に増加し、コカインを抜いて主な利益源となる恐れがある。

長年、英国社会の上層部では、下劣なアヘン貿易を「帝国の戦利品」と呼んでいた。カイバル峠の武勇伝は、膨大なアヘン売買をカバーしていたのである。イギリス軍は、生のアヘンを運ぶキャラバンを山岳民族の略奪から守るため、カイバル峠に駐屯していた。英国王室はこのことを知っていたのだろうか。間違いない。アヘンで儲かる以外に取り柄のないこの地域に、王室が軍隊を維持する理由が他にあるだろうか。遠くの国に兵を駐屯させるのは、とてもお金がかかる。陛下は、なぜこのような軍隊がいるのか不思議に思われたことでしょう。確かに、将校の食堂でポロやビリヤードをすることはない。BEICはアヘンを独占していることに嫉妬していたのだ。潜在的な競争相手は、ミスをすることが許されないのだ。1791年の有名な裁判では、ウォーレン・ヘイスティングスが、BEICの費用で友人のアヘンビジネス参入を手助けした罪に問われた。インド庁にある事件の記録から見つけた言葉は、まさに膨大なアヘン貿易の実態を物語っている。

> "ヘイスティングスはアヘンを4年間供給する契約を、宣伝もせずに、明らかに明らかな、無償の豊富な条件で、スティーブン・サリバンに与えた。" "その目的は、前記ウィリアム・サリバンEsqの即席の富を創出することである。"（強調）

思ったことはありませんか？この人たちが単なる麻薬王だとしたら、麻薬王は誰なのか？

イギリス政府がアヘン貿易を独占していたため、即座に財を成すことが許されたのは、イギリスの「貴族」「貴族」「富豪」「寡頭政治家」だけであり、その子孫の多くは、彼らの祖先がBEICを運営していた「300人委員会」に座っていたのと同様に、「300人委員会」にも座っているのだ。サリバン氏のような部外者が、数十億ポンドのアヘン取引に手を出そうものなら、すぐに王室とのトラブルに巻き込まれることになる。

300人の評議員のリストを持つBEICの名誉ある人々は、ロンドンのすべての主要なジェントルマンズクラブの会員であり、大部分は国会議員であり、インドと国内の両方で判事を務めた者もいた。中国に上陸するためには、会社のパスポートが必要だった。この儲かる貿易に英国王室が関わっていることを調べるために、数人の野次馬が中国に到着すると、BEICの奉行はすぐに彼らのパスポートを失効させ、中国への入国を禁止してしまったのだ。中国政府との摩擦は日常茶飯事だった。中国は1729年にアヘンの輸入を禁止する法律「雍正勅令」を制定していたが、BEICは1753年までアヘンを中国の関税に入れ、アヘン一包につき3テールの関税をかけることに成功した。イギリスの特殊部隊（当時の007）が中国の厄介な役人を確実に買収し、それが不可能な場合は、ただ殺されるだけであったとしても。

1729年以来、英国の君主はすべて麻薬取引で莫大な利益を得ており、現在の王位継承者も同様である。大臣たちは、富が一族の金庫に流れ込むようにした。ヴィクトリア女王の時代、パーマストン卿は最も重要な人物の一人であった。彼は、イギリスと中国のアヘン貿易を止めることはできない、という信念を頑なに守っていた。パーマストンの計画は、中国政府に個々のメンバーが欲張りになれるだけのアヘンを供給することだった。そして、イギリスが供給を制限し、中国政府がひざまずいた時に再開する-ただし、価格はかなり高くして、中国政府自身による独占を維持するというものであったが、この計画は失敗に終わった。

中国政府は倉庫に保管されていた大量のアヘンを破棄し、イギリス商人は広東にアヘンを輸入しない旨の個別協定を結ぶことを余儀なくされた。これに対してBEICは、アヘンを積んだ数十隻の船をマカオに送り込んだ。個人ではなく、BEICに責任のあ

る会社がこれらの出荷品を販売した。中国の林委員はこう述べた。

> "この地（マカオ）に向かう英国船には大量のアヘンが積まれており、元の国に戻ることはないだろう。" "アメリカの色を使って密輸されていると知っても驚かない" "私はそう思う。"

林の予言は驚くほど的中した。

中国に対するアヘン戦争は、かつてパーマストン卿が言ったように「中国人をその場に置く」ことが目的であり、イギリス軍はまさにそれを実行したのである。この巨大で有利な貿易は、イギリスの寡頭制の封建領主を何十億も儲けさせる一方で、中国には何百万人ものアヘン中毒者を残しており、止める手立てがなかったのだ。その後、中国はイギリスに巨大な問題の解決を依頼し、両国は合意に達した。その後、歴代の中国政府は、イギリスと争うよりも協力する方が得策と考え、それは毛沢東の血生臭い治世に証明され、現在では、すでに述べたように、アヘン貿易の分け前のことだけが争点となっているのだ。

さらに近代に入ると、中英は香港協定によってアヘン貿易における対等なパートナーシップを確立した。しかし、コロンビアのコカイン取引は、暴力と死、強盗と殺人が目立つが、ヘロイン取引はそのような卑しさはなく、先ほど言ったように、1991年が終わろうとしている今、再び優位に立ちつつあるのである。

過去60年間の中英関係の主要な問題は、中国がアヘン・ヒロインケーキのシェアを拡大することを要求してきたことである。これは、イギリスが1997年から香港を中国政府の完全な支配下に置くことに合意したことで解決した。それとは別に、香港を拠点としたアヘン取引では、パートナーたちはかつての平等なシェアを維持している。

アヘン貿易の最盛期に広東に根を張った300人委員会の英国人寡頭政治家たちは、その子孫をそのままにしている。中国に住む著名なイギリス人のリストを見ると、その中に「300人委員会」のメンバーの名前がある。香港も同様です。封建時代の後継者であるこれらの財閥は、世界に押し付けようとしている金

とアヘンの貿易を支配しており、香港はその中心地である。ビルマや中国のアヘン栽培者は金で報酬を得ている。彼らはアメリカの100ドル紙幣を信用していないのだ。香港証券取引所での金の取引量が多いのも、このためだ。

ゴールデントライアングルは、もはや最大のアヘン生産地ではない。1987年以降、この怪しげな称号は、黄金の三日月（イラン）、パキスタン、レバノンによって共有されている。これらはアヘンの主な生産地であるが、アフガニスタンやトルコからも少量ずつ入ってきている。麻薬取引、特にアヘン取引は、後述するように、銀行の助けなしには機能し得なかった。

銀行と薬物市場

立派な銀行が、なぜ、麻薬取引に手を染め、その醜悪な側面を知っているのだろうか。この話は非常に長く、複雑で、それだけで1冊の本の題材になりそうなほどだ。特に、原料のアヘンをヘロインに変えるために必要な化学薬品を輸入するフロント企業に融資することで、銀行が関与しているのだ。ロンドンに支店を持つ香港上海銀行が中心となって、TEJAPAIBULという会社を通して、香港上海銀行に口座を持ち、この取引を行っているのだ。この会社は何をやっている会社なんですか？ヘロイン精製に必要な化学物質のほとんどを香港に輸入している。

また、ゴールデン・クレセント、ゴールデン・トライアングル、パキスタン、トルコ、レバノンへの無水酢酸の重要な供給元でもあります。この貿易の実際の資金調達は、バンコクメトロポリタン銀行が担当している。このように、アヘン加工に関連する二次的活動は、アヘン取引とは異なるものの、銀行にとって大きな収入源となっている。しかし、香港上海銀行をはじめ、この地域の銀行の実収入は、アヘン貿易の融資である。

金の価格とアヘンの価格の関連性を確立するために、私は多くの研究をしました。私はよく、「金の値段を知りたければ、香港のアヘン1ポンドか1キロの値段を調べろ」と言ったものだ。私は、「1977年、金にとって重要な年に何が起こったか見てください」と批判しているのです。中国銀行は、金の専門家、そしてアメリカに大量に存在する賢い予想屋たちに、警告なしに突然80トンの金を市場に投棄して衝撃を与えた。

これによって、金の価格は急落した。専門家たちは、「中国にこんなに金があるとは知らなかった。"アヘン "を大量に購入した際に、香港の金市場で中国に支払われる金塊から出たものだそうです。現在の中国政府の対英政策は、18ème と 19ème の時代と同じである。香港経済とリンクしている中国経済は、テレ

ビ、繊維、ラジオ、時計、海賊版ビデオテープなどの話ではなく、アヘン／ヘロインの話だが、もしイギリスと共有しているアヘン貿易がなかったら、ひどい打撃を受けることになるだろうね。BEICはもう存在しないが、そのCouncil of 300の末裔がCommittee of 300として存在している。

過去200年間、アヘン貿易のトップに君臨してきた英国寡頭政治家の最古参が、今もそこにいるのだ。例えば、マシソン夫妻。この「貴族」一族は、アヘン貿易の柱の一つである。数年前、状況が少し不安定になった時、マシソン夫妻は中国に不動産投資のために3億ドルの融資をした。実は、この融資は「中華人民共和国とマシソン銀行の合弁事業」として提示されたものであった。1700年代のインド官庁の文書を調べているうちに、マシソンという名前に出会った。ロンドン、北京、ドバイ、香港など、ヘロインやアヘンが出てくるところには必ずと言っていいほど、マシソンという名前が出てくるのだ。

麻薬取引の問題は、国家主権を脅かす存在になっていることです。この世界的な脅威について、ベネズエラの国連大使は次のように語っています。

> 「薬物問題は、すでに単なる公衆衛生や社会問題として扱われなくなった。それが、国家主権に関わる、より深刻で広範囲なもの、つまり国家の独立性を損なう国家安全保障の問題に変化しているのです。薬物は、その生産、販売、消費のすべての形態において、私たちの倫理的、宗教的、政治的生活、歴史的、経済的、共和国的価値を損ない、私たちを変性させるものです」。

国際決済銀行とIMFは、まさにこのような仕組みで運営されている。この2つの銀行は、麻薬取引の決済機関に過ぎないと断言してもいい。BISは、暴走した資本が簡単に抜ける手段を提供することで、IMFが沈めようとする国を弱体化させる。BISは、逃亡資本と洗浄された麻薬資金を認識し、区別していない。

BISはヤクザをモデルに運営されている。IMFの資産剥奪に応じない国は、「よし、それなら我々が保有する膨大なナルコダールで壊してやろう」と事実上言われているのだ。金が悪魔化され、紙の「ドル」が世界の基軸通貨として取って代わられた理

由は容易に理解できる。金準備を保有する国を恐喝するのは、紙幣ドルで準備する国を恐喝するほど簡単ではない。

数年前、IMFが香港で開催した会合に私の同僚が出席し、まさにこの問題をテーマにしたセミナーだったと教えてくれました。IMFの職員が、「ナルコダラーを使って、文字通りどこかの国の通貨を暴落させ、キャピタルフライトを起こさせることができる」と会議で言っていたと教えてくれた。クレディ・スイス社の代表で、300人委員会のメンバーでもあるライナー・グート氏は、今世紀末には国の信用と国の金融が一つの組織に統合される事態を予見していると述べた。ライナーグート氏は、そのことをはっきりとは言わなかったが、セミナーに参加した誰もが、彼の言っていることがよくわかった。

コロンビアからマイアミまで、[14]ゴールデントライアングルからゴールデンゲートまで、香港からニューヨークまで、ボゴタからフランクフルトまで、麻薬取引、特にヘロイン取引はビッグビジネスです。[15] 世界の最も「アンタッチャブル」なファミリーによって上から下まで運営されており、これらのファミリーには少なくとも一人は300人委員会のメンバーがいます。これはストリートトレードではなく、それをスムーズに運営するには多くの資金と専門知識が必要となります。300人委員会がコントロールする仕組みがそれを担保しているのです。

このような才能は、ニューヨークの街角や地下鉄では見つけることができない。もちろん、ディーラーや行商人は不可欠な存在だが、あくまでも小さなパートタイムの業者としてである。パートタイムと言ったのは、忙しいのと、ライバルということで撃たれる人もいるからです。しかし、それがどうしたことか？代用品はいくらでもあります。

いや、中小企業庁が興味を持つようなことではないんです。この汚いドラッグビジネスは、巨大な帝国であり、大きなビジネスである。必然的に、世界中のどの国でも上から下まで運営されることになる。実は、他のあらゆるものを超越した、現在の世界最大のビジネスなのです。それが上から守られていること

---

[14]英国王室は、英国の裁判所を作り、独自の法律と法制度を確立し、誰も君主に対して法的措置を取ることができないようにしている。
[15] 原文ではBIG BUSINESS。

は、国際テロと同様、根絶できないことで確認できる。このことは、王室、寡頭制、富裕層の大物たちが、仲介者を介してとはいえ、それを動かしていることを合理的な人に示すはずである。

ケシ・コカ栽培の主な対象国は、ビルマ、中国北部、アフガニスタン、イラン、パキスタン、タイ、レバノン、トルコ、ペルー、エクアドル、ボリビアである。コロンビアはコカを栽培していないが、ボリビアに次いでコカイン精製の中心地であり、コカイン取引の主要な金融センターである。ノリエガ将軍がブッシュ大統領によって誘拐され投獄されて以来、マネーロンダリングとコカイン取引の資金調達でパナマと首位を争ってきたのである。

ヘロインの取引は、香港の銀行、ロンドンの銀行、そして中東の英国銀行など、一部の中東の銀行が資金源となっている。レバノンは"中東のスイス"になりつつある。ヘロインの流通・移動に関わる国は、香港、トルコ、ブルガリア、イタリア、モナコ、フランス（コルシカ島、マルセイユ）、レバノン、パキスタンです。米国は麻薬の最大消費国であり、コカインが1位、ヘロインが2位を争っている。西ヨーロッパと西南アジアはヘロインの最大の消費国である。イランはヘロイン中毒者が多く、1991年には200万人を超えている。

麻薬取引の実態を正確に把握していない政府は一つもない。しかし、有力な地位にある個々のメンバーは、世界的なネットワークを持つ子会社を通じて、「300人委員会」が面倒をみているのである。パキスタンのアリ・ブットやイタリアのアルド・モーロのように、政府のメンバーが「難物」であれば、解任されるのだ。この強力な委員会から逃れることはできないが、マレーシアはこれまで何とか抵抗してきた。マレーシアは世界で最も厳しい麻薬取締法を持っています。少量の麻薬でも所持していると死刑になる。

ブルガリアのキンテックス社のように、ほとんどの小国がこうした犯罪行為に直接関与しているのである。キンテックスのトラックは、EECのTIR（Triangle Internationale Routier）マークを付けた自社トラックで、定期的に西ヨーロッパ全域にヘロインを輸送しています。このマークとEECの認識番号がついたトラ

ックは、税関で止められることはないはずです。TIRトラック
は生鮮品しか運べない。原産国で検査を受け、その旨を記した
書面を各ドライバーが携帯することになっている。

国際条約の義務でこうなっているのだから、キンテックスのト
ラックはヘロインを積んで「新鮮な野菜や果物」と証明し、西
ヨーロッパを通り、北イタリアの警備の厳しいNATO基地にも
入ることができたのである。こうして、ブルガリアはヘロイン
の主要な輸送国のひとつとなった。

現在、ヨーロッパ市場に出回っている大量のヘロインやコカイ
ンを止めるには、*TIR*制度を廃止するしかないのです。これは
絶対にありえないことです。今述べた国際条約の義務は、300
人委員会の信じられないようなネットワークと管理機構によっ
て、あらゆる種類の麻薬が西ヨーロッパに渡ることを容易にす
るために設けられたものである。生ものは忘れようイタリアの
元麻薬捜査官から「*TIR＝DOPE（ドープ）*」と言われました。
16

今度、ケネディ空港で偽底のスーツケースの中から大量のヘロ
インが発見され、不運な「運び屋」がその犯罪行為の代償を払
うことになったと新聞で読んだら、このことを覚えておいてほ
しい。このような行動は、国民の目に煙を吹きかけ、政府が本
当に麻薬の脅威に対して何かしていると思わせるための「小さ
なビール」に過ぎないのだ。例えば、ニクソンの番組「フレン
チ・コネクション」は、300人委員会に知られることなく、ま
た同意を得ることなく開始された。

この大規模な活動で押収されたアヘンとヘロインの総量は、
TIRトラック1台が運ぶ量の4分の1弱にすぎません。300人委員
会は、ニクソンが比較的小さなヘロイン押収のために大きな代
償を払うことを確実にした。ヘロインの量ではなく、彼らがホ
ワイトハウスへの階段を上るのを助けた人物が、彼らの助けや
支援なしに、さらには上からの直接の命令にも逆らうことがで
きると信じていたという事実である。

ヘロイン取引の仕組みは、タイやビルマの野生山岳民族がアヘ
ンケシを栽培している。収穫時には、種子のあるさやをカミソ

---

16 「ドープ」はアメリカの総称で、フランス語では「カム」に相当します。

リや鋭いナイフで切り取ります。切り口から樹脂状の物質が漏れ出し、固まり始める。これが生のアヘンです。生のアヘン作物は、丸くて粘り気のある玉に加工される。部族民には、クレディ・スイスが鋳造した1キロの金塊（4/10^e　）が支払われる。通常の重さの金の延べ棒は、生のアヘンや部分的に加工されたヘロインの大口購入者が香港の市場で取引している。インドの山岳民族であるバローチ族のメンバーへの支払いも同じ方法で、ムガール人の時代からこの取引に携わってきた。ドーピング・シーズン」と呼ばれるこの時期には、香港の市場で金が大量に取引される。メキシコでは「メキシカンブラウン」と呼ばれる比較的少量のヘロインが生産されるようになり、ハリウッドスターたちの間で大きな需要があった。ここでも、ヘロインの取引は軍を味方につけた政府高官によって行われている。メキシカンブラウン」の中には、アメリカのクライアントに供給して月に100万円を稼ぐ生産者もいる。数人のメキシコ連邦警察がヘロイン生産者に対して行動を起こすよう扇動されると、どこからともなく現れた軍部隊によって「排除」されてしまうのである。

1991年11月、メキシコのアヘン生産地にある滑走路で、そのような事件が起こった。連邦麻薬捜査官が滑走路を取り囲み、ヘロインを積んでいた何人かを逮捕しようとした時、兵士の一団が到着したのである。兵士たちは、連邦麻薬警察官を一網打尽にし、計画的に殺害した。この行動は、殺害事件の調査を強く要求されているメキシコのゴルタリン大統領にとって、深刻な脅威となる。ゴルタリアンは、調査要求をあきらめるわけにもいかず、かといって軍部の機嫌を損ねるわけにもいかず、微妙な立場に立たされる。これは、300人委員会までさかのぼったメキシコの指揮系統の最初の亀裂である。黄金の三角地帯で採れた生のアヘンは、シチリアのマフィアとフランス側のビジネスに送られ、マルセイユからモンテカルロまでのフランス海岸にはびこる研究所で精製されるのである。現在、レバノンとトルコでは精製ヘロインの生産量が増加しており、この2カ国には過去4年間に大量の実験室が設置された。パキスタンにも多くの研究所があるが、フランスなどとは比べものにならない。

黄金の三日月から生アヘンを運ぶ業者が使うルートは、イラン、トルコ、レバノンを経由する。イランのシャーが政権を握

っていた頃、ヘロイン取引の継続を認めず、300人委員会に「引き継がれる」まで強制的に止められた。トルコやレバノンから生のアヘンがコルシカ島に運ばれ、そこからグリマルディ家の共犯でモンテカルロへ運ばれていたのだ。パキスタンの研究所は、「軍事防衛研究所」という名目で、2年前よりも精製を行っているが、最高の精製は、今でもフランスの地中海沿岸とトルコで行われている。ここでも、これらの業務に必要な資金を調達するために、銀行が重要な役割を担っている。

ここで少し立ち止まりましょう。これらの国の法執行機関が利用できる、衛星偵察などの近代的で大幅に改善された監視技術を持ってしても、この極悪非道な取引の場所を特定し、阻止することができないと信じていいのだろうか。このような研究所が発見されても、法執行機関が立ち入り、破壊することができないのはなぜか。もし、そうであっても、ヘロインの取引を禁止することができないのであれば、私たちの麻薬取締りサービスは、麻薬取締機関ではなく、「ゲリゾー」と呼ばれるべきなのです。

いわゆる"ドラッグ・ウォッチャー"と呼ばれる人たちに、子供でもわかるように。アヘンからヘロインを精製するのに必要な最も重要な化学成分である無水酢酸を製造する工場をすべて監視すればいいのだ。そして、道をたどれ！というくらいシンプルです。ヘロインの精製所を突き止めようとする警察当局の努力を思うと、「ピンクパンサー」シリーズのピーター・セラーズを思い出してしまうのだ。架空の探偵のように不器用な人間でも、無水酢酸の出荷経路を最終目的地までたどるのは容易なことだ。

政府は、無水酢酸の製造業者に対して、誰がこの薬品を購入し、何に使用するのかを綿密に記録することを義務づける法律を制定することができるだろう。しかし、それをあてにしてはいけない。麻薬はビッグビジネスであり、ビッグビジネスはヨーロッパの寡頭政治家とアメリカ東海岸のリベラルなエスタブリッシュメントによって行われていることを忘れてはいけないのだ。麻薬取引はマフィアやコロンビアのコカインカルテルがやっているわけではありません。イギリスの貴族やアメリカの高官たちは、自分たちの役割を店のウィンドウで誇示するので

はなく、汚れ仕事をするフロントマンの艦隊を持っている。

イギリスやアメリカの「貴族」は、中国でのアヘン取引で手を汚すことはなかったことを忘れてはならない。デラノ家、フォーブス家、アプルトン家、ベーコン家、ボイルストン家、パーキンス家、ラッセル家、カニンガム家、ショー家、クーリッジ家、パークマン家、ランニューウェル家、キャボット家、コッドマン家など、中国のアヘン取引で富を得たアメリカの名家は、これだけでは尽くしきれないほどだ。

この本は麻薬取引に関する本ではないので、どうしてもこのテーマを深く扱うことはできない。しかし、300人委員会にとってその重要性は強調されなければならない。アメリカは60家族ではなく、300家族、イギリスは100家族で運営されており、これから見るように、これらの家族は結婚、企業、銀行、そして言うまでもなく、黒人貴族、フリーメイソン、エルサレムの聖ヨハネ騎士団などとのつながりによって絡み合っている。香港、トルコ、イラン、パキスタンからの膨大なヘロインの輸送を、代理人を通じて保護し、最小限のビジネスコストで米国や西ヨーロッパの市場に到達させる方法を見出しているのは、こうした人たちです。

コカインの輸送を阻止して押収することもあるが、これは粉飾に過ぎない。多くの場合、押収された貨物は、取引に参入しようとする新しい組織のものである。これらの競合他社は、米国市場に参入する場所とそのオーナーが誰であるかを当局に正確に伝えることで、事業を停止させることができる。大きな取引には手を出さない。ヘロインは高すぎる。なお、米国の麻薬取締局の捜査官は香港に入ることができません。出港前の船舶の積荷目録を調べることはできない。これだけ「国際協力」、つまりマスコミが好きな「麻薬取引の解体」が進んでいるのに、なぜだろうと不思議に思う。ヘロインの取引ルートが「より高い権威」によって守られていることは明らかである。メキシコを除く南米では、コカインが王者である。コカインの製造はヘロインと違って非常に簡単で、「お上」のために、また「お上」のために危険を冒す覚悟のある者には大きな富がもたらされる。ヘロイン取引と同様、侵入者は歓迎されず、被害者、あるいは家族間の争いの犠牲者になってしまうことが多いので

ジョン・コールマン - JOHN COLEMAN

す。コロンビアでは、麻薬マフィアは密接に結びついた家族である。しかし、ボゴタの司法ビルに対するM19ゲリラの襲撃（M19はコカイン王の私兵である）と、著名な検事・判事であるロドリゴ・ララ・ボニーヤの殺害によって生じた悪評は、「上層部」がコロンビアで事態を再編成しなければならないほどひどいものであった。

その結果、メデジン・カルテルのオチョアスは、財産を失ったり、何らかの危害を受けたり、米国に送還されたりすることはないと保証された上で、自首したのです。その際、彼らが莫大な麻薬資金の大半をコロンビアの銀行に送金することを条件に、彼らに対する懲罰的な措置は取らないという合意がなされた。オチョア家--ホルヘ、ファビオ、そしてリーダーのパブロ・エスコバルは、高級モーテルの一室を模した私設刑務所に収容され、その後、最長2年の刑に服することになる--。この契約は継続中です。また、オチョア夫妻には、モーテルの牢屋で「ビジネス」を続ける権利が保障されている。

しかし、これはコカインの取引が停止したことを意味するものではない。それどころか、二次的な役割を担うカリ・カルテルに移管されただけで、従来通りのビジネスが行われているのだ。メデジン・カルテルと同規模のカリ・カルテルは、奇妙なことに、少なくともこれまではDEAからほとんど無視されてきた。カリはメデジンのカルテルと違い、あらゆる暴力を避け、取引も破らないビジネスマンによって運営されている。

さらに重要なのは、カリがフロリダでほとんどビジネスをしていないことだ。私の情報ではカリ・カルテルは抜け目のないビジネスマンによって運営されており、コカイン取引では見たことがないようなものだそうです。彼は、彼らが「特別に任命された」と思っているが、誰によって任命されたかは知らない。"彼らは決して自分たちに注目しない"と言う。"ホルヘ・オチョアのように赤いフェラーリを輸入して、すぐに注目を集めるようなことはしない。"コロンビアでは、そのような車の輸入は禁止されているからだ。

カリ・カルテルの市場はロサンゼルス、ニューヨーク、ヒューストンにあり、これらはヘロイン市場と密接に対応している。カリはフロリダのヘロイン市場に進出を果たす気配はない。私

の同僚である元DEAエージェントは、最近こう言った。

> "カリ "の人たちは、本当に頭がいい。オチョア兄弟とは別
> 格だ。まるでプロのビジネスマンのような振る舞いです。
> 彼らは今やメデジン・カルテルよりも大きな組織であり、
> 今後はこれまで以上に多くのコカインがアメリカに入って
> くるようになると思います。マヌエル・ノリエガが誘拐さ
> れれば、銀行がたくさんあるパナマでは、コカインもお金
> も流れやすくなるのです。ジョージ・ブッシュ大統領の
> 「ジャスト・コーズ作戦」はここまでだ。オチョア兄弟に
> 仕切られ、カリ・カルテルの隠れ蓑になろうとしているニ
> コラス・アルディート・バレッタの生活を円滑にするため
> だけだったのだ。

ヘロイン取引の経験から、南米のコカイン取引は「300人委員
会」が介入し、完全に掌握していたと考えている。カリ・カル
テルの台頭がノリエガ誘拐事件と結びついたというのは、他に
説明がつかない。ブッシュはノリエガに関してロンドンから命
令を受けたのでしょうか？パナマに侵攻し、ノリエガを誘拐す
るように文字通り迫られた。ノリエガは、パナマでの「ビジネ
ス」、特に銀行部門にとって重大な障害となっていたのであ
る。

何人かの元情報部員から意見を聞いたが、私と同じ意見だっ
た。パナマ戦争に続く湾岸戦争と同様、ブッシュがノリエガ将
軍に対して完全に違法な行動を取る勇気を出したのは、ワシン
トンの英国大使から何度も電話がかかってきた後だった。イギ
リスのマスコミや、イギリスのシークレットサービスが運営す
る新聞「ニューヨーク・タイムズ」が彼を支持していたこと
が、それを物語っている。

ノリエガはかつて、ワシントンの体制派の寵児であった。ウィ
リアム・ケーシーやオリバー・ノースと頻繁に付き合い、ジョ
ージ・ブッシュ大統領とも少なくとも2回は会っている。ノリ
エガはペンタゴンによく出入りし、アラブの権力者のように扱
われ、バージニア州ラングレーのCIA本部では常にレッドカー
ペットが敷かれていた。米陸軍情報部とCIAは32万ドルを支払
ったという。

そして、オチョア兄弟とパブロ・エスコバルからカリ・カルテ

ルがコカイン取引を引き継いだ頃から、地平線上に暗雲が立ち込めるようになった。1985年にアリエル・シャロンとイスラエルのヒストラドゥット党に売ったジェシー・ヘルムズ上院議員を中心に、ノリエガ弾劾の動きが一気に加速したのだ。ジェシー・ヘルムスとその一派は、ニューヨークタイムズに勤務する英国諜報部員サイモン・ハーシュの支持を受けていた。彼は、MI6のボス、ウィリアム・スティーブンソン卿がニューヨークのRCAビルに入居していた時代から、米国における英国情報機関のスポークスマンであった。

ヘルムスがノリエガへの攻撃を指揮することを選んだのは、非常に重要なことである。ヘルムスはワシントンのシャロン派の寵児で、シャロンは中米とコロンビアの有力な武器商人であった。さらに、ヘルムスは、"イスラエルは私の国、是が非でも "という信条を持つキリスト教原理主義者の尊敬を集めている。こうして、"ノリエガを捕まえよう "という強力な推進力が生まれた。ノリエガは、「300人委員会」に参加している国際的な麻薬業者とその銀行家にとって、明らかに重大な障害となり得る存在であった。

ブッシュは英国の主人から圧力を受け、パナマで違法な捜索と拿捕作戦を行い、7000人を下らないパナマ人の死と私有財産の無慈悲な破壊を招いたのだ。ノリエガが麻薬密売人であることを示すものは何も見つからなかったので、彼は誘拐され、歴史上最も露骨な国際的泥棒の一例としてアメリカに連行されたのだ。この違法行為は、おそらくブッシュの哲学に最も合致するものだろう。

> 「米国の外交政策の道徳的側面は、より悪の少ない世界の中で道徳的な道を切り開くことを要求している。ここは現実の世界、すべてが白黒はっきりしているわけではありません。絶対的なものはほとんど存在しない"

ノリエガを誘拐することは、300人委員会のために働くパナマの銀行を解体させるよりも「より小さな悪」であったのだ。ノリエガ事件は、ワンワールド・ガバメントの怪しげな行動の原型を待っているのだ。私たち国民は、嘘を受け入れ、真実とは何の関係も持ちたくないという精神的なマントを着たので、大

胆になったブッシュは、大胆不敵に表に出ています[17]．これが、私たちが受け入れることにした世界です。そうでなければ、パナマ侵攻をめぐる怒りの嵐が国を覆い、ブッシュが大統領を投げ出すまで止まらなかったはずだ。ニクソンのウォーターゲート事件は、ブッシュ大統領がノリエガ将軍を誘拐するためにパナマへの侵攻を命じたときに犯した多くの弾劾されるべき犯罪に比べれば、取るに足らないものである。

ノリエガに対する政府の訴訟は、著名人たち（そのほとんどがすでに有罪判決を受けている）の虚偽の証言に基づいており、彼らは自分の刑を軽くするために歯を食いしばって嘘をつくのである。もし、ギルバートとサリヴァンが現代に生きていたら、彼らの演奏はさぞかし喜んだことだろう。「HMS Pinafore」の「They made them masters of the Queen's Navy」ではなく、「They made them masters of the DEA」が適切かもしれない。このような品位のない比較で、このような素敵で清潔な動物を侮辱したいのであれば、このペテン師たちが米国司法省のあまり訓練されていないペンギンのように振る舞うのを見るのは、徹底的にグロテスクな光景である。

しかし、王立国際問題研究所（RIIA）は「とにかく有罪にしろ」と言い、ノリエガはそれを望んでいるのだ。司法省の有力な証人の一人は、オチョア兄弟の会社の元パイロットであるフロイド・カールトン・カセレスという人物である。

1986年に逮捕された後、カールトンはノリエガを犠牲にして自分の立場を軟化させようとした。

彼はDEAの尋問官に、オチョア兄弟がノリエガに60万ドルを支払い、コカインを積んだ3機の飛行機がパナマで着陸し給油できるようにしたと言いました。しかし、マイアミの法廷に立つと、検察側の"スター証人"とされた男は、せいぜい湿った程度の存在であることが明らかになった。ノリエガは、飛行を許可するための報酬をもらっていたどころか、オチョア家から連絡さえもらっていなかったのだ。さらに悪いことに、1983年12月、ノリエガはメデジンからパナマに向かうすべての便に対し

[17]イザヤ書30章10節　予言者たちに言う者。見てはいけない、預言者たちに。私たちに正しいことを預言せず、甘いことを語らず、偽り（嘘）を預言しなさい。

て、パナマへの着陸許可を出さないように命じたのだ。信用できない証人はカールトンだけではありません。カールトン以上に大嘘つきなのが、スペインで逮捕されてアメリカに送られるまで、メデジン・カルテルのキングピンだったカルロス・レダーである。リーダがマドリードにいる、という最も重要な情報をDEAに教えたのは誰だ？DEAは、この重要な漁獲をノリエガに負わせたことを不本意ながら認めている。しかし、今日、司法省はリーダーをノリエガに対する証人として起用している。この一人の証人が、少なくとも、マヌエル・ノリエガに対するアメリカ政府の裁判の悲惨さを証明している。

その見返りとして、レダーは刑期が軽くなり、眺めの良い部屋やテレビなど、より良い施設を手に入れ、家族も米国に永住することができた。

1988年にリーダーを起訴した連邦検事は、*ワシントン・ポスト紙*にこう語っている。

> "政府はカルロス・リーダーに手を出すべきではない "と完全に思っています。こいつは最初から最後まで嘘つきだ。

ノリエガの弁護士との会話を違法に盗聴し、ノリエガに仕えると主張しながら途中で辞任した政府弁護士を任命し、ノリエガが適切に自己弁護できないように彼の銀行口座を凍結し、違法な誘拐、捜索、押収を行ったのだ。政府はノリエガよりも多くの法律を破った。

ノリエガ将軍の10倍はある、アメリカ司法省が裁判にかけられるのである。ノリエガ事件は、この国で「正義」を通りこしているあからさまな悪のシステムを示している。米国主導の「麻薬戦争」、いわゆるブッシュ政権の麻薬政策が試されているのだ。ノリエガ裁判は、暴力的であからさまな正義の強奪で終わるが、それでも、盲目、聾唖でない人々には、何らかの補償を提供することになるだろう。それは、イギリスが我々の政府を牛耳っていることをきっぱりと証明し、「何が起ころうと、目的は常に手段を正当化する」というモットーを持つべきブッシュ政権の全く破綻したイデオロギーを明らかにするものである。道徳に絶対的なものはほとんどありません。他の政治家と同様、ブッシュが絶対的なモラルの基準を持つことは自殺行為である。このような状況であればこそ、ブッシュ大統領がイラ

クに戦争を仕掛けることによって、少なくとも6つの米国の法律と2つの国際協定に違反することを許すことができたのである。

コロンビアとワシントンで目撃しているのは、コカイン取引のあるべき姿の完全な見直しです。野放しの銃は、もういらない。ピンストライプのスーツに身を包んだカリ・カルテルの紳士たちに、礼儀正しくビジネスをしてもらいましょう。つまり、300人委員会がコカイン取引の直轄となり、今後はヘロイン取引と同様に円滑に行われるようになるのだ。コロンビアの新政権は、この戦術と方向性の変化に適応している。委員会の計画に従って行動するよう命じられている。

米国が中国でのアヘン取引に関与していたことについては、米墨戦争以前に米国南部で始まっていたことに言及する必要がある。アヘン貿易と南部の大綿花農園をどう結びつければいいのだろう。そのためには、まずインドのベンガルから始めなければならない。ベンガルでは、最高級のアヘン（このような感染性の物質を高級と呼べるのであれば）が生産されており、需要が多かったのである。綿花は、BEICを通じたアヘン販売に次ぐ、イギリスにおける最も重要な貿易品であった。南部のプランテーションで収穫された綿花のほとんどは、イングランド北部の奴隷工場で働き、女性や子どもたちは1日16時間労働でわずかな収入しか得られなかったのです。布工場は、ロンドンの富裕層であるバーイングス、パーマーストン、ケズウィック、そして特にジャーディン・マセソンによって所有され、ブルースター船団に乗せられ、完成した綿や布製品がインドに運ばれていったのだ。陛下の臣民の悲惨な生活環境など知ったことではないのだ。結局のところ、それが彼らの役目であり、彼らの夫や息子は、女王陛下の遠く離れた帝国を維持するために戦争をするのに役立っている。それがイギリスの伝統だったんですね。

インドに輸出された綿花加工品は、綿花加工貿易を営むインドの老舗メーカーを蝕み、破壊していった。何千人ものインド人が、安価なイギリス製品に市場を奪われ、ひどい苦難に耐えなくてはならなかった。その後、インドは鉄道や完成品の輸入に必要な外貨を稼ぐため、イギリスに全面的に依存するようにな

った。インドの経済的困難を解決する方法はただ1つだった。アヘンをもっと生産して、イギリスの東インド会社に安く売れ。この岩の上に、イギリスの貿易が発展し、繁栄したのである。アヘン貿易がなければ、イギリスは同じように破滅していただろう。

南部の農園主たちは、綿花のためのアヘン商品という恐ろしい秘密を知っていたのだろうか。その中には、何が起こっているのかわからない人もいたと思われます。例えば、南部最大の綿花プランテーションのオーナーであったサザーランド家。サザランド家は、マセソン家（ジャーディン・マセソン）と密接な関係にあり、マセソン家は、英国最大の商船会社であるペニンシュラ・アンド・オリエント航路（P&O）を設立したベーリング兄弟を貿易相手としていた。

バーイング家は、中国の港とアメリカ東海岸の主要港を結ぶ海を往来するアメリカのクリッパー船と同様、南部の農園に大きな投資をしていた。現在、バーイングスは米国で多くの重要な金融事業を展開している。これらの名前はすべて、300人委員会のメンバーであり、その子孫は今もなお、300人委員会のメンバーである。

東海岸のリベラル・エスタブリッシュメントを構成する一族の大半は、この国で最も裕福であり、綿花取引かアヘン取引、場合によってはその両方で財を成してきた。リーマンが顕著な例である。中国でのアヘン取引だけで得た財産といえば、まずアスター家、デラノ家の名前が挙がる。フランクリン・D・ルーズベルト大統領の妻は、デラノだった。ジョン・ジェイコブ・アスターは、中国のアヘン取引で巨万の富を築き、その汚い金でマンハッタンの広大な不動産を買い占め、立派な人物になった。アスターは生前、「300人委員会」の審議に重要な役割を果たした。　　実際、中国でのアヘン取引は、独占企業であるBEIC社を通じて、誰が参加できるかを決めたのも「300人委員会」で、その大金持ちは永遠に「300人委員会」とつながっているのである。

だから、これからわかるように、マンハッタンの不動産のほとんどは、アスターが買い始めたときからそうであったように、委員会のさまざまなメンバーによって所有されているのであ

る。英国シークレットサービス以外の人には非公開のファイルにアクセスすることで、アスターが長い間、米国で英国シークレットサービスの資産であったことを発見しました。ハミルトンを殺害したアーロン・バーに対するアスターの融資は、この点を疑う余地もなく証明している。

ジョン・ジェイコブ・アスターの息子、ウォルドーフ・アスターは、王立国際問題研究所（RIIA）に任命されるという栄誉も得た。この研究所は、300人委員会がアメリカでの生活のあらゆる面をコントロールしている組織である。アスター家は、ローラ・スペルマンの出資する太平洋関係研究所（IPR）を通じて、アヘン貿易との関わりを続けるために、オーウェン・ラティモアを選んだと考えられている。中国が単なる供給国ではなく、完全なパートナーとしてアヘン貿易に参入するのを監督したのが知的財産権であった。日本軍の真珠湾攻撃への道を開いたのは、RPIである。日本人をアヘン中毒にしようという試みは、大失敗に終わった。

今世紀に入り、英国の寡頭政治家たちは、セレンゲティの野牛の行進の時期になると、まるで食べ過ぎのハゲタカのようになった。中国でのアヘン取引による彼らの収入は、デビッド・ロックフェラーの収入を年間何十億ドルも上回っている。ロンドンの大英博物館やインド庁などで入手できる史料、つまりかつての高官の同僚たちが、このことを完全に証明してくれているのだ。

1905年、中国国内でのアヘン中毒者の増加を深く憂慮した中国政府は、国際社会からの助けを得ようとした。イギリスは、協力するふりをしながらも、1905年に締結した議定書には何も従わなかった。その後、女王陛下の政府は、アヘン貿易を止めようとするよりも、中国に加担した方が良いということを示し、一転してアヘン貿易に乗り出した。

ハーグ条約さえも、イギリスは反故にしている。大会の代表者たちは、イギリスが調印した議定書を遵守し、中国などでのアヘン販売量を大幅に削減することに合意した。英国は、口ではそう言いながら、「豚肉貿易」を含む人間の不幸を扱う商売をやめるつもりはないようだ。

彼らのしもべであるジョージ・ブッシュ大統領は、英国の利益

のためだけに、イラクの国に対して行われた残酷な大量虐殺の戦争を追求し、ハーグ空爆協定や、米国が加盟しているすべてのジュネーブ条約を含む多くの国際条約を無視することによって、その軽蔑を示しているのである。

2年後、特にイギリスのアヘン密輸に危機感を募らせていた日本から、アヘンの売り上げは減るどころか増えているという証拠が提出されると、第5回ハーグ条約の女王陛下の代表は、日本が提出したものと矛盾する一連の統計資料を提出した。イギリス代表は、「これは、アヘンの販売を合法化することを支持する非常に強い主張であり、彼が『闇市場』と呼ぶものを抑制する効果がある」と言い、逆転させた。

彼は、女王陛下の政府を代表して、日本政府が貿易を独占し、完全にコントロールできるようになることを提案した。コカイン、マリファナ、ヘロインを合法化し、米国政府に独占させれば、インチキな麻薬戦争で何十億も浪費することもなくなり、納税者も何十億も助かるというのである。

1791年から1894年の間に、国際植民地である上海で認可されたアヘン窟の数は、87から663に増加した。また、アメリカへのアヘンの流入も増加した。聖ヨハネ騎士団とガーター騎士団の富豪たちは、世界の注目を浴びている中国に迷惑をかけるかもしれないと考え、その一部をペルシャ（イラン）に移したのである。

19ᵉ世紀初頭に世界最大の蒸気船会社、伝説の半島・東洋蒸気航路を設立したインチケープ卿は、香港上海銀行設立の中心人物であり、この銀行はアヘン貿易清算銀行の中で最大かつ最も管理されていない銀行で、米国との「豚肉貿易」にも資金を提供した。

イギリスは、中国人の「クーリー」をアメリカに年季奉公させるという詐欺を仕掛けていた。ハリマン家の鉄道は、西のカリフォルニア海岸への鉄道接続を推進するためにクーリーを必要としていた、とか。不思議なことに、当時慣れ親しんだ肉体労働をさせられた黒人はほとんどおらず、中国からやってきたやせ細ったアヘン中毒者よりも良い仕事ができたかもしれない。

問題は、黒人にアヘンの市場がないこと、さらにP&O社の創業

者の息子であるインチケープ卿が、何千ポンドもの生のアヘンを北米に密輸するために「クーリー」を必要としていたが、黒人にはできないことであった。1923年、ベンガルでのアヘンケシ栽培を減らすなと警告したのも、同じインチケープ卿であった。「この最も重要な収入源を守らなければならない」と、インドでのアヘンガム生産を調査することになっている委員会に訴えたのだ。

1846年までに、約12万人の「クーリー」がアメリカに到着し、ハリマン鉄道で働きながら西へ西へと突き進んでいったのである。豚の取引」が本格化し、アメリカ政府はこのうち11万5千人をアヘン中毒者と推定していた。鉄道が完成すると、中国人は元の場所には戻らず、サンフランシスコ、ロサンゼルス、バンクーバー、ポートランドなどに定住した。彼らは、決して止まることのない大きな文化的問題を作り出したのです。

興味深いことに、南アフリカでロスチャイルド家を代表する300人委員会のメンバーであったセシル・ジョン・ローデスは、インチケープモデルに従って、ナタール州のサトウキビ農園で働くために何十万人ものインド人「クーリー」を連れてきていたのである。その中には、共産主義者の扇動者であり、問題児であったマハトマ・ガンディも含まれていた。中国のクーリー同様、契約期間が終わっても母国には送り返されない。彼らの子孫は弁護士となり、アフリカ民族会議を代表して政府に潜入する作戦を指揮した。

1875年には、サンフランシスコを拠点に活動する中国人「クーリー」がアヘン供給網を構築し、12万9000人のアメリカ人アヘン中毒者が含まれていた。中国のアヘン中毒者は11万5千人いると言われており、インチケープ卿とその一族は、このアヘンから年間数十万ドル、現在のドル換算で少なくとも年間1億ドルの収入を得ていたことになる。

インドの繊維産業を破壊し、アヘン貿易を推進し、アフリカの奴隷をアメリカに連れてきた英米の同族が手を組んで、「豚の貿易」を貴重な収入源にしたのだ。その後、彼らは力を合わせて、アメリカ南北戦争とも呼ばれる恐ろしい「国家間戦争」を引き起こし、推進することになる。

そのメンバーは、王室とその外交政策執行機関である王立国際

問題研究所（RIIA）の慎重な指導と助言の下、究極の秘密結社である300人委員会と密接に結びついたハイレベルの秘密並行政府を通して、この国を上から下まで、そして現在も動かしているのだ。1923年、アメリカへの輸入を許したこの脅威に対して、声が上がった。アメリカは自由主権国家であると確信した下院外交委員会委員長のスティーブン・ポーター議員は、イギリスにアヘンの輸出入活動を国別に報告するように求める法案を提出した。この決議では、各国に割り当てを設け、それを達成すれば、アヘン取引を10％削減することができるとした。この決議が法律となり、法案は米国議会で受理された。

しかし、王立国際問題研究所は別の考えをもっていた。1919年、ベルサイユのパリ講和会議をきっかけに設立され、300人委員会の「外交政策」の最初の実施者の1つであった。議会記録館で調べたところ、ポーターは自分が相手にしている強大な力に全く気づいていなかったことが分かった。ポーターは、RIIAの存在どころか、その具体的な目標がアメリカのあらゆる面をコントロールすることであることさえ知らなかった。

どうやら、ポーター議員は、ウォール街のモルガン銀行から、この件をすべて取り下げろと、ある種の脅迫を受けたようだ。しかし、ポーターは、国際連盟のアヘン委員会に訴え出た。ポーターが相手の正体を全く知らないことは、自分の提案に対するイギリスの公然の反対に対して、下院外交委員会の同僚と交わした手紙の一部にも表れている。

女王陛下の代表はポーターを叱責し、まるで過ちを犯した息子に対する父親のように、RIIAの指示で、薬用アヘン消費の増加を考慮してアヘン割当量を増加させるという女王陛下の提案を提示したのだ。ハーグで見つけた資料によると、ポーターはまず混乱し、次に驚き、そして最後に激怒したとある。ポーターは中国側代表と一緒になって、委員会の全権会議を飛び出し、イギリス側を自由にさせた。

このとき、イギリス代表は、国際連盟から、情報収集を主な任務とする中央麻薬委員会の設置について承認を得たが、その条件は意図的に曖昧であった。その「情報」をどうするかは、一切指定されなかった。ポーターは、震えながらも、かなり賢くなってアメリカに帰ってきた。

もう一人の英国シークレットサービスは、ウィリアム・ビンガムという素晴らしい人物で、バリングスの一族と姻戚関係にあった。私が見た論文や資料には、ベーリング兄弟がフィラデルフィアのクエーカーを経営し、同市の不動産の半分を所有していると書かれていたが、これはすべてベーリング兄弟が中国でのアヘン取引で蓄えた財産によって可能になったことである。300人委員会のもう一つの受益者は、スティーブン・ジラードで、その子孫がジラード銀行と信託を受け継いだ。

ボストンと歴史が絡み合い、一般人にはほとんど関心を示さないこれらの家族の名前は、300人委員会とその非常に有利なBEICである中国アヘン貿易の腕の中に入っていた。多くの名家が悪名高い香港上海銀行と関係を持ち、今でも中国のアヘン取引で得た何十億ドルもの金の清算機関となっている。

イギリス東インド会社の記録には、フォーブス、パーキンス、ハサウェイといった有名どころの名前が登場する。この生粋のアメリカンブルーブラッドが、アヘンを主な商材としながらも、中国から南米までの海運業を営むラッセル・アンド・カンパニーを創設したのである。英国王室とBEICへの貢献に対する報奨として、1833年、300人委員会は彼らに奴隷貿易の独占を認めた。

ボストンの有名な過去は、300人委員会から与えられた綿花、アヘン、奴隷貿易に起因しており、ボストンの商家が米国における英国王室の主要な支援者であったことが、私がロンドンで閲覧させてもらった資料に示されている。ジョン・マレー・フォーブスは、「ボストン・ブルー・ブラッド」の執事として、インド・ハウスの記録や香港の銀行の記録に登場している。

フォーブスの息子は、300人委員会から、世界で最も権威のある麻薬マネーロンダリング銀行-現在も-香港上海銀行（HSBC）の役員になることを許された最初のアメリカ人である。1960年代初め、「イギリス東インド会社に興味のある歴史家」として香港に行った時、この悪名高い麻薬銀行の元役員を含む古いファイルを見せてもらったが、もちろんその中にフォーブスの名前もあった。

パーキンス家は、今でもその名が驚きをもって囁かれるほど著名な一族で、中国の悪名高いアヘン取引に深く関与していた。

実は、長男のパーキンズは、アメリカ人として初めて300人委員会に選出された一人で、その息子のトーマス・ネルソンは、ボストンでモルガンの部下として、イギリスの諜報部員として働いていたのである。ハーバード大学に多額の寄付をした時も、彼の不愉快な、いや、嫌な過去が問われることはなかった。広州や天津はボストンから遠いし、誰がそんなこと気にするんだ？

パーキンス家を大いに助けたのは、モルガンが300人委員会の有力メンバーであったことで、トーマス・N・パーキンスは中国でのアヘン取引で一気にキャリアを積むことができたのである。パーキンス、中国でのアヘン取引で一気にキャリアアップ。モルガン家とパーキンス家は全員フリーメーソンであり、これもまた、最高位のフリーメーソンでなければ300人委員会に選ばれる望みはない。ロバート・ハート卿は、30年近く中国帝国関税局のトップとして、中国のアヘン取引において英国王室のナンバーワンエージェントだったが、後にモルガン・ギャランティ銀行の極東部門の役員に任命されることになった。

ロンドンと香港の史料を入手し、ロバート卿がモルガンの米国事業と密接な関係を築いたことを立証することができた。興味深いことに、モルガンのアヘン・ヘロイン取引への関心は途切れることがなかった。それは、デビッド・ニュービギングが、ジャーディン・マセソンと共同で運営しているモルガンの香港事業の諮問委員会に参加していることからも明らかである。

香港に詳しい方なら、ニュービギングという名前は、香港で最もパワフルな名前として馴染みがあるだろう。ニュービギング氏は、モルガン銀行のエリートであると同時に、中国政府の顧問でもある。ミサイル技術とアヘン、金とアヘン、ハイテク・コンピューターとアヘン、ニュービギングにとってはどれも同じことだ。これらの銀行、金融機関、商社、そしてそれらを経営する一族がどのように絡み合っているかは、シャーロック・ホームズを困惑させるだろう。しかし、麻薬取引との関連や300人委員会のメンバーを理解するためには、何とかそれを解きほぐして追跡しなければならないのである。

王道による米国へのアルコールとドラッグの持ち込みは、同じサラブレッドが占拠する厩舎の産物である。まず、アメリカに

禁酒法を導入する必要があった。これは、イギリス東インド会社の後継者が、インド館で発見された資料豊富な中国内地伝道の経験を武器に、アメリカでアルコール摂取に反対するはずの「女性キリスト教禁酒同盟（WCTU）」をつくったことによる。

歴史は繰り返すと言われるが、ある意味そうで、ただし、それは常に上昇スパイラルで繰り返される。今日、地球を「汚染」しているとされる大企業が、環境保護運動への最大の資金提供者であることがわかった。大御所」がメッセージを発信している。フィリップ王子は彼らのヒーローの一人だが、その息子であるチャールズ皇太子はウェールズに100万ヘクタールの森林を所有し、定期的に木材が伐採されている。さらに、チャールズ皇太子は、公害が盛んなロンドンの標準以下の住宅の最大の所有者の一人です。

酒の害」を訴える人たちの場合、酒類取引で既得権を持つアスター家、ロックフェラー家、スペルマン家、ヴァンダービルト家、ウォーバーグ家などから資金援助を受けていたことが分かる。王室の指示で、ビーバーブルック卿がイギリスからやってきて、これらのアメリカの裕福な家庭に、WCTUに投資するようにと伝えた。(1940年にワシントンに来て、ルーズベルトにイギリスの戦争に参加するよう命じたビーバーブルック卿と同じ人物である）。

ルーズベルトは、グリーンランドに米海軍の船団を駐留させ、真珠湾攻撃の前の9カ月間、ドイツの潜水艦を狩り、攻撃することでこれに応えた。

ルーズベルトは、後継者のジョージ・ブッシュと同じように、議会を混乱した厄介者とみなしていた。このように、ルーズベルトは、王様のように振る舞うこと-イギリス王室の血縁者であることから強く感じていた感情-を、違法行為に対して議会の承認を求めることなく行ったのである。これが、イギリス人が最も好んで言う「アメリカとの特別な関係」である。

麻薬取引はジョン・F・ケネディ大統領暗殺と関係があり、国柄を汚し、犯人が見つかり裁判にかけられるまで、この状態が続くでしょう。この事件には、CIAを通じてマフィアが関与していたという証拠がある。このことは、イスラエルのテロ組織

イルグンに発展した旧メイヤー・ランスキー・ネットワークがすべての始まりであり、ランスキーが西洋に対する文化戦争を売り込むための最高の手段であることが判明したことを思い起こさせる。

ランスキーは、より立派な前線を通じて英国上層部と関わり、ランスキーと英国MI6の共同事業であるメアリー・カーター・ペイント社を装って、バハマのパラダイス島に賭博と麻薬の流通を持ち込んだのです。サスーン卿はその後、金を横領し、罰せられればすべてを明らかにすると脅されて殺害された。レイ・ウルフは、カナダのブロンフマン社の代表として、より見栄えのする仕事をしていた。ブロンフマン夫妻は、チャーチルのノバスコシアでの巨大プロジェクトを知らなかったが、英国王室にとっては、麻薬取引において大きな資産であったし、現在もそうである。

Sam RothbergはMeyer Lanskyの側近で、Tibor RosenbaumとPinchas Sapirとも働いていた。彼らはいずれもLanskyの麻薬組織の大物であった。ローゼンバウムは、そのために設立した銀行「Bank of International Credit」を通じて、スイスで麻薬資金の洗浄を行なっていたのだ。この銀行は急速に業務を拡大し、ランスキーとそのマフィアの仲間たちが売春や麻薬などのマフィアのゆすりで得た資金を洗浄するためのメインバンクとなったのである。

興味深いことに、ティボル・ローゼンバウムの銀行は、英国の怪しげなシークレットサービスの長、ウィリアム・ステファンソン卿が利用していた。彼の右腕であるカナダ人のジョン・モーティマー・ブルームフィールド少佐は、第二次世界大戦を通じてFBI第5課を率いていた人物だ。ステファンソンは、20世紀における300人委員会の最初のメンバーの一人であった[ème]、ブルームフィールドはそこまではしなかったが。ケネディ暗殺に関する一連のモノグラフで明らかにしたように、ブルームフィールドが実務として行った作戦を主導したのはスティーブンソンであった。ケネディ暗殺の隠蔽工作は、ニューオーリンズのダウンタウンにあるワールドトレードマートビルを中心に、1957年に作られたもう一つの麻薬関連の隠蔽工作「Permanent Industrial Expositions（PERMINDEX）」によって行われた。

ブルームフィールドは、たまたまブロンフマン一家の弁護士であった。ワールドトレードマートは、クレイ・ショー大佐とニューオーリンズのFBI第5課長ガイ・バニスターによって作られた。ショーとバニスターは、ケネディを狙撃したとされるリー・ハーヴェイ・オズワルドの側近で、彼がケネディ大統領を狙撃した暗殺者ではないことを証明する前に、CIA契約捜査官のジャック・ルビーに殺害された。ウォーレン委員会の調査や数々の公式報告にもかかわらず、オズワルドが凶器とされるマンリッチャー・ライフルを所持していたことも（所持していなかった）、それを使用したことも証明されていない。麻薬取引とショー、バニスター、ブルームフィールドの関係は何度か立証されているので、ここで詳しく説明する必要はないだろう。第二次世界大戦直後、リゾート・インターナショナル社をはじめとする麻薬関連企業が資金洗浄のためによく使った手法の一つが、マネーロンダリング銀行へのクーリエ送金であった。今日、そのすべてが変わりました。そんなリスキーな方法を使うのは、まだ雑魚だけだ。大物」の資金は、ニューヨークのクリアリングハウスを中心としたバローズ社のコンピューターシステムで運営されているCHIPSシステム（Clearing House International Payments Systemの頭文字をとったもの）を経由する。大手銀行のうち12行がこのシステムを利用している。そのひとつが、香港上海銀行である。もう一つは、クレディ・スイスである。クレディ・スイスは、銀行業の美徳の典型であり、蓋を開けてみるまでは、とても立派だった。バージニア州にあるSWIFTシステムと組み合わせることで、汚れた麻薬資金を見えなくすることができる。FBIは、「他を探すな」と言われれば、時折、幸運を手にすることができますが、それは怠慢でしかありません。

麻薬の金を手にしたまま捕まるのは、下っ端の売人だけだ。ドレクセル・バーナム、クレディ・スイス、香港上海銀行というエリートは、発見を免れる。しかし、これも*国際信販銀行*（BCCI）の破綻によって変わりつつあり、もしきちんと調査されれば、麻薬取引について多くのことが明らかになるであろう。

Committee of 300のポートフォリオの主要資産の1つは、アメリカン・エキスプレス（AMEX）です。私がAMEXに興味を持っ

たのは、現地調査をしていてジュネーブの貿易開発銀行に行き着いたことがきっかけでした。後で、そのことでずいぶん迷惑をかけました。アヘンの金取引のキーマンであるエドモンド・サフラが当時社長を務めていた貿易開発銀行が、貿易開発銀行経由で香港市場に大量の金を供給していることを突き止めたのだ。

スイスに行く前に、南アフリカのプレトリアへ行き、南アフリカで産出される金の一括取引を管理している南アフリカ準備銀行の副総裁（当時）のクリス・スタルス博士と話し合った。1週間以上にわたって何度も話し合った結果、私が代理人として購入することを許可されていた10トンの金塊は、銀行から供給されないと言われた。私の友人たちは、議論もなく受け入れられるような書類を作る方法を知っていた。

準備銀行からスイスの会社を紹介されたのですが、名前を言ってしまうと偽装がバレてしまうので言えません。ジュネーブの貿易開発銀行の住所も教えてもらった。私の実習の目的は、金の移動と取引の仕組みを知ることと、この種のことを専門にする元諜報員の友人が用意してくれた偽造文書を検証することだった。ジェームズ・ボンド・シリーズに登場する「M」を覚えていますか？M "は実在するが、正しいイニシャルは "C" であることを断言しよう。私が持っていた書類は、リヒテンシュタイン企業からの「発注書」と、それに対応する裏付け書類であった。

貿易開発銀行に問い合わせたところ、最初は親切に応対してくれたのですが、話が進むにつれてだんだん怪しくなってきて、もうこの銀行を訪れるのは危険だと思い、誰にも言わずにジュネーブを後にしました。その後、同銀行はアメリカン・エキスプレスに売却された。アメリカン・エキスプレスは、エドウィン・ミース前司法長官によって短期間調査されたが、その後すぐに解任され、「汚職」の烙印を押された。アメリカン・エキスプレスが麻薬のマネーロンダリングの窓口になっていることを知ったが、なぜ民間企業がドルを印刷することが許されるのか、今のところ誰も説明してくれない。アメリカン・エキスプレスのトラベラーズチェックはドルではないのか？その後、サフラとアメリカン・エキスプレスが麻薬ビジネスでつながって

いることを明らかにしましたが、ご想像の通り、多くの人が動揺しました。

300人委員会のメンバーであるジャペットは、チャーターハウス・ジャペットを支配し、チャーターハウス・ジャペットは、香港のアヘン取引に直結するジャーディン・マセソンを支配していた。ジャフェ族はイギリスのクエーカー教徒と思われる。300人委員会のメンバーでもあるマシソン一家は、少なくとも1943年までは中国でのアヘン取引の主要人物であった。マシソン家は^{ème}、1800年代初頭から英国女王の栄誉名簿に登録されています。

300人委員会の麻薬取引の主管者は、毎年何百万人もの命を奪っているという意識はない。彼らはグノーシス派、カタル派、ディオニュソス教団、オシリス教団のメンバー、あるいはもっと悪い連中である。彼らにとって、「普通の人」は自分たちの目的のために利用される存在なのだ。彼らの高官であるブルワー・リットンやオルダス・ハクスリーは、薬物は有益な物質であるという福音を説いた。

ハクスリーの言葉を借りるなら

> 「そして、日常の自家用には、昔から化学的な酩酊物質が存在するのです。植物の鎮静剤や麻薬、木に生える陶酔剤、実に熟す幻覚剤など、すべて太古の昔から人類が利用してきたものだ。そして、これらの意識修飾物質に、現代科学は合成物質を加えたのである。欧米では、酒とタバコだけは無制限に認められている。その他の化学ゲートはすべてDOPEと表示されます。"

300人委員会のオリガルヒとプルトクラートにとって、麻薬には二つの目的がある。第一に、巨額の金をもたらすこと、第二に、反抗した場合の罰としてヘロイン、コカイン、マリファナなどを奪われるため、最終的に人口の大部分を、麻薬を必要としない人よりも*コントロールしやすい頭の悪い麻薬ゾンビ*にすることである。そのためには、薬物を合法化する必要がある。1991年の恐慌が前兆である厳しい経済状況のときに導入されるように準備された独占システムが、定職のない何十万人もの労働者が癒しを求めて薬物に頼ることで、薬物使用を増殖させるだろう。

王立国際問題研究所の極秘文書の一つに、次のようなシナリオ
が記されている（一部）。

> "...キリスト教に失望し、失業者が続出する中、5年以上失業
> している人は、教会から離れ、ドラッグに癒しを求めるよ
> うになる。この時点で、*麻薬取引を完全にコントロールす*
> る必要があります。そうすれば、我々の管轄下にあるすべ
> ての国の政府は、我々が供給することによってコントロー
> ルする独占権を持つことになります。"

CIAとイギリスの諜報機関、特にMI6が、少なくとも10年かけ
てこの目標に向かって努力してきたことを示す十分な証拠があ
るのだ。

王立国際問題研究所は、オルダス・ハクスリーとブルワー・リ
ットンのライフワークを、急速に近づく新暗黒時代の「一つの
世界政府-新世界秩序」において、人類がもはや自らの意思を持
たない状態を作り出すための青写真として使用している。もう
一度、高僧オルダス・ハクスリーの言葉を見てみよう。

> "多くの社会、多くの文明レベルにおいて、薬物中毒を神へ
> の中毒と融合させる試みがなされてきた。例えば、古代ギ
> リシャでは、エチルアルコールは確立された宗教の中に存
> 在していた。ディオニュソス、バッカスは、しばしばそう
> 呼ばれるように、真の神であった。化学修飾の全面的な禁
> 止は、命令することはできても、強制することはできな
> い。"

(麻薬推進派の言葉
キャピトル・ヒルで)。

> 「まだ発見されていないが、おそらく非常に近い種類の薬
> 物、つまり、通常なら惨めな気持ちになるような状況でも
> 人を幸せにする薬物を考えてみましょう。(仕事を探してい
> て見つからない人ほど惨めな人はいないのではないでしょ
> うか)このような薬物は恵みであるが、社会的、政治的に重
> 大な危険にさらされる恵みである。幸福感という無害な化
> 学物質を自由に使えるようにすることで、独裁者は自尊心
> のある人間が和解すべきではない状態に、国民全員を和解
> させることができるのだ。

まさに弁証法的な名著である。ハクスリーが提唱し、300人委

員会とその代理人であるRIIAの公式方針であるものは、簡単に言えば大衆マインドコントロールである。私が何度も言っているように、すべての戦争は人類の魂をかけた戦争である。これまで私たちは、麻薬取引が自由人である全人類に対する低強度の非正規戦争であることを理解していませんでした。非正規戦は、始まりがあれば終わりがない、最も恐ろしい戦争形態である。

過去と現在の英国王室が麻薬取引に関与していることを疑問視する声もあるだろう。報道でこれを見ると、表面上は不条理に見えますが、まさに不条理に見えるような報道を最近よく見かけますね。諜報活動で最も古い格言は、「何かを隠したいなら、誰にでも見えるところに置け」である。1876年に出版されたF・S・ターナーの著書『BRITISH OPIUM-POLICY』には、イギリス王室とその近親者がアヘン取引に深く関与していたことが記されている。ターナーは、アヘン貿易を抑制するための英・東洋協会の幹事であった。彼は、王室のスポークスマンであるR.テンプル卿に黙っていない。ターナーは、政府、ひいては王室がアヘン専売制度から手を引くべきだと宣言した。

> 「そして、もし歳入を取るなら、制限的な力を持つように意図された、誠実な課税から来るものだけを取りなさい」。

ターナーは、BEICの独占権喪失に反対して戦った王政復古派のローレンス卿に反論していた。

> 「独占をなくすことは望ましいことだが、私自身は、変化の主体になることに抵抗がある。余裕のある適度な損失であれば、迷わず引き受ける。"(カルカッタ新聞1870年版より)

1874年、中国でのアヘン取引に深く関与していたイギリス王室・貴族に対する抗争が激化した。アヘン貿易廃止協会は、当時の貴族階級を激しく非難し、大胆不敵な態度で攻撃を続けたが、これはわれわれも見習うべきだろう。天津条約は、中国に大量のアヘン輸入の受け入れを義務付けたもので、中国人民に対する極悪非道な犯罪である」と主張した。

そして、弁護士出身のジョセフ・グランディ・アレキサンダー

という強力な戦士が現れ、1866年、英国王室の中国におけるアヘン政策について、王室や貴族の関与に公然と言及し、精力的に攻撃を開始したのであった。アレクサンダーは初めて、「王冠の中の宝石」であるインドを登場させたのです。彼は直接的に王政、いわゆる貴族とその下僕である英国政府を非難している。

アレキサンダーの指揮の下、インド・ベンガル地方のアヘンケシ作物の完全な駆除に乗り出しました。アレクサンダーは手強い相手であることがわかった。彼の指導のおかげで、麻薬貴族は失脚し始め、王室とその取り巻きを公然と非難したため、保守党、連邦党、労働党など、多くの議員が彼の味方をするようになった。アレクサンダーは、麻薬取引は政党の問題ではなく、すべての政党がこの脅威を根絶するために団結しなければならない、と明言した。

王室と既得権益者のスポークスマンであるキンバリー卿は、彼が「国家の貿易」と呼ぶものに干渉しようとすれば、内閣の重大な反対を受けるだろうと脅した。アレクサンダーと彼の会社は数え切れないほどの脅威にさらされ続け、ついに議会は、インド長官だったキンバリー卿を委員長とするアヘン取引調査王立委員会を任命することに同意した。この委員会の長として、これほど不適切な人物はいないでしょう。むしろ、ダレスがウォーレン委員会に任命されたようなものだ。キンバリー卿は、最初の声明で、インドのアヘン収入を返還する決議に同意するくらいなら、官職を辞することを選ぶと明言した。興味深いのは、「インドのアヘン収入」が、国家による分配を意味していたことである。金やダイヤモンドを売って得た莫大な利益を南アフリカの人々が分かち合っているという考えと同じで、それは単純に事実ではなかった。インドのアヘンによる収入は、そのまま王室の金庫や貴族、オリガルヒ、プルトクラートのポケットに入り、彼らを億万長者にしていた。

ローツリーの著書『帝国の麻薬取引』は、グラッドストン首相とその仲間の有力者たちが、英国王室とアヘン取引との驚くべき事実が明るみに出るのを防ぐために、いかに嘘をつき、ごまかし、事実をねじ曲げたかを興味深く語っている。ローントリーの著書は、英国王室や諸侯が深く関与し、中国アヘン中毒者

の悲惨な状況から莫大な富を築いたことを示す情報の宝庫である。

調査団の幹事であるキンバリー卿は、自らもアヘン貿易に深く関わっており、真実を求めるすべての人々に対して、その手続きを閉ざすためにあらゆる手段を講じた。結局、世論の圧力もあって、王立委員会は調査の門を少しばかり開けざるを得なくなり、国の最高幹部がアヘン取引を行い、巨額の利益を上げていたことが明らかになった。しかし、その扉はすぐに閉ざされ、王立委員会は専門家の証人も呼ばず、その後、とんでもなく短い時間しか座らなかった。委員会は、20世紀のアメリカで慣れ親しんだような茶番劇と隠蔽工作にすぎなかった^{ème}。

アメリカの東部リベラル・エスタブリッシュメント一族は、イギリスと同じように中国のアヘン取引に深く関わっていたし、今もそうだ。最近の歴史では、ジェームズ・アール・カーターがイランの国王を倒したことがその証左である。なぜ、国王は退位し、さらにアメリカ政府によって暗殺されたのでしょうか？一言で言えば、「薬物」のせいです。イギリスがイランから行っていたアヘン貿易は、国王によって縮小され、事実上停止させられていた。イランでシャーが権力を握った頃には、すでに100万人のアヘン、ヘロイン中毒者がいた。

それを許さない英国は、日米の「特別な関係」の一環として、米国に汚れ仕事をさせた。ホメイニがテヘランのアメリカ大使館を引き継いだ時、国王から始まったアメリカの武器売却は止められなかった。なぜダメなのか？もし、アメリカがそうしていれば、ホメイニはイギリスが独占していた自国のアヘン貿易を取りやめたことでしょう。その証拠に、1984年以降、アヘンに対するホメイニの自由な態度は、国連や世界保健機関の統計によれば、麻薬中毒者を200万人にまで増加させたという。

カーター大統領も、その後継者であるロナルド・レーガン大統領も、アメリカ人の人質が拘束されているにもかかわらず、承知の上で、進んでイランに武器を供給し続けていた。1980年、私は「イランで実際に起こったこと」と題する単行本を書き、事実を整理した。イランとの武器取引は、1980年末に行われた「300人委員会」の召使、サイラス・バンスとハシェミ博士との会談で決着がついた。

アメリカ空軍は、人質事件の最中でも、すぐにイランへの武器送付を開始した。武器はドイツにある米軍の在庫から調達し、一部はアゾレス諸島で給油してアメリカから直送した。

300人委員会によってイランに政権を握らせたホメイニの出現で、アヘンの生産量は急増した。1984年には、イランのアヘン生産量は年間650トンを超えていた。カーターとレーガンは、アヘン貿易にこれ以上干渉しないことを保証し、この点でイギリスの寡頭政治家たちから与えられた指令を実行に移した。イランは今やアヘンの生産量では黄金の三角地帯に匹敵するほどだ。

CIAベイルート支局長のウィリアム・バックレイは、アヘン貿易の責任者を扱った経験がないにもかかわらず、イラン、レバノン、さらにはパキスタンで調査を開始し、300人委員会の被害者は国王だけではなかった。バックリーは、イスラマバードからラングレーのCIAに、黄金の三日月とパキスタンで急成長しているアヘン貿易について、不利な報告を送り始めた。イスラマバードのアメリカ大使館は爆破されたが、バックリィは暴徒の襲撃から逃れ、正体不明のままワシントンに戻る。

すると、とても不思議なことが起こった。CIAは諜報員の身分が危うくなると、既成の手順に反してバックリーをベイルートへ送り返す。バックリィは、実はCIAによって口封じのために死刑を宣告され、今度はその宣告が実行される。ウィリアム・バックリーは300人委員会のエージェントによって誘拐され、シリア情報局のモハメッド・エル・クイリ将軍によって残忍な尋問を受け、それらの国にいるすべてのDEA現地捜査官の名前を明かすよう迫られ、残酷に殺害された。パキスタン、レバノン、イランでの大規模なアヘン取引を暴露するために努力した結果、バックリーは命を落とした。

もし、世界で最後の自由人が、自分たちやその小集団が麻薬取引をつぶせると信じているとしたら、それは悲しい間違いです。アヘンやコカインの取引の触手をあちこちで切ることはできても、頭を切ることはできないのだ。欧州の王冠をかぶったコブラとその東側リベラルエスタブリッシュメント一族はそれを許さないだろう。ブッシュ政権が戦っているはずの「麻薬戦争」は、すべての種類とクラスの麻薬を完全に合法化すること

であり、そうではありません。これらの薬物は、社会的な異常であるだけでなく、この惑星の人々の心を支配しようとする大規模な試みであり、「水瓶座の陰謀」の著者が言うように、「米国に急激な変化をもたらすこと」なのである。これが、究極の秘密結社「300人委員会」の主な仕事である。

アヘン、ヘロイン、コカインの取引は何も変わっていない。イギリスでもアメリカでも同じように「上流階級」の家族によって運営されている。当局の差し押さえによる多額の損失は、ニューヨーク、香港、ロンドンのパネル張りの役員室で、港湾荷役と葉巻を楽しみながら、「ビジネスを行うための単純なコストだ、オールドボーイ」と帳消しにされるのが、今でもこのビジネスである。

イギリスの植民地資本主義は、常にイギリスの封建的な寡頭制の特権制度の主役であり、今日もそうである。1899年、ボーア人と呼ばれる南アフリカの貧しい無学な牧畜民が、イギリス貴族の血まみれの手に落ちた時、彼らは、ヴィクトリア女王が執拗に行った反乱と残酷な戦争の資金源が、中国BEICのアヘン取引による「即金」によって貴族たちのポケットに入った信じられない大金だとは思いもよらなかっただろう。

300人委員会のメンバーであるセシル・ジョン・ローズ、バーニー・バーナト、アルフレッド・ベイトの3人は、戦争の扇動者であり組織者であった。ロードスは、アヘン貿易で得た資金を銀行に流し込むロスチャイルド家の主席代理人であった。ローデス、バルナート、オッペンハイマー、ジョエル、ベイトという泥棒と嘘つきは、南アフリカのボーア人から、彼らの生得権である地中に眠る金とダイヤモンドを奪い取った。南アフリカのボーア人は、金やダイヤモンドを売って得た何十億ドルという金をまったく受け取っていない。

300人委員会は、すぐにこれらの膨大な宝物を完全に管理するようになり、そのメンバーの一人であるハリー・オッペンハイマー卿を通じて、今日もその管理権を維持している。南アフリカでは、金とダイヤモンド産業から国民一人当たり年間100ドルを受け取っています。毎年流出する数十億ドルは、300人委員会の銀行家たちに支払われる。 これは、歴史に記録された中で最も汚らわしい、国家に対する強欲、窃盗、殺人の話の一つ

である。

なぜ、英国王室は、このような巨大な詐欺をやってのけたのだろうか。このような困難な仕事を成し遂げるには、巧みな組織と、陰謀者たちのヒエラルキーから日々下される指示を実行する現場の献身的なエージェントが必要である。その第一歩は、ボーア人を未開の、かろうじて人間である野蛮人と表現し、ボーア共和国でのイギリス国民の投票権を否定するマスコミの宣伝活動であった。その後、トランスバール共和国の指導者ポール・クルーガーに要求が出されたが、もちろん応じることはできなかった。この後、ボーア人の復讐心を煽るような事件が相次いだが、これもうまくいかなかった。そして、ジェイムソンという男が数百人の武装集団を率いてトランスバールに攻め込んだ悪名高い「ジェイムソンの襲撃」である。その後、すぐに戦争が始まった。

ヴィクトリア女王は、当時（1898年）、世界が見たこともないような大規模で最高の装備の軍隊を編成した。ヴィクトリアは、戦争は2週間で終わると考えていた。ボーア人には常備軍も訓練された民兵もなく、イギリスの下層階級から集められた40万人の兵士にはかなわないからだ。ボーア人は、8万人以上の農民とその息子たち（中には14歳の少年もいた）には及ばない。ラドヤード・キップリングも、戦争は1週間もしないうちに終わると信じていた。

しかし、ボーア人は片手に銃、片手に聖書を持って、3年間も持ちこたえたのである。

> 「戦争は1週間で終わると思って南アフリカに行ったんだ」とキプリングは言った。"代わりにボーア人は我々に大きな教訓を与えてくれた"

この同じ「教訓」を、今日の300人委員会でも、1万人のリーダー、真の善人を集めて、憲法が象徴するすべてを食い尽くそうとする巨大な怪物との戦いでこの国を導くことさえできれば、教えることができるのだ。

1902年の戦争終結後、英国王室はトランスバールとオレンジ自由国というボーア人の不毛の地の下に眠る想像を絶する金とダイヤモンドの財産の支配を固めなければならなくなった。それ

を実現したのが、アーサー王と騎士たちの「円卓伝説」である。ラウンドテーブルとは、厳密には300人委員会が設立した英国MI6の諜報活動で、ローズ奨学金制度と並んで、アメリカの心臓に刺さる短剣のようなものである。

円卓会議は、セシル・ローズによって南アフリカで設立され、ロスチャイルド家の英国支部が資金を提供した。その目的は、英国王室に忠実で、英国王室の莫大な金やダイヤモンドの財宝を確保できるビジネスリーダーを育成することだった。南アフリカ人は、中央の統一司令部でなければ実現できないことが明らかなほど大規模かつ広範囲なクーデターによって、生得権を奪われたのである。その統一司令部が「300人委員会」である。

されたことは議論の余地がない。1930年代初頭、英国王室は世界で発見された最大の金とダイヤモンドの埋蔵量を支配下に置いていた。300人委員会は、麻薬取引で得た莫大な財産と、それに匹敵する南アフリカの鉱物資源の両方を自由に使えるようになったのだ。世界の金融支配が完成したのだ。

クーデターの中心的な役割を果たしたのは「円卓会議」である。南アフリカを吸収した後の円卓会議の明確な目的は、アメリカ独立戦争がアメリカにもたらした利益を軽減し、再びイギリスの支配下に置くことであった。このような事業には、組織的な能力が不可欠であり、ロンドンのロスチャイルド家の子飼いであったアルフレッド・ミルナー卿が提供した。スコットランドのフリーメイソンの原理を利用して円卓会議のメンバーを選出し、選ばれたメンバーは、「旧制共産主義者」を自認するジョン・ラスキンやMI6のエージェントであるT・H・グリーンの監視のもと、ケンブリッジ大学とオックスフォード大学で厳しい訓練を受けることになった。

ローズ、ミルナー、ジョン・ウィーラー・ベネット、A・D・リンゼイ、ジョージ・バーナード・ショー、ヒトラーの財務大臣ハルマー・シャハトなどを生んだのは、キリスト教伝道師の息子であるグリーンであった。しかし、この円卓会議自体が、企業、機関、銀行、教育機関など、保険数理人なら1年かかっても調べられないような、迷路のような組織で構成されているのだ。

ラウンドテーブルのメンバーは、世界中に展開し、活動するすべての国の財政・金融政策と政治的リーダーシップを掌握した。南アフリカでは、ボーア戦争でイギリスと戦ったスマッツ将軍が「変身」し、イギリス王室の大義を掲げるイギリスの情報・軍事・政治工作の第一人者となった。米国では、その後数年間、米国内からの浸透の仕事は、ヘンリー・キッシンジャーを生み、300人委員会の米国首席顧問として急成長を遂げたウィリアム・ヤンデル・エリオットに任された。

ウィリアム・ヤンデル・エリオットは、「オックスフォード・アメリカン」（ウィリアム・ジェファーソン・クリントン大統領も「オックスフォード・アメリカン」）であり、すでに300人委員会で上の役職に就くための前提条件として十分な働きをしていた。

1917年にヴァンダービルト大学を卒業したエリオットは、ロスチャイルド-ヴァールブルグの銀行ネットワークに採用された。サンフランシスコ連邦準備銀行で働き、取締役になった。そこから、ウォーバーグ＝ロスチャイルドの情報担当として、自分が監督するアメリカの重要な地域について報告する役割を担った。エリオットは、「フリーメイソン」の人材スカウトによりローズ奨学金に推薦され、1923年にオックスフォード大学のバリオール・カレッジに入学した。その「夢のような尖塔」には、陰謀と未来の西側への裏切り者のネットワークが隠されている。

バリオール・カレッジは、昔も今も、円卓会議の勧誘の中心地である。エリオットは、バリオールの師匠T・H・グリーンの後を継いだタヴィストック人間関係研究所代表のA・D・リンゼイに徹底的に洗脳された後、円卓会議に入会し、王立国際問題研究所に派遣されて使命を受け、アメリカに戻って学会の指導者となることを命じられたのだ。

円卓会議の理念は、ラスキンが「大衆」と呼ぶものを操るために、会員を制度を通じて社会政策を立案・実行する立場に置くことであった。メンバーは、タヴィストック研究所のコースに参加した後、銀行の最高レベルに潜入した。このコースは、英国王室の側近であったルコンスフィールド卿が開発し、後にラザード フレールを経営するロバート・ブランドが運営していた

ものである。王立国際問題研究所は、昔も今も、英国王室と完全に連動している。円卓会議の派生組織には、故ウィンストン・チャーチルの娘婿で有力政治家のダンカン・サンディスが設立・運営するビルダーバーガー、私が1983年の著書『*国際銀行家の陰謀-ディッチリー財団*』で明らかにした銀行家の秘密クラブ、三極委員会、米国の大西洋理事会、アスペン人間学研究所があり、RIIAのブロック卿が設立者で、ロバート・アンダーソンがフロント役を務めていたことがよく知られた裏の顔がある。

アメリカにおけるRIIAの首席代理人であるヘンリー・キッシンジャーがいかにして権力を握ったかは、イギリス王政という制度がアメリカ合衆国の共和国に対して勝利を収めたという物語である。あまりに長いので、ここでは繰り返さないが、恐ろしい話である。とはいえ、キッシンジャーの名声、富、権力への上昇のハイライトに触れないのは、過失としか言いようがないだろう。

アメリカ陸軍に入隊し、戦火の絶えないドイツでフリッツ・クレーマー将軍を率いたのを皮切りに、キッシンジャーはオッペンハイマー家に選ばれ、ウィルトン・パークでさらなる訓練を受けることになった。当時は一等兵の階級であった。1952年、キッシンジャーはタヴィストック研究所に派遣され、R・V・ディックスが彼を手取り足取り指導してくれた。それ以後、キッシンジャーを引き止めるものは何もなかった。その後、ジョージ・フランクリンやハミルトン・フィッシュの下で、外交問題評議会のニューヨーク事務所に呼ばれるようになった。

米国が公式に採用した核政策は、タヴィストック大学時代にキッシンジャーに伝えられ、「柔軟な対応」と呼ばれるドクトリンを生み出したラウンドテーブル・セミナー「核兵器と外交政策」に参加したことで形成されたと考えられており、その頭文字をとってMADと呼ばれるようになった、まったく非合理的なものであった。ウィリアム・ヤンデル・エリオットを通じて、また円卓会議の情報局長でアメリカMI6の作戦部長であったジョン・ウィーラー・ベネットの指導のもと、キッシンジャーはエリオットの「お気に入りの息子」となった、と彼は著書『*政治におけるプラグマティック・レボルト*』で解説している。キ

ッシンジャーは、ハーバード大学の国際セミナーで学んだマネタリスト政策を推進するため、円卓会議に共同参加することになった。

キッシンジャーはエリオットの教えを熱心に吸収し、やがてクレーマー将軍が「私の小さなユダヤ人運転手」と表現した人物と見分けがつかなくなった。キッシンジャーは、バリオールのマスターの精神を受け継ぎ、退廃的な英国貴族の熱烈な弟子となった。王立国際問題研究所でMI6の情報局長であったトインビーの思想を取り入れ、キッシンジャーは彼の論文を使って学部の「学位論文」を書きました。1960年代半ばには、キッシンジャーは円卓会議とRIIA、ひいてはイギリス王室にとって、自分の価値があることを証明していた。キッシンジャーは、その報酬として、また学んだことを試すために、ジェームズ・シュレシンジャー、アレクサンダー・ヘイグ、ダニエル・エルズバーグの3人からなる小グループを任され、ラウンドテーブルでは、このグループを利用して一連の実験が行われることになった。政策研究所の主席研究員であるノーム・チョムスキー氏もこのグループに協力していた。ヘイグはキッシンジャーと同様、クレーマー将軍の下で働いていたが、運転手としてではなく、将軍は自分の弟子に国防総省内で様々な機会を与えてくれた。キッシンジャーが国家安全保障顧問に就任すると、クレーマーはヘイグを副官として迎え入れた。そしてエルズバーグ、ヘイグ、キッシンジャーは、直接の指示に背いたニクソン大統領を失脚させるため、RIIAのウォーターゲート計画を始動させたのである。

ヘイグはニクソン大統領を洗脳し混乱させる主役であり、実際、この大統領軟化の時期にホワイトハウスを仕切っていたのはキッシンジャーであった。1984年に述べたように、ヘイグは「ディープ・スロート」と呼ばれるホワイトハウスの仲介役で、[18]、ウッドワードとバーンスタインの*ワシントン・ポスト紙*のチームに情報を流したのです。

ニクソンのウォーターゲート事件は、RIIAの機関であるラウンドテーブルが引き起こした最大のクーデターだった。その糸は、円卓会議、RIIA、そして英国女王へと続いていく。ニクソ

---

[18] ディープスロート、Ndt.

ンの屈辱は、教訓であり、教科書であり、将来のアメリカ大統領に対して、300人委員会に逆らって勝てるとは思わないようにという警告であった。ケネディも同じ理由でアメリカ国民の目の前で無残に暗殺された。ニクソンは、ジョン・F・ケネディと同じ運命をたどるほど重要な人物とは思われていなかったのである。

しかし、どのような方法であれ、300人委員会は、ホワイトハウスを目指すすべての人々に、『我々の仲間から外れた*者は*いない』というメッセージを確実に伝えることができた。このメッセージは、ケネディが暗殺され、ニクソンが大統領を追放されたときと同様に、ジョージ・ブッシュ大統領の性格に強く現れている。

この演習の目的は、ペンタゴン・ペーパーズのエピソードと、シュレシンジャーがニクソン政権に入り、防衛体制のスポイラーと原子力開発における反攻の役割を果たすことで明らかになった。シュレシンジャーは、ローマクラブのポスト工業化ゼロ成長戦略のもとで米国の脱工業化の重要な要因の一つである原子力委員会の役職を隠れ蓑にしてその役割を引き受けたのである。このことから、1991年の景気後退・不況の根源をたどることができ、これまでに3千万人のアメリカ人が職を失った。

300人委員会とそれを構成する寡頭制のファミリーに浸透することは、ほとんど不可能である。仮面のように身を包んだカモフラージュは、なかなか剥がせない。この事実は、自由を愛するすべてのアメリカ人が注目すべきことである。300人委員会は、アメリカの外交および国内政策に通じるものを決定し、200年以上にわたってそうしてきたのだ。このことは、自信満々のトルーマン大統領が、チャーチルに「トルーマン・ドクトリン」を押しつけられ、ミズーリ州インディペンデンス出身の小男の喉元に引きずり込まれたときほど、鮮明に示されているものはない。

かつてのメンバーは、その子孫が死亡による欠員を補い、現在のメンバーは、マーク・ターナー卿、ジェラルド・ビリエ、サミュエル・モンタギュー、インチケープス、ケズウィックス、ピーズ、シュローダー、エアリーズ、チャーチル、フレーザー、ラザール、ジャーディン・マセソンなどである。この委員

会のメンバーは、第一次世界大戦でウィルソン大統領にドイツ
との戦争を命じ、この委員会はルーズベルトに、アメリカを第
二次世界大戦に参戦させるために日本の真珠湾攻撃を組織する
よう命じたのだ。

この人たち、この委員会は、韓国、ベトナム、ペルシャ湾でこ
の国に戦争をするよう命じたのです。単純な真実は、米国は悪
名高い300人委員会のために、そしてそのために、今世紀に5つ
の戦争を戦ったということである。

一部の人を除いて、誰も「なぜこのような戦争をするのか」と
問う時間はないようだ。".愛国心」の大太鼓、武骨な音楽、旗
や黄色いリボンを振り回すことで、偉大な国家は狂ってしまっ
たようだ。

ème真珠湾攻撃から50年目の今、新たな「日本憎し」キャンペー
ンが、太平洋問題研究所（IPR）ではなく、ブッシュ政権と議
会によって、最も直接的かつ大胆な方法で繰り広げられてい
る。その目的は、ルーズベルトが真珠湾攻撃を思いついたとき
と同じである。日本を侵略者として描き、経済戦争を行い、次
の段階である日本への武力侵略のために軍を準備することであ
る。

すでに起きていることだ。300人委員会の封建的領主のため
に、より多くの我々の息子や娘が虐殺に送られるのは時間の問
題である。我々は屋根の上から叫ぶべきである。

> 私たちが死のうとしているのは、自由のためでも、国を愛
> するためでもなく、やがて全世界を包み込むであろう専制
> 政治のためなのです」。

この組織のイギリスに対する支配力は非常に強く、1700年代以
降、95%のイギリス国民は、国の富の20%未満を自分たちの取
り分として受け入れることを余儀なくされてきた。これが、イ
ギリスの寡頭制封建領主たちが好んで呼ぶ「民主主義」であ
る。彼らがインド、スーダン、エジプト、イラク、イラン、ト
ルコで行ったことは、新世界秩序の下、すべての国で繰り返さ
れるでしょう - 世界政府です。彼らは自分たちの特権的な生活
様式を守るために、あらゆる国とその富を利用するだろう。そ
れは、麻薬、金、ダイヤモンド、武器取引、銀行、商工業、石

油、メディア、娯楽産業と表裏一体の財産を持つ、英国貴族の階級である。

労働党の幹部は例外として、英国の政治家の大半は爵位家の子孫であり、爵位は父から長男へと受け継がれる世襲制である。この制度により、イングランドでは「よそ者」が政治権力を握ることはない。それでも、一部の部外者は何とか潜り込んでいる。

第二次世界大戦中、300人委員会からわが国の政府に命令を下したハリファックス卿（元駐ワシントン英国大使）のケースを考えてみよう。ハリファックスの息子、チャールズ・ウッドは、ロスチャイルド卿の親戚であるプリムローズ嬢と結婚した。スウェイスリング卿などの名前の裏には、イングランド銀行の取締役で、シェル石油会社の大株主であるエリザベス2世の顧問兼側近であるモンタギューの名前がある。全員が300人委員会のメンバーであり、昔の垣根は取り払われた。今日、ローマクラブの入会基準は、もはや肩書きだけではありません。

300人委員会が何を目指しているのか、その目的・目標を概観した上で、銀行、保険会社、企業などとの膨大なネットワークに触れるのが適切であろう。以下の情報は、何年もかけて調査し、何百もの資料を収集した結果、一般には公開されていない詳細な情報にアクセスすることができました。

300人委員会」は、「カルタス・ディアボリックス」「向精神薬」「毒殺」「諜報」「銀行」「あらゆる商業活動」など、それぞれの分野の専門家から構成されている。但し、逝去された元会員については、その役割から、また新会員のご家族にその座を譲られたことから、言及する必要があります。

メンバーには、ヨーロッパの古い黒人貴族、アメリカ東海岸のリベラルエスタブリッシュメント（フリーメーソン階層とスカル・アンド・ボーンズ騎士団）、[19] イルミナティ、あるいは「MORIAH CONQUERING WIND」委員会で知られているように、ムンマグループが含まれています。全国及び世界教会協議会、サークル・オブ・インサイダー、アンノウン・ナイン、ルシス・トラスト、イエズス会解放神学者、シオン長老団、ナシ

---

[19] スカル・アンド・ボーンズ、Ndt.

王子、国際通貨基金（IMF）、国際決済銀行（BIS）、国連
（U.S.A.）。N.中央とイギリスのコロナティ・カルテット、イ
タリアのP2メイソンリー、特にバチカン階層の人々、中央情報
局、タヴィストック研究所の選ばれたスタッフ、以下のリスト
にある主要な財団や保険会社の様々なメンバー、香港上海銀行
などです。ミルナーグループ・ラウンドテーブル、チーニ財
団、ジャーマン・マーシャル・ファンド、ディッチリー財団、
NATO、ローマクラブ、環境保護団体、エルサレム聖ヨハネ騎
士団、単一世界政府教会、社会主義インターナショナル、ブラ
ックオーダー、トゥール協会、アネンヘルベ-バラ十字会、偉大
な上位者、その他文字通り数多くの組織です。

では、何が見えるのか。変な考えの人の集まり？確かにそうで
すね。150年の歴史を持つ300人委員会では、優秀な頭脳が集ま
って、完全に全体主義的で絶対的な統制のとれた「新しい」社
会を形成している。ただし、その思想のほとんどをカルタス・
ディアボリックス・クラブから引き出しているので、新しくは
ない。これは、委員会の故メンバーの一人であるH・G・ウェ
ルズが、委員会の依頼で書いた本の中で、ウェルズが「*公開陰
謀 世界革命の計画*」と名付けたもので、かなりよく描写されて
いるものである。それは大胆な意思表示であったが、大上司た
ち（[20] Anenherbes）と今日でいうところの「インサイダー」以
外は誰もウェルズを信じなかったので、実際には大胆なもので
はなかった。

以下は、ウェルズが提案した内容の抜粋である。

> 「公然の陰謀は、最初は、知的で、場合によっては裕福な
> 人々の意識的な組織として、明確な社会的・政治的目標を
> 持った運動として、既存の政治的統制装置のほとんどを無
> 視するか、段階の過程で付随的に利用するだけで、一定の
> 方向への多くの人々の単なる運動として現れると私は信じ
> ているが、彼らはすぐに、ある種の驚きとともに、全員が
> 向かって動いている共通の目標を発見するだろう。あらゆ
> る方法で、表向きは政府に影響を与え、コントロールす
> る。"

ジョージ・オーウェルの『*1984*』と同様、ウェルズの物語は、

---

[20] 国際的なフリーメイソンの「知られざる上層部」。N.B.

一元的な世界政府を求める大規模なものである。つまり、300人委員会の意図と目的は、以下の条件を押し通すことである。

中世に存在した封建制度のような形で、メンバーの中から自らを選ぶ選挙で選ばれない世襲制の永久的なオリガルヒの指導のもと、単一の世界政府と中央集権通貨制度が存在する。この統一世界体では、一家族あたりの子供の数の制限、病気、戦争、飢饉によって人口が制限され、厳密かつ明確に定義される地域で、支配階級に役立つ10億人が世界の総人口として残ることになります。

中流階級は存在せず、指導者と召使いだけが存在することになる。すべての法律は、同じ統一された法典を適用する世界法廷の法制度の下で統一され、単一の世界政府警察と単一の世界軍隊に支えられ、国境が存在しないすべての旧国において法律を執行することになるでしょう。このシステムは福祉国家に基づくもので、一つの世界政府に従順で服従する者は生計を立てることで報われ、反抗する者は単に飢えさせるか非合法化し、殺意を抱く者の標的となるのである。個人が所持する銃器や武器の類は禁止されます。

一つの宗教だけが許され、それは、これから見るように1920年以来存在している「一つの世界政府教会」の形をとることになるでしょう。悪魔崇拝、ルシフェリアニズム、魔術は、私立学校や宗派のない、正当な一つの世界政府のプログラムとして認識されるでしょう。すべてのキリスト教会はすでに破壊され、キリスト教は「一つの世界政府」の中で過去のものとなるでしょう。

個人の自由や自由の概念が存続しない状態を誘導するためには、共和制や主権、国民に帰属する権利といったものは存在しないことになる。民族の誇りと人種的アイデンティティは抑圧され、過渡期には人種的出身を口にしただけで厳罰に処されることになる。

各人は、自分が一つの世界政府の創造物であること、そして、簡単にアクセスできるように、自分の体に識別番号が明記されていることを知るように、完全に洗脳されます。この識別番号は、ベルギーのブリュッセルにあるNATOコンピューターのマスターファイルにあり、一つの世界政府のどの機関によって

も、いつでも瞬時に取り出せるようになります。CIA、FBI、地方・州警察、IRS、FEMA、社会保障庁のマスターファイルは大幅に拡張され、米国内の全個人の人事ファイルの基礎となるであろう。

結婚が禁止され、今までのような家庭生活はなくなる。子どもは幼いうちに親から引き離され、被後見人が国家の財産として育てることになる。このような実験は、エーリッヒ・ホーネッカー政権下の東ドイツで行われた。国家が不誠実な国民と見なした親から子供を引き離すというものだ。女性たちは、現在進行中の「女性解放」運動の過程で、劣化していくだろう。フリーセックスが義務化される。

20歳までに一度も応じない場合は、身辺に厳しい報復を受けることになる。このデータは、「一つの世界政府」の地域コンピュータにある各女性の個人ファイルに記録される。2人の子供を出産した後に妊娠した場合、中絶クリニックに強制的に連れて行かれ、中絶と不妊手術を受けることになります。

ポルノは、同性愛やレズビアンのポルノを含め、すべての映画館で奨励され、義務化されるだろう。娯楽用」薬物の使用が義務付けられ、各人に割り当てられた薬物は、世界中のワンワールド政府のショップで購入できるようになる。マインドコントロールの薬が開発され、その使用が義務付けられるだろう。これらのマインド・コントロール・ドラッグは、国民の知識や同意なしに、食物や水の中に投与される。奴隷階級が自由な時間を過ごせるように、一つの世界政府の職員が運営するドラッグ・バーが設置されるでしょう。このようにして、非エリートの大衆は、自分の意志を持たず、簡単にコントロールされる動物のようなレベルと振る舞いにまで落とされることになる。

経済システムは、支配的な寡頭制階級が、大量の奴隷労働キャンプを運営するのに必要なだけの食糧とサービスを生産することに基づいている。すべての富は300人委員会のエリートの手に集中し、各個人は生存のために国家に完全に依存していることを理解するように洗脳される。世界は、300人委員会の行政命令によって支配され、それが即座に法律となる。エリツィン氏は、300人委員会の政令を利用して、委員会の意思を試験的にロシアに押し付けていたのである。正義の裁判所ではなく、

罰の裁判所が存在することになる。原子力発電システムと同様に、産業も完全に破壊されることになっている。委員会のメンバー300人とそのエリートだけが、地球のすべての資源を手に入れる権利を持つことになる。農業は300人委員会の手に委ねられ、食糧生産は厳しく管理されることになる。これらの措置が実施され始めると、都市部の大規模な人口は遠隔地に強制的に移動させられ、移動を拒否する人々は、カンボジアでポル・ポトが行った「一つの世界政府」の実験のように、絶滅させられることになるであろう。

末期患者や高齢者の安楽死が義務化される。カレルギーの作品に書かれているように、あらかじめ決められた数以上の都市は存在しない。必要不可欠な人材は、今いる都市が過密状態になれば、他の都市に移動することになる。その他の非主要労働者は無作為に選ばれ、過疎の都市に派遣され、「定数」を埋めることになる。

限定戦争、致死性即効性疾患の組織的流行、飢餓などにより、2050年までに少なくとも40億人の「無駄飯喰らい」が排除されるであろう。エネルギー、食糧、水は、西ヨーロッパと北米の白人から始まり、他の人種にも広がり、非エリートの自給自足レベルに維持される。カナダ、西ヨーロッパ、アメリカの人口は、他の大陸の人口よりも急速に減少し、世界人口は管理可能なレベルの10億人に達するだろう。そのうち5億人は中国人と日本人で、何世紀にもわたって体制化されてきた人々で、疑問を持たずに権威に従うことに慣れているので選ばれるだろう。

時折、食料、水、医療などの人為的な不足が発生し、大衆に自分たちの存在意義が300人委員会の善意に依存していることを思い出させる。

住宅、自動車、鉄鋼、重工業が破壊された後、継続が許される産業はNATOローマクラブの指示のもとに、科学と宇宙開発の発展は300人委員会の管理下のエリートに限定されることになるでしょう。核兵器とともに、かつてのすべての国の宇宙兵器が破壊されることになる。

必須・非必須の医薬品、医師、歯科医師、医療従事者はすべて中央のコンピューターデータベースに登録され、各町村を担当する地域管理者の明確な許可なく医薬品や医療を処方されるこ

とはない。

アメリカは、やがて白人アメリカを圧倒する異国の文化圏の人々に侵略されるだろう。彼らは、合衆国憲法が何を意味するのかを知らず、したがってそれを守るために何もせず、自由と正義の概念がほとんど重要でない人々である。衣食住が主な関心事となる。国際決済銀行と世界銀行以外の中央銀行の運営は認めない。民間銀行は禁止される。仕事の報酬は、あらかじめ決められた尺度で、一つの世界政府の中で統一されます。賃金紛争は許されず、一つの世界政府によって定められた標準的な均一尺度からの逸脱も許されない。違反した者はその場で処刑される。

エリート以外の人が手にする現金や硬貨はありません。すべての取引は、保有者の識別番号が記載されたデビットカードで行われます。300人委員会の規則および規定に何らかの形で違反した者は、違反の内容および程度に応じて、一定期間、カードの使用を停止されます。

このような人は、買い物をするときに、自分のカードがブラックリストに載っていて、どんなサービスも受けられないことに気がつきます。また、「古代」コイン、すなわち、現在は消滅した旧国家の銀貨を交換しようとした場合は、死刑に処されます。このようなコインは、武器、銃、爆発物、自動車と同様に、すべて一定期間内に返却しなければならない。エリートや政府高官だけが、私的な交通機関や武器、コイン、自動車の使用を許されるようになるのです。

重大な違反があった場合、カードを提示した検問所で差し押さえられます。その後、その人は雇用のための食料、水、避難所、医療サービスの利用を拒否され、公式にアウトローリストに掲載されます。無法者の大集団が生まれ、彼らは自分たちが最も生活しやすい地域に住み、追い詰められ、その場で射殺されることを前提にする。無法者に少しでも協力した者は、銃殺刑に処する。一定期間経過しても警察や軍隊に投降しない無法者は、無作為に選ばれた元家族が代わりに刑務所に入ることになる。

アラブ人、ユダヤ人、アフリカの部族などの対立する派閥や集団は、その違いを拡大させ、NATOや国連の監視団の目の前

で、互いに殲滅戦を行うことを許されることになるだろう。中南米でも同じような戦術がとられるでしょう。これらの消耗戦は、一つの世界政府が支配する前に行われ、シーク教徒、イスラム教徒のパキスタン人、ヒンドゥー教徒のインド人など、民族的、宗教的に異なる大きな集団が住むすべての大陸で組織されます。民族や宗教の違いは拡大し、悪化し、その違いを「解決」する手段としての暴力的な紛争が奨励、促進されることになる。

すべてのニュースサービスと印刷メディアは、一つの世界政府の管理下に置かれることになる。通常の洗脳管理策は、米国で実践され芸術となったのと同じように、「エンターテイメント」として紹介される。不誠実な親」から引き離された若者は、残虐な行為を行うための特別な教育を受けることになる。男女の若者は、「一つの世界」の労働収容所システムのための刑務官となるべく訓練される。以上のことから、新世界秩序の幕開けを迎えるには、やるべきことがたくさんあることは明らかです。そのいくつかは、ズビグニュー・ブレジンスキーの名著『テクノトロニック・エイジ』やローマクラブを設立したアウレリオ・ペッチェイの著作『キャズム・アヘッド』で知られるところである。

ペーチェイ氏は『The Chasm Ahead』の中で、委員会が「THE ENEMY」と呼ぶこの男を飼いならすための300の計画を詳述している。ペーチェイ氏は、かつてフェリックス・ドゥゼルジンスキーが赤の恐怖の真っ只中、何百万人ものロシア人が殺害された時にシドニー・ライリー氏に言った言葉を引用した。

> "死者の数　"にこだわる必要はないのでは？キリスト教の聖書にも、「神が気にかけるべき人間とは何か」と書かれています。私にとって男とは、片方は脳みそ、もう片方は糞工場に過ぎません。"

このような人間の残酷な姿から、キリストであるインマヌエルは世界を救うために来たのである。シドニー・ライリーは、ドゼルジンスキーの活動を監視するために送り込まれたMI6のエージェントだった。ライリーはロシアから逃げようとしたところを友人のフェリックスに撃たれたと言われている。英国議会の一部の議員たちが、ロシアでのライリーの活動について、バ

クー油田買収における「300人委員会」の役割や、ボルシェビキ革命時のレーニンやトロツキーへの協力について暴露してほしいと騒ぎ始めたので、この手の謀略が考え出されたのである。MI6はライリーの真相を解明するよりも、彼の死を偽装することにしたのだ。ライリーは、ボリシェヴィキのエリートが住むようなロシアの邸宅で、贅沢な日々を過ごしていた。

ペーチェイは、「大西洋同盟」（300人委員会の婉曲表現）が産業革命後のアメリカを統治しなければカオスになると主張し、世界規模でのマルサス的トリアージを提案したのだ。彼は、ソ連の科学技術・軍事機構と西側世界との衝突を想定していた。こうして、ワルシャワ条約機構諸国は、危機管理とグローバル・プランニングに基づいて世界情勢を管理する単一の世界政府に西側諸国と収斂することを提案されたのである。

かつてのソ連で起きている出来事や、ロシアの緩やかな連邦の中にいくつかの独立国家が出現していることは、まさにペーチェイやローマクラブが想定していたことであり、そのことは私が紹介した2冊の本で明確に説明されている。強力で統一されたソビエト国家に対処するよりも、分割されたソビエトに対処する方が簡単だろう。300人委員会が描いた「一つの世界政府」の計画は、ロシアの分断を視野に入れながら、今、急速にエスカレートしている段階にさしかかっている。1991年末のロシアでの出来事は、1960年以来展開してきた「300人委員会」の長期計画と比較すると、より劇的なものとなっている。

西ヨーロッパでは、単一の政府の下で、単一の通貨を持つ連邦国家を作ろうとする動きがあります。そこから徐々にEECのシステムがアメリカやカナダに移っていくことになる。国連は、湾岸戦争に見られるように、ゆっくりと、しかし確実に、アメリカの政策に左右されるワンワールド政府へと変貌を遂げつつある。それと全く同じことが英国議会で起きている。湾岸戦争へのイギリスの関与についての議論は、とんでもなく最小限のレベルにとどめられ、その日の終わり、下院の閉会中の動議で行われただけであった。このような重要な決定をしなければならないのに、議論の時間がほとんど与えられないというのは、議会の初期の歴史でも初めてのことであった。国会史上、最も注目された出来事のひとつが、ほとんど知られることなく終わ

った。

国連に持ち込まれたすべての紛争を解決するために、アメリカが軍隊を派遣するところまで来ているのです。退任するペレス・デ・クエラル事務総長は、多額の賄賂を受け取っていたが、米国の要求に問答無用で屈した、史上最も従順な国連指導者であった。彼の後継者は、アメリカ政府が投げかけるものなら何にでも屈するという姿勢をさらに強めるだろう。これは、一つの世界政府への道のりの重要なステップである。

ハーグの国際司法裁判所は、今後2年間、あらゆる種類の法的紛争を解決するためにますます利用されることになるでしょう。これはもちろん、他のすべてのものに取って代わるワンワールド・ガバメントの法体系の原型である。新世界秩序を計画する上で不可欠な中央銀行については、1991年末に国際決済銀行がその場を支配しており、すでに既成事実となっている。民間銀行は急速に姿を消し、BISとIMFの指示の下、世界中の銀行部門を支配する10大銀行に道を譲ることになるのです。

ヨーロッパには福祉国家が多く、アメリカは世界最大の福祉国家になりつつある。いったん人々が生活の糧を政府に依存するようになると、そこから引き離すのは非常に難しくなる。アメリカの前回の中間選挙の結果に見られるように、現職議員の98％が、全く嘆かわしい記録にもかかわらず、良い生活を楽しむためにワシントンに送り返された。

個人所有の銃器の廃止は、世界の4分の3ですでに実施されている。しかし、この法的権利は、すべての市民が武器を持つ憲法上の権利を侵害する州法や地方法によって、驚くほどの速さで制限されているのです。2010年までにアメリカでは銃の個人所有は過去のものになるだろう。

同様に、教育も驚くほどのスピードで侵食されています。公立学校は、様々な法的理由、スキーム、資金不足のために閉鎖を余儀なくされています。アメリカの教育水準は、すでに今日、教育とは呼べないほど嘆かわしいレベルにまで落ち込んでいる。これは計画通りです。先ほど説明したように、ワンワールド政府は、私たちの若者が適切な教育や指導を受けることを望んでいません。

ナショナル・アイデンティティの破壊が進んでいる。愛国心を持つことはもはや良いことではありません。イラク国家に対する大量虐殺戦争やリビアの破壊のような、ワンワールド政府の見解に奉仕するプロジェクトのためでない限り。アメリカ、イギリス、西ヨーロッパ、カナダなど、白人が多く住む国々では、人種的自負が嫌われ、違法とされるようになった。

第二次世界大戦後、アメリカの秘密結社が主導して、共和制の破壊が急速に進んでいる。米国によって破壊されたそのような政府のリストは長く、単一の憲法の下で共和制を約束したはずの国の政府がそのような行為に及ぶことは、無知な人々には受け入れがたいが、事実がそれを物語っている。

これは、100年以上前に300人委員会が掲げた目標です。米国はこれらの政府への攻撃を主導し、米国共和党の基盤が着実に損なわれているにもかかわらず、攻撃を続けている。ジェームズ・アール・カーターの法律顧問であったロイド・カトラーに始まり、憲法学者による委員会は、米国議会を非代表制の議会制度に変えるために活動してきた。1979年以来、このような変革のための計画が進められており、カトラーはその献身的な努力により、300人委員会のメンバーに任命された。議会制政府の最終案は、1993年末に300人委員会に提出される予定である。

新しい議会制度では、国会議員は有権者に対してではなく、国会議員に対して責任を負うことになり、言われたとおりに投票することになる。こうして、司法と官僚の倒錯によって、憲法は消え、個人の自由も失われる。淫らな性行為による人間の堕落が計画的に強まるだろう。新しい性倒錯カルトは、英国王室がSISやMI6サービスを通じて設立したものでさえある。すでにご存知のように、今日、世界で活動するすべてのカルトは、寡頭政治の支配者のために行動する英国のシークレットサービスの産物である。

退廃的な性行動に特化した全く新しいカルトを作るという段階は、まだ先のことだと思うかもしれないが、私の情報によれば、1992年にはそれが激化するはずである。1994年には、一流のクラブやエンターテインメント施設で「ライブショー」を開催することがごく一般的になるだろう。このような「エンター

テインメント」のイメージは、すでにすっきりとしたものになりつつあります。

やがて、ハリウッドや芸能界の大物たちが、このクラブやあのクラブはライブ・セックス・ショーに「ぜひ」と推薦するようになる。レズビアンや同性愛がクローズアップされることはありません。この新しい社会的な「娯楽」は、異性のショーで構成され、ブロードウェイのショーや最新のブロックバスター映画について今日の新聞に見られるような批評の対象となるであろう。

1992年には、道徳的価値に対する前例のない攻撃が強化されることになる。ポルノは「ポルノ」と呼ばれなくなり、「大人の性的娯楽」と呼ばれるようになる。レトリックは、「みんながやっているのに、なぜ隠すのか」という形になるのでしょう。性の公開は醜い、汚いというイメージは払拭しよう」。このような奔放な性欲を持つ愛好家は、もはやいかがわしいポルノサロンに行くことを余儀なくされることはないだろう。その代わり、上流社会の晩餐会や金持ちや有名人のお気に入りの場所では、公共の場での性的な表現が高度に「芸術的」なエンターテイメントとなる。さらに悪いことに、教会の「指導者」の中には、それを勧める人さえいます。

タヴィストック研究所が設立した巨大で膨大な社会精神医学装置とその関連機能の巨大なネットワークは、単一の団体の支配下にあり、その団体は1992年の初めにも支配権を握っているのだ。この単一の組織、陰謀家の階層は、300人委員会と呼ばれ、米国政府とその大統領を含む世界のあらゆる指導者や政府の手の届かないところで活動する司令機構と権力中枢である-故ジョン・F・ケネディが発見したように。ケネディ殺害は「300人委員会」の作戦であり、これについてはまた後日。

300人委員会とは、イギリス女王、オランダ女王、デンマーク女王、ヨーロッパ各国の王族を含むアンタッチャブルな支配層による究極の秘密結社である。これらの貴族は、ベネチアン・ブラック・ゲルフ家の家長であるヴィクトリア女王の死後、世界を支配するためには、貴族のメンバーが、貴族ではないが極めて強力な世界の商業企業のリーダーたちと「取引」する必要があると考え、最高権力の扉を、英国女王が好んで呼ぶ「平

民」に開いたのである。

私は情報関係の仕事をしていたので、外国政府の首脳がこの全権機関を「魔術師」と呼んでいることを知っている。スターリンは「闇の勢力」という言葉を使い、アイゼンハワー大統領は「ホフジュデン（宮廷ユダヤ人）」という言葉を使い、「軍産複合体」という言葉で表現した。スターリンは、ソ連を通常兵器と核兵器で重武装させ、彼が「家族」と呼ぶものを信用しなかったからだ。300人委員会に対する彼の不信と恐怖は、十分な根拠があることがわかった。

大衆娯楽、特に映画は、個人の自由と人類の自由に対するこの最も危険な脅威に警告を発しようとした人々の信用を落とすために利用されてきたのだ。自由は神から与えられた法則であり、人間はそれを常に破壊し、損なわせようとしてきた。しかし、すべての個人の中にある自由への欲求は非常に大きく、これまでのところ、どのシステムも人間の心からこの感情を奪い取ることはできなかったのである。ソ連、イギリス、アメリカでは、人間の自由への欲求を鈍らせる実験が行われ、今のところ実を結んでいない。

しかし、新世界秩序、すなわち世界政府の出現により、神から与えられた自由への欲求を人間の心、体、魂から追い出すための大規模な実験が行われることになるのだ。私たちが今経験していることは、これから起こることに比べれば、何でもない、ほんの些細なことなのです。魂への攻撃は、多くの実験の焦点となっている。残念なことに、アメリカの機関は、ベセスダ海軍病院やカリフォルニアのヴァカヴィル刑務所など、地域レベルですでに小規模に行われている恐ろしい実験の主役になるであろう。

これまで見てきた作品は、ジェームズ・ボンドシリーズ、暗殺局、マタレーゼの輪などです。これらはフィクションであり、このような組織が実際に存在し、ハリウッドの豊饒な頭脳が想像するよりもはるかに大規模であるという事実を隠すために作られた。

しかし、暗殺局は絶対に実在する。300人委員会の命令を遂行し、他のすべての手段が失敗したときにハイレベルの暗殺を実行することだけを目的として、ヨーロッパとアメリカに存在す

る。ケネディ暗殺を指揮したのは、長年イギリス女王の最重要害虫駆除官であったウィリアム・ステファンソン卿の指示で、PERMINDEX社であった。

CIAの契約エージェントであるクレイ・ショウは、ニューオーリンズのトレードマートセンターでPERMINDEXを運営していた。元ニューオリンズ地方検事ジム・ギャリソンは、クレイ・ショーのレベルでケネディ暗殺計画を暴くところまで行ったが、ギャリソンは「捕まり」、ショーはケネディ暗殺計画への関与で無罪になった。ショーが、同じくCIAの契約職員だったジャック・ルビーと同じように抹殺されたこと--2人とも急速に進行する癌で死亡--は、ギャリソン氏が正しい道を歩んでいたことを示すものである。(ジャック・ルビーは1967年1月に獄中で癌で死亡)。

第二の暗殺事務所はスイスにあり、最近まで1941年以降に写真が存在しない影の薄い人物が運営していた。この作戦は、おそらく今もオルトラメール家(スイスの黒人の貴族で、ジュネーブのロンバー・オディエ銀行のオーナー、300人委員会の支店)によって資金が提供されている。主な連絡役はジャック・スーステル(Jacques Soustelle)で、米陸軍のG2情報ファイルによると、この人物であった。

このグループは、アレン・ダレスや、300人委員会の主要メンバーでテキサス州の石油業界の名士であるジャン・ド・メニルとも密接な関係があった。陸軍G2ファイルによると、このグループは中東の武器取引に深く関わっていたが、それよりも重要なのは、暗殺事務所がドゴール将軍の暗殺を30回以上も試み、ジャック・スーステルが直接関与していたことである。同じスーステルは、委員会のペルーのコカイン生産者を保護するゲリラ組織「センデロ・ルミノサ＝シャイニング・パスウェイ」の連絡係であった。

フランス情報局(DGSE、旧SDECE)の優れた働きにより、暗殺局ができる限りのことをしても失敗した後、この任務はMI6(軍事情報局第6部、別名秘密情報局(SIS))に与えられ、「ジャッカル」のコードネームで呼ばれることになった。SDECEは、知的な若い卒業生を採用しており、MI6やKGBが入り込んでいるわけでもない。ジャッカルがドゴール将軍の車列

に発砲する前に、最終目的地まで追跡し、殺害したのもこのグループであった。

ドゴール内閣にソ連の二重スパイがいることを突き止めたのもSDECEで、彼はCIAのラングレーとの連絡役でもあった。ドゴールを嫌っていたアレン・ダレスは、SDECEの権威を失墜させるために、代理人の一人であるロジェ・ド・ルエットを1200万ドル相当のヘロイン所持で逮捕させた（気持ちは通じ合っていたのだ）。専門家による「尋問」の末、デ・ルエットは「自白」したが、なぜ米国に麻薬を持ち込むのか、その理由を言うことはできなかった。全体的にハメられた臭いがする。

SDECEのドゴール警護の方法、特に車列での警護の方法の検討に基づいて、FBI、シークレットサービス、CIAは、ケネディ大統領の安全を剥奪し、1963年11月にディーレイプラザで彼を暗殺する3人のPERMINDEXガンマンの任務を促進する方法を正確に知っていた。

事実をフィクションに見せかけたもう一つの例は、レオン・ユリスの小説『トパーズ』である。[21]『トパーズ』には、SDECEに発見され、KGBのCIAとの連絡役として暴露された同じKGBのエージェント、ティロー・ド・ヴォスジョリの活動に関する事実が記されている。MOSSADの活動については、フィクションが多く、そのほとんどが実際の事実に基づいている。

MOSSADは「研究所」とも呼ばれる。多くの作家志望者が無茶苦茶な主張をし、その中にはキリスト教右派に支持される作家もいて、それが真実として受け止められている。この犯人は、諜報活動の訓練を受けていないことは許されるが、だからといって「モサドの名前」をあちこちに投下することは止められない。

このような情報操作は、米国では愛国主義の右翼団体に対して日常的に行われている。MOSSADはもともと、軍事情報部、外務省政治部、保安部（Sherut Habitachon）の3つのグループから構成されていた。300人委員会のメンバーであったデービッド・ベン・グリオンは、この委員会の設立に際してMI6から多

---

[21] アルフレッド・ヒッチコックが映画化した作品。

大な援助を受けていた。

しかし、これは成功しなかった。1951年、MI6のサー・ウィリアム・ステファンソンは、イスラエル外務省政治局の一部門として、スパイ活動や「ブラック」作戦のための特殊作戦グループを持つ組織に再編成したのである。英国情報部は、英国特殊空挺部隊（SAS）をモデルにした参謀本部偵察部隊として知られるサラエト・マクタルを訓練、装備することでさらなる支援を行っている。このMOSSADのサービスユニットは、名前が出ることはなく、単に「The Guys」と呼ばれている。

ガイズ」は、あくまでも英国諜報機関SAS部隊の延長線上にあり、常に新しい手法で訓練し、更新しているのである。PLOの指導者を殺し、アドルフ・アイヒマンを拉致したのもガイズである。"TheGuys"、そして実際にはすべてのMOSSADエージェントは、戦争の足取りで動いています。MOSSADは、世界中のどの国にも大きなユダヤ人社会があるので、他の諜報機関よりかなり有利です。

MOSSADは、社会的記録や犯罪記録を調べることで、地元のユダヤ人の中から自分たちが支配できるエージェントを選び出し、無報酬で働かせることができるのだ。また、MOSSADは、米国のすべての法執行機関や情報機関の記録にアクセスできるという利点があります。海軍情報局（OM）のELINTは、イスラエルに無償でモサドにサービスを提供している。モサドが何百万人ものアメリカ人の生活について、あらゆる分野、政治的でないものまで含めてどれほど知っているかがわかれば、アメリカ市民はショックを受け、怒り、落胆するだろう。

MOSSADの初代代表であるルベン・シロアッハは、300人委員会に任命されたが、彼の後継者が同じ特権を与えられていたかどうかは不明である。そうである可能性が高い。MOSSADには巧妙な情報操作部門がある。米国の「市場」に提供する偽情報の量は恥ずかしいほどだが、さらに恥ずかしいのは、それが、フック、ライン、シンカー、すべて飲み込まれてしまうことである。

MOSSADという小宇宙で実際に目撃しているのは、情報、娯楽、出版、世論調査、テレビのニュースメディアを通じて、「オリンピアン」たちが世界規模で行使している支配力の大き

さである。テッド・ターナーは最近、CNNの「ニュース」（を作る）番組が評価され、300人委員会の席を獲得した。委員会は、この世界の人々に「何でも」伝えることができる力と手段を持っており、それは大多数の人々に信じられるでしょう。

研究者がこの驚くべき中央統制グループに出くわすと、彼らはうまく買収されるか、タヴィストック研究所で「専門家訓練」を受け、その後、ジェームズ・ボンドタイプの架空の協力者になる、つまり、裏をかいてうまく報酬を得るのである。ジョン・F・ケネディのように、世界の出来事を動かしているのが誰なのか、それが買収できない真実であることを突き止めた者は、暗殺されるのである。

ジョン・F・ケネディの場合は、世界の指導者が一線を越えてはいけないという警告を込めて、大々的かつ残忍な方法で暗殺が行われたのである。ローマ法王ヨハネ・パウロ1世er バチカン階層のフリーメイソンを通じて300人委員会と親しかったため、静かに暗殺された。彼の後継者であるローマ法王ヨハネ・パウロ2世は、公然と恥をかかせ、やめるように警告した-。後述するように、現在、バチカン市国の指導者の中には、300人委員会のメンバーに名を連ねている者もいる。

英国MI6（SIS）がニューエイジ、ヨガ、禅宗、魔術、デルファイのアポロの神権（アリストテレスはメンバーだった）、何百ものあらゆる種類の小さな「カルト」など、さまざまな狂信を推進しているので、まじめな研究者を300人委員会の痕跡から遠ざけることは簡単なことである。追跡を続けた「引退した」英国諜報部員のグループは、共謀者の階層を「フォースX」と名付け、KGB、バチカン情報部、CIA、ONI、DGSE、米軍情報部、国務省情報部、さらには米国情報機関の中で最も秘密主義の国家偵察局を腐心する情報スーパーサービスを持っていると主張している。

国家偵察局（NRO）の存在は、トルーマンが偶然発見するまで、300人委員会以外の一握りの人たちしか知らなかった。チャーチルはNROの設立に関わり、トルーマンがその存在を知った時には憤慨したと伝えられている。チャーチルは、300人委員会の他のどの召使よりも、トルーマンを、彼の小さな独立心のある男「全く独立心のない男」だと考えていた。これは、ト

ルーマンの一挙手一投足がフリーメーソンに支配されていたことを指している。現在でも、NROの年間予算は米国議会には知らされず、議会の一部の人たちだけに説明責任を負っている。しかし、この委員会は、1時間ごとに定期的に報告書が送られてくる「300人委員会」の生き物である。

このように、委員会の各支部や統括部門に見られる架空のスポイルは、委員会からの疑惑をそらすために行われたものである。

しかし、私たちは現実の存在を疑ってはならない。例えば、「ジャッカルの日」という本がありますが、この本から大ヒット映画が生まれました。この本に書かれている出来事は事実である。当然のことながら、一部の俳優の名前と場所は変更されているが、シャルル・ド・ゴール将軍を排除したのは一人のMI6エージェントであったというストーリーの骨子は全く正しいのである。ド・ゴール将軍は、委員会に招かれてその存在をよく知っていたにもかかわらず、委員会への協力を拒否し、手に負えなくなった。この拒否は、ド・ゴールがフランスをNATOから脱退させ、直ちに彼自身の核戦力-「フラップ力」-の構築を開始したことで頂点に達したのである。

このため、委員会はド・ゴールの暗殺を命じられるほど、危険にさらされた。しかし、フランスの諜報部は「ジャッカル」の計画を傍受し、ド・ゴールを守ることに成功した。300人委員会の主要な情報源であるMI6の実績からすれば、フランスの情報機関の働きは奇跡的である。

MI6の起源は、エリザベス1世の秘密工作の戦略家であったフランシス・ウォルシンガム卿にさかのぼることができる。何百年もの間、MI6は他の諜報機関には真似のできない記録を打ち立ててきました。MI6の諜報員は、世界各地から情報を集め、公表すれば識者も驚くような秘密工作を行っており、それゆえ300人委員会の主要業務とみなされているのである。

公式にはMI6は存在せず、その予算は女王の財布と「私財」から出ており、年間3億5千万ドルから5億ドル程度と言われているが、誰もその金額をはっきりと知らない。現在のMI6は、1911年に英国海軍大尉であったマンスフィールド・カミング卿をトップとし、ジェームズ・ボンドシリーズに登場する「M」

の名前の由来となった「C」の文字で常に識別されるようにな
ったことに始まる。

MI6の失敗と成功の公式記録はない。バージェス、マクリー
ン、ブレイク、ブラントの災害がMI6の士気に大きな損害を与
えたが、それは秘密である。他のサービスとは異なり、将来の
メンバーは、円卓会議に入会したローズ奨学生に見られるよう
に、優秀な「人材スカウト」によって大学などの学問の分野か
ら採用される。外国語ができることも条件の一つです。候補者
は厳しい「訓練」を受ける。

このような強大な力に支えられて、「300人委員会」は何十年
にもわたって、その正体を暴かれる心配はほとんどなかった。
委員会がアンタッチャブルなのは、その驚くべき秘密性であ
る。どのメディアもこの陰謀的な階層について言及していない
ので、予想通り、人々はその存在を疑っている。

委員会の構成

300人委員会は、イギリスの君主、この場合はエリザベス2世の支配下にあることがほとんどである。ヴィクトリア女王は、この秘密を守るために偏執狂的で、「切り裂きジャック」殺人事件の現場に残された、300人委員会とフリーメイソンのスコットランド儀式の上級会員でもあった家族が行った「実験」との関連を示唆するメイソンの文章を隠すために、多大な努力をしたと考えられている。300人委員会」は、ソ連を含む世界のあらゆる国に利権と仲間を持つ英国貴族のメンバーで構成されている。

委員会の構成は以下のとおりです。

サセックス大学とロンドンのタヴィストック研究所は、王立国際問題研究所が所有・支配しており、アメリカでの「ホフジュダン」はヘンリー・キッシンジャーである。EAGLE　STAR　GROUPは、第二次世界大戦後にSTAR　GROUPと改称し、①保険 ②銀行 ③不動産 ④娯楽 ⑤サイバネティックス、電子通信などのハイテクという、重複・融合する分野に携わる国際的大企業群で構成されています。

銀行部門は、主要な柱ではないものの、特に銀行が決済機関や麻薬のマネーロンダリングのセンターとして機能している地域では、極めて重要な役割を担っています。主な「大銀行」は、イングランド銀行、連邦準備銀行、国際決済銀行、世界銀行、香港上海銀行である。アメリカン・エキスプレス・バンクは、ドラッグマネーをリサイクルする方法です。これらの銀行はそれぞれ、世界中の何十万もの大小の銀行と提携し、かつ/または支配している。

イタリア商業銀行、プリバタ銀行、アンブロシアーノ銀行（ロベルト・カルビ - David Yallop著『*In God's Name*』を参照）、オ

ランダ銀行、バークレイズ銀行、コロンビア銀行、イベロ・ア
メリカ銀行など、大小合わせて数千の銀行が300委員会のネッ
トワークに加盟しています。特に興味深いのは、米国発着のフ
ライトキャピタル投資（主にドルと米国債）を管理するBSI
（Banca del la Svizzeria Italiana）で、ベネチア黒人貴族の集中資
本の中心地である「中立」都市ルガーノに位置し孤立してい
る。ルガーノはイタリアでもスイスでもなく、怪しげな資金流
用が行われるグレーゾーンのような場所である。BSIの株式を
大量に保有するジョージ・ボールは、有力な「インサイダー」
であり、同行の米国における代表者である。

BCCI、BNL、メキシコ銀行、パナマ銀行、バンコクメトロポリ
タン銀行、バンク・レイミ、バンク・ハポアリム、スタンダー
ド銀行、ジュネーブ銀行、アイルランド銀行、スコットランド
銀行、モントリオール銀行、ノバスコシア銀行、パリ・オラン
ダ銀行、中東英国銀行、カナダロイヤル銀行など、「専門」銀
行は数少ないが、その中でも特に有名である。

南アフリカのオッペンハイマー家は、ロックフェラー家よりも
はるかに大きな「重鎮」である。例えば、1981年、世界中の金
やダイヤモンドの採掘、販売、流通をコントロールする巨大企
業アングロアメリカンの会長ハリー・オッペンハイマーが、
「北米の銀行市場に参入しようとしている」と発言したことが
ある。オッペンハイマーは、シティコープを含む米国の大手銀
行を買収するために設立された特別目的事業体に100億ドルを
投資するため、迅速に動き出した。Oppenheimer社の投資ビー
クルはMinorcoと呼ばれ、英国王室の留保地であるバミューダ
に拠点を置いている。ミノルコ社の役員には、シティコープの
ウォルター・リストン氏や、チーフ・リーガル・アドバイザー
のロバート・クレア氏などがいた。

オッペンハイマーと貴金属・鉱物分野で競合するのは、南アフ
リカのコンソリデーテッド・ゴールド・フィールズ社だけだっ
たが、オッペンハイマーは28%の株を持ち、単独で筆頭株主と
なり支配した。その結果、金、ダイヤモンド、プラチナ、チタ
ン、タンタライト、銅、鉄鉱石、ウランがオッペンハイマー社
に買収された。

さらに52の金属や鉱物、その多くは米国にとって絶対的に重要

な戦略的価値を持つものであるが、300人委員会の手に渡ってしまったのである。

300人委員会の最初の南アフリカ人メンバーの一人であるセシル・ジョン・ローズ氏の構想は、こうして完全に実現された。この構想は、歴史上「ボーア」として知られている南アフリカの何千何万という白人農民とその家族が血を流すことから始まった。米国が世界の他の国々と同様に傍観している間に、この小さな国は歴史上最も悪質な大量虐殺の戦争にさらされたのである。米国は、我々の番が来れば、300人委員会から同じ扱いを受けることになるだろうし、それはすぐにやってくる。

保険会社は300人委員会の活動において重要な役割を担っており、その中にはベネチアのアッシクラツィオーニ・ジェネラリやリウニオネ・アドリアティカ・ディ・シクルタといった世界最大、第2位の大手保険会社が含まれており、国際決済銀行にスイスフランで銀行口座を維持している。両者とも多数の投資銀行を支配しており、ウォール街での株式売買高は米国の投資家の2倍である。

この2つの保険大手の役員の中には、300人委員会のメンバーもいる。ローマとヴェネチアの黒人貴族でユスティニアヌス帝に遡るジュスティニアニ家、ハンブロ(マーチャント)銀行のサー・ジョセリン・ハンブロ、ヴェネチアの黒人貴族で最古のルザートに6世紀遡るピアパオロ・ルザッティ・フェキーズ、同名の古い黒人貴族一族のウンベルト・オルトラーニなどである。

300人委員会の古代ベネチア黒人の貴族で、ASGとRASの理事会のメンバーである他のメンバーは、スペイン・ハプスブルグ家の金融家ドリア家、ロスチャイルド家フランス分家のエリー・ド・ロートシルト、アウグスト・フォン・フィンク男爵(Finqu,ドイツ第二の富豪であったフランコ・オルシーニ・ボナカッシ、古代ローマ時代の同名の元老院議員を祖とする古代黒人のオルシーニ貴族、アルバ大公を祖とするアルバ家、ベルギー・ロスチャイルド家の従弟ピエール・ランバート男爵などである。

英国王室が支配する英国企業は、Eagle Star、Prudential Assurance Company、Prudential Insurance Companyで、Allstate

Insuranceなど米国の保険会社のほとんどを所有、支配している。その筆頭が、第6軍情報部（MI6）のおそらく最も強力な「フロント」である「イーグルスター」だ。イーグルスターは、アッシクラジオーニ・ジェネラルほどではないが、英国女王の一族が所有しているというだけで、おそらく同じくらい重要であり、300人委員会の名目上の長として、イーグルスターは大きな影響力を持っているのである。イーグルスターはMI6の重要な「隠れ蓑」である以上に、ヒルサミュエルズ、N.M.ロスチャイルド＆サンズ（ロンドンで毎日開かれる金価格の「フィクサー」の一つ）、バークレー銀行（アフリカ民族会議-ANCの後援者の一つ）など、イギリスの主要銀行の「隠れ蓑」でもある。英国の有力な寡頭政治家たちが、「300人委員会」の政策に反対する人々に対する「黒子作戦」の手段として、イーグルスターを作り上げたことは、高い精度で言えることである。

CIAと違って、MI6の職員を任命することは、英国の法律では重大な犯罪である。したがって、以下は300人委員会のメンバーでもある（またはあった）MI6の「上級士官」のリストの一部に過ぎない。

> ハートリー・ショークロス卿

> ブライアン・エドワード・マウンテン卿

> ケネス・キース卿

> ケネス・ストロング卿

> ウィリアム・スティーブンソン卿

> ウィリアム・ワイズマン卿

上記はすべて、後述するように、あらゆる事業活動に従事する数千の企業と接点を持つ300社の委員会の主要活動に深く関わっている（あるいは関わっていた）企業である。

その中には、Rank Organisation、Xerox Corporation、ITT、IBM、RCA、CBS、NBC、BBC、CBCといった通信関係、Raytheon、Textron、Bendix、Atlantic Richfield、British Petroleum、Royal Dutch Shell、Marine Midland Bank、Lehman Brothers、Kuhn Loeb、General Electric、Westinghouse Corporation、United Fruit Company、その他多数の企業が含まれています。

MI6は、ニューヨークのRCAビルに駐在する英国諜報機関を通じて、これらの企業の多くを運営しており、その本社は、最高経営責任者であるウィリアム・ステファンソン卿の本社であった。ラジオ・コーポレーション・オブ・アメリカ（RCA）は、1919年にイギリスの情報センターとして、G.E.、ウェスティングハウス、モルガン・ギャランティ・アンド・トラスト（イギリス王室の代理）、ユナイテッド・フルーツによって設立されました。RCA社の初代会長は、J.P.モルガンのオーウェン・ヤングで、このヤングプランにちなんで命名された。1929年、デビッド・サルノフがRCAのトップに就任した。サルノフは、1919年のパリ講和会議でヤングの助手をしていた。戦勝国の「連合国」に敗れたドイツは、背後から刺された。

ウォール街の銀行や証券会社のネットワークが、委員会のために株式市場を扱っており、中でもブライス、イーストマン・ディロン、モルガングループ、ラザード フレール、クーン・ローブ・ローズなどが重要な存在である。イングランド銀行の指示はモルガングループによって伝えられ，委員会の指示を実行する最終的な責任者である大手証券会社の幹部によって，ウォール街で起こったことは何もなかったのである。

モルガン・ギャランティーの設定した限度を超える前に，ドレクセル・バーナム・ランバートは300人委員会のお気に入りだった。1981年までにウォール街の主要証券会社のほぼすべてが委員会に売り渡され，フィブロはソロモン・ブラザーズと合併してしまったのだ。フィブロは、アングロ・アメリカン社のオッペンハイマー家の貿易部門である。このコントロール・メカニズムにより、300人委員会のメンバーとその遠隔取引会社は、ウォール街での投資を「一般」の外国人投資家の2倍の割合で行うことを保証している。

ヨーロッパには、世界有数の資産家が住んでいるのだから、委員会のメンバーも彼らが圧倒的に多いのは当然である。フォン・トゥルン＆タクシー家は、かつてドイツの郵便事業のフランチャイズを所有しており、デビッド・ロックフェラーを非常に貧しい親戚のように見せています。フォン・トゥルン・ウント・タクシーズ家の歴史は300年前に遡り、この一族は代々委員会の席を占め、現在に至っている。フォン・トゥルン貴族の

富裕層については、すでに300人委員会で何人か紹介したが、今後、さまざまな分野で活躍する彼らに会うたびに、さらに名前が追加されていくだろう。ここでは、300人委員会のアメリカ人メンバーを含めて、彼らの所属とイギリス王室とのつながりを追跡してみることにする。

これらの事実はどのように検証されるのでしょうか？中には、情報ファイルからの直接の情報であるため、正確な検証ができないものもあるが、多くの作業によって、少なくとも事実の一部を検証できる情報源はたくさんあるのだ。この仕事は、Dun and Bradstreetの企業参考書、Standard and Poors、英米の「Who's Who」などを熱心に調査し、名前と所属企業を照合する長い時間をかけての重労働であった。

300の企業、銀行、保険会社で構成される委員会は、戦略や結束力など、考えられるすべての面を網羅する統一された指令のもとに運営されています。委員会は、どんなに強力で安全だと感じている政府や個人を超越した、世界で唯一の組織的な権力階層である。金融、防衛問題、あらゆる色やタイプの政党をカバーしています。

委員会が手を伸ばし、コントロールできない存在はない。それは世界の組織化された宗教も含まれる。つまり、ロンドンとシティ・オブ・ロンドンの金融センターを権力基盤として、鉱物、金属、宝石、コカイン、アヘン、麻薬、レンティア金融銀行家、カルトプロモーター、ロックミュージックの創始者たちを支配している全能のオリンピアングループなのである。英国王室は、すべてが放射状に広がるコントロールポイントである。諺にもあるように、"彼らはすべてのパイに指をくわえている"。

通信の現場が厳しく管理されていることがよくわかる。RCAに話を戻すと、そのリーダーは、CFR、NATO、ローマクラブ、三極委員会、フリーメイソン、スカル・アンド・ボーンズ、ビルダーバーグ、ラウンドテーブル、ミルナー協会、イエズス会-アリストテレス協会といった他の組織でも著名な英米の有力者で占められていることがわかる。その中で、サーノフ氏がロンドンに移り、同時にスティーブンソン氏もニューヨークのRCAビルに移った。

3大テレビ局は、いずれもRCAから生まれたもので、特にNBC（National Broadcasting Company）が最初で、1951年にABC（American Broadcasting Company）がそれに続いた。3番目の大手テレビ局は、コロンビア放送（CBS）である。CBSは、姉妹会社同様、イギリスのシークレットサービスに支配されており、現在も支配されている。ウィリアム・ペイリーは、CBSを運営する資格があるとみなされる前に、タヴィストック研究所で集団洗脳のテクニックを身に付けていたのだ。つまり、私たちアメリカ市民が知らないだけで、主要なテレビ局はすべてイギリスの監視下にあり、彼らが提供する情報は、まずロンドンに行って許可を得るのです。興味深いのは、スタンフォード研究所が書いたタヴィストック・インテリジェンスの論文、通称「アクエリアン・コンスピラシー」が、3大テレビ局からの寄付で賄われていたことである。

3大ネットワークはすべて300人委員会の代表であり、そのうちのロバート・M・ベックが委員会の席を持つマスコミ大手のゼロックス社（ニューヨーク州ロチェスター市）の系列会社である。ベックは、ロンドン・プルデンシャル・アシュアランス・カンパニー・リミテッドの子会社であるプルデンシャル生命保険会社の取締役も務めています。

ゼロックス社の他の役員には、トラベラーズチェックによる麻薬資金の主な送金ルートの一つであるアメリカン・エキスプレス社のハワード・クラーク氏、元財務長官のウィリアム・サイモン氏、委員会のためにパナマ運河条約の交渉をしたソル・リノヴィッツ氏などがいる。リノヴィッツが委員会にとって重要なのは、マリン・ミッドランドと香港上海銀行を通じて麻薬資金の洗浄を長年にわたって行ってきた専門家であることだ。

ロチェスター大学の学長として、CIAを通じてタヴィストック研究所に、20年にわたるMK-Ultra LSD実験のために大学の施設を使用させたからである。米国の他の85大学でも、このような形で施設の利用を許可しているところがある。ゼロックス社は、ロンドンにあるエリザベス女王の近親者だけで構成されるコングロマリット「ランク・オーガナイゼーション」に匹敵するほど巨大な企業である。

ランク・オーガニゼーション取締役会のメンバーで、300人委

員会のメンバーでもある著名な人物は以下の通りです。

ヘルスビー卿、麻薬資金の決済機関であるミッドランドバンクの会長。ヘルズビー氏は、他に巨大な帝国グループや工商金融公社の取締役などを歴任している。

ロンドン地下鉄を運営するチューブ・インベストメンツの取締役であるアーノルド・フランス卿。フランスは、連邦準備銀行を大きく支配しているイングランド銀行の取締役でもある。

有力なイーグル・スター・グループの会長であり、英国王室の金融・年金会社の一つであるイングリッシュ・プロパティ・コープの取締役でもあるデニス・マウンテン卿。このメンバーの一人であるアンガス・オギルビー名誉会長は、ケント公爵の妹であるアレクサンドリア王女と結婚し、フリーメイソンのスコットランド儀礼の長として、英国を離れている女王の代役を務めている「企業の王子」である。オギルビー氏はイングランド銀行の取締役であり、巨大コングロマリットLONRHOの会長である。ローデシアのイアン・スミスの支配を終わらせ、ロバート・ムガベに交代させたのもロンリョーである。ローデシアのクロム鉱山は、世界でも最高級のクロム鉱石を産出する。

シリル・ハミルトン スタンダード&チャータード銀行（ミルナー＝セシル・ローズ卿の旧銀行）会長、イングランド銀行理事会メンバー。また、ゼロックス社、マルタ国際銀行（マルタ騎士団の銀行）の取締役、南アフリカ最大の銀行であるスタンダード銀行の取締役、アフリカのベルギー銀行の取締役も務めている。

LotherbyのO'Brien卿、元英国銀行協会会長、有力銀行であるモルガン・グレンフェルの取締役、プルデンシャル保証の取締役、J・P・モルガンの取締役、イングランド銀行の取締役、国際決済銀行の取締役、巨大コングロマリット、ユニリーバの取締役を務める。

タイヤ大手のダンロップとピレリの会長、ミッドランド銀行とインターナショナル銀行の取締役、イングランド銀行の取締役を務めたサー・レイ・ゲッデス。これらの有力者の多くがイングランド銀行の理事であり、米国の財政政策をコントロールしやすくしていることに注目してほしい。

これらの組織や機関、企業や銀行の多くは、非常に複雑に絡み合い、相互依存しているため、それらを切り離すことはほとんど不可能である。RCA社の役員には、アトランティックリッチフィールド社の会長であり、NATO、世界自然保護基金、ローマクラブ、アスペン人文科学研究所、外交問題評議会のメンバーでもあるソーントン・ブラッドショーが就任している。ブラッドショーはNBCの社長も兼任している。RCAの最も重要な役割は、やはり英国諜報機関への奉仕である。

マッカーシー上院議員がほぼ成功させたCIAの調査を阻止するために、300人委員会がいかに重要であったかは、一般には知られていない。マッカーシーが成功していれば、ジョン・F・ケネディ大統領もまだ生きていた可能性が高い。

マッカーシーが、「ウイリアム・バンディを調査委員会に召喚する」と発表すると、ワシントンやロンドンにまでパニックが広がった。バンディは、もし証言に呼ばれていたら、ほとんどの場合、イギリスのオリガルヒ界とアメリカ政府のいとこたちの間に存在する「特別な関係」を打ち破り、その扉を開けたことだろう。

そのような可能性は想定していなかった。王立国際問題研究所は、マッカーシーに終止符を打つために呼ばれたのである。RIIAは、マッカーシーを正面から攻撃するために、退廃的な英国社会にすっかり魅了されたアレン・ダレスという人物を選んだ。ダレスは、パトリック・ライマンとリチャード・ヘルムズをマッカーシー事件の担当者に任命した。ヘルムズは、マッカーシーに対抗した功績が認められ、後にCIAのトップに任命された。

CFRのメンバーであり、ロンドン界隈で人気の高い軍人であったマーク・クラーク将軍は、マッカーシーによるCIAへの本格的な攻撃をかわすため、アイゼンハワー将軍によって任命されたのである。マッカーシー氏は、クラーク氏が政府機関見直しのための特別委員会を設置すると発表したため、先手を打たれてしまった。クラークはRIIAの指示で、"政府の情報機関の仕事を定期的に見直す　"ための議会監視委員会の設立を提言した。これは、アメリカにとっては大きな悲劇であり、イギリスにとっては、マッカーシーが偶然にも300人委員会の存在を知

り、アメリカのあらゆる面をコントロールすることを恐れた勝利であった。

リーマン・ブラザーズ・クーン・ローブの前会長ピーター・G・ピーターソンは、元MI6のトップ、サー・ウィリアム・ワイズマンに仕えていたので、英国王室とは無縁の人である。ピーターソンは、英国諜報機関のもう一つの支部であるアスペン研究所とつながっている。

ジョン・R・ペティは、マリン・ミッドランド銀行の頭取である。この銀行は、1814年以来、アヘン貿易の主要銀行である香港上海銀行に買収されるずっと以前から、麻薬取引と深いつながりのある銀行だった。

しかし、私が300人委員会の存在を証明する最良の証拠は、イーグルスターとともに英国王室を構成するランク組織である。また、MI6（SIS）のブラック・オペレーション・センターでもある。この300社からなる委員会が、カナダ女王陛下を支配し、ブロンフマン一族という "hofjuden "を使って、その命令を実行に移しているのである。

ブロンフマン一族が表向き所有するトライゼック・ホールディングスは、実は英国女王のカナダにおける主要資産である。東南アジアのアヘン貿易全体がブロンフマン帝国とつながっており、ヘロインがアメリカに持ち込まれる方法の一つになっている。ある意味、カナダはスイスのようなものです。手つかずの雪景色、大都市、非常に美しい場所ですが、その下には大規模なヘロイン取引による深い汚れと不潔さが横たわっているのです。

ブロンフマン一家は、MI6の「デスクマン」[22]（諜報専門用語で本部支配者の意）がロンドンからコントロールする「シルエット」、いわゆる「ストローマン」なのである。一家の長であるエドガー・ブロンフマンは、何度も「モスクワセンター」（モスクワのドゼルジンスク広場2番地にあるKGB本部の偽装名称）に送り込まれた。

もっと低いレベルでは、モスクワとの窓口としてブロンフマン

---

[22] 公務員、NDT

が非常に役に立ったのだろう。ブロンフマンがMI6の契約職員でなかったため、諜報員同士の相互認証のための重要な言葉である「ワーズ」の称号を持つことがなかったことは、ブロンフマン一家のトップにとって非常に残念なことであった。ある時、家族の誰かが不審な行動をとっていると思われたので、「スポッター」（個人を監視する諜報員の専門用語）がブロンフマン一家に配置されたが、ブロンフマン家の一人がアメリカの「いとこ」（MI6がCIAを指す用語）に自慢したことがわかり、エドガー・ブロンフマンの役割を知らないことが判明した。これはすぐに修正されました。

イーグル・スターの2人の取締役は、MI6の主要なエージェントでもあり、終戦後約半年でブロンフマン一家を乗っ取った。以前お会いしたケネス・キース卿とケネス・ストロング卿は、Trizec Holdingsを設立してブロンフマン一族を正統化した。MI6ほど、企業を通じての"隠れ蓑"ができる人間はいない……」。

しかし、カナダにもスイスと同じように、1913年に制定された英国の法律の丸写しである「公的秘密保護法」という名の「300人委員会」によって隠されてきた汚い側面があるのだ。麻薬、マネーロンダリング、犯罪、ゆすりはすべてこの悪名高い法律の対象である。

多くの人は、政府のエージェントによって好きなように解釈される公安秘密法によって起訴された場合、死刑になることを知らないのです。1980年から何度も言っているように、カナダは南アフリカやオランダ、ベルギーのような国家ではなく、常にイギリス女王のエプロンに縛られてきたし、今も縛られたままだ。カナダは、エリザベス女王の願いをいつも真っ先に実行に移していることがわかります。カナダ軍はボーア戦争（1899-1903）を含む女王陛下のすべての戦争に参加しています。

カナダ国際問題研究所は、米国と同様、王立国際問題研究所（RIIA）の子組織として、カナダの政策をリードしています。そのメンバーは、1925年の創立以来、国務長官の職に就いている。真珠湾攻撃を推進した太平洋問題研究所は、1947年にオーウェン・ラティモアらが反逆罪で摘発され、起訴される前に米国を離れたため、カナダで歓迎された。

カナダ国際問題研究所は、第二次世界大戦末期にMI6の副長官

を務めたケネス・ストロング卿を通じて、ランクの組織とつながっている。エルサレム聖ヨハネ騎士団のメンバーであるストロングは、ランクと英国王室の商業的利益に関するカナダでのナンバー2である。彼はノバスコシア銀行の役員であり、香港・上海銀行に次いで世界で最も盛んな麻薬銀行の一つで、カナダでのヘロイン取引の収益がこの銀行を通じて流れている。

その筆頭が、エルサレム聖ヨハネ騎士団の最高幹部であるブライアン・エドワード・マウンテン卿である。英国王室が米国の第二次世界大戦への参戦を望んだ時、ビーバーブルック卿とブライアン・マウンテン卿をルーズベルト大統領に会わせて、この点での王室の命令を伝えたことは記憶に新しい。ルーズベルトは、真珠湾攻撃の9カ月前にドイツの潜水艦を攻撃していたグリーンランドの基地から活動するよう米海軍に命じ、これに応じた。これは、議会の知らぬ間に、あるいは同意なしに行われた。

ランクとカナダの接点でもう一人大物だったのが、ケネス・キース卿だ。彼は、カナダの香港上海銀行と同じノバスコシア銀行の取締役で、麻薬資金の洗浄に関与していたのである。また、英国最古の由緒ある新聞機関である*ロンドン・タイムズ*と*サンデー・タイムズ*の役員も務めていた。100年以上にわたり、The *Times*は外交、財政問題、イギリスの政治生活について王室の声を伝えてきました。

300人委員会の多くのメンバーと同様、ケネス卿もMI6とアヘン供給網、香港と中国の指揮系統の間を、表向きは自分がメンバーであるカナダ国際問題研究所の代表として動いていた。しかも、ヒル・サミュエルの銀行家の役員として、中国や香港にいたことは容易に説明がつく。MI6以外の仲間では、保守・労働両党の全英首相を300人委員会で直接管理していたフィリップ・デ・ズレータ卿がいた。ケネス・ストロング卿は、テロ、アヘン生産、金市場、マネーロンダリング、銀行など麻薬の車輪のすべての輻をその中心である英国王室に結びつけていた。

イギリス王室によるカナダ支配の頂点に立つのが、ウォルター・ゴードンである。枢密院として知られる女王監視委員会の元メンバーであるゴードンは、カナダ国際問題研究所を通じて太平洋関係研究所のスポンサーになった。元大蔵大臣のゴード

ンは、ノバスコシア銀行、カナダ帝国銀行、トロント・ドミニオン銀行の3大公認銀行に、選ばれた300人の会計士と弁護士からなる委員会を置くことができたのである。

この3つの「クラウンバンク」を通じて、ゴードンを担当する300人のエージェントのネットワークが、中国への直接のゲートウェイを持つ、世界で2番目に大きなマネーとドラッグのロンダリング活動を監督していたのである。ゴードンは生前、ジェームズ・エンディコット、チェスター・ロニング、ポール・リンをコントロールしており、MI6からカナダのトップ「中国専門家」として認定されていた。周恩来は、かつてガマール・アブドゥル・ナセルに、「英米が中国にしたように、英米をヘロイン中毒の国にしてやる」と言ったという。周恩来は約束を守り、まずベトナムにいるアメリカ人のGIから始めた。カナダのヘロイン麻薬組織の他の密接な協力者は、ジョン・D・ギルマーとジョン・ロバート・ニコルソンで、彼らはエルサレムの聖ヨハネ騎士団のメンバーであった。ハートリー・ショークロス卿は、エリザベス二世の直属の部下とされ、王立国際問題研究所の理事であり、カナダに広い人脈を持つ悪名高いタヴィストック人間関係研究所のあるサセックス大学の学長であった。

Rankの米国事業において、メトロポリタン生命保険会社とニューヨーク生命保険会社を所有するコーニング・グループほど、Rankにとって成功した会社はないでしょう。300人委員会エイモリー・ホートンとその弟ジェームス・ホートンは、前述の保険会社や、コーニング・グラス、ダウ・コーニング、コーニング・インターナショナルを通じて、長年にわたり英国王室に貢献してきました。両者ともIBMとCiticorpの取締役を務めている。James Houghton氏は、プリンストン高等研究所所長、RIIAやCFRの牙城であるJ・ピアポント・モーガン図書館館長、CBSのディレクターを務めている。

メリーランド州のワイ・プランテーションと呼ばれる数百エーカーの土地を、英国王室のアスペン研究所に寄贈したのはホートン兄弟である。ボストン聖公会大司教区の主教もコーニング・グラスの取締役に就任している。このようなことから、保険会社の幹部が身につけるべき「格式」というものが生まれてくる。後述するように、ジェームズ・ホートンのほか、コーニ

ング社の役員であるキース・ファンストン、ジョン・ハーパーが、メトロポリタン生命保険会社を経営している。

この300人委員会の1つのユニットの大規模なネットワークと相互作用は、共謀者の階層が利用できる巨大な力を示す良い指標となるだろう。

重要なのは、何百とあるこのアメリカ企業が、イギリスのシークレットサービス、カナダ、極東、南アフリカとつながっていることはもちろん、アメリカのビジネスと政治のあらゆる側面に触れる役人や企業幹部とのネットワークを持っていることだ。

メトロポリタン生命保険会社は、300人委員会の巨大なアッシクラツィオーニ・ジェネラルとは比較にならないが、それでも、ホートン一族の力が米国とカナダのビジネス・スペクトルにいかに及んでいるかを示す良い指標である。R. H. メイシー社（同社は共産主義との提携を記念して、従業員が赤いカーネーションをつけなくなった）に始まり、カナダロイヤル銀行、ナショナル＆ウェストミンスター銀行、インターテル（悪質で卑劣な民間情報機関）、カナディアン・パシフィック、リーダーズ・ダイジェスト、RCA、AT&T、ハーバードビジネススクール、W.H. メイシー（同社が共産主義と提携したことに因んで）。R. グレース・シッピング・カンパニー、ラルストン・ピュリナ・カンパニー、U.S.スチール、アービング・トラスト、コンソリデーテッド・エジソン・オブ・ニューヨーク、ABC、ホートン家の電力網は香港上海銀行にまで及んでいるのだ。

米国で成功しているもう一つのランク社は、リライアンス・インシュアランス・グループである。リライアンスは、戦略爆撃調査の一環として、米国のタヴィストック研究所で使われている洗脳、意見形成、世論調査、アンケート、システム分析の最初の構造基盤を確立しました。フィラデルフィアに本社を置くリライアンス保険会社は、戦略爆撃調査をアメリカ国民に向けるために企業組織を立ち上げた。彼らは知らないが、過去45年間、野蛮な心理戦にさらされてきたのである。

この米国に対する攻撃の中心人物の一人が、法律事務所Wilkie, Farr and Gallagher, the Committee of 300のDavid Bialkinである。Bialkinは長年Anti-Defamation League (ADL) を率いてきた人物で

ある。ADLは、MI6がアメリカで設立し、タヴィストックのソール・スタインバーグとエリック・トリストが運営する英国の諜報活動である。ソール・スタインバーグは、ロンドンのジェイコブ・デ・ロートシルト家の米国代表であり、ビジネスパートナーである。

リライアンス社は、ニューヨークの超高層ビルの44^{ème}階の窓から「転落」したイーライ・ブラックの後を継いだカール・リンドナーの本社である。リライアンス社は、ボストンとニューオリンズの有力企業ユナイテッド・フルーツ社と関係があり、その社長は、羊を奪われる前はデトロイトの裏社会で有名なマックス・フィスバーであった。ユナイテッド・フルーツ社は、カナダから米国への輸送を組織するラピッド・アメリカン社のミスブラム・リクリスの専門知識により、長年にわたり米国へのヘロインやコカインの輸送を担ってきた。このように、1つの会社の傘下に、無数の小さな会社や事業が連なり、300人委員会は、それぞれが注意深くグリッドに組み込まれた多数の事業を完全にコントロールすることができるのです。

リライアンス・グループは親会社から独立した会社で、その機能は調査員やオピニオンメーカーのネットワークを通じてアメリカ国民を洗脳することであり、オペレーション・リサーチを用いてタヴィストック研究所と直接リンクを確立することである。また、AT&T、Disclosure Incorporated、Western Union International、Imbucon Ltd、Yankelovich, Skelly and Whiteと密接な関係にあるLeasco社も関連会社である。

ダニエル・ヤンケロビッチは、エドワード・バーネイズの言葉を借りれば、「社会、経済、政治の本質的な問題に関する世論」を提供する巨大な装置である、アメリカの世論調査／オピニオン組織の皇帝である。サダム・フセインという名前も聞いたことがなく、イラクが中東のどこかの国だということも漠然と知っていた大多数のアメリカ人を、彼の血とイラクという国の消滅を求める人々に変えてしまったのは、この巨大な装置なのである。

ヤンケロビッチ氏は、第二次世界大戦中に得たあらゆる知識をフルに活用した。二世戦士としてヤンケロビッチに並ぶものはいない。だからこそ、彼の会社が実施するABC世論調査は、常

に「世論」の最前線に位置する。アメリカの人々は、ドイツの労働者階級の住宅と同じように、現実感を攻撃することでターゲットにされたのだ。もちろん、この手法はCIAを含む特定の諜報機関にとっては標準的な訓練である。

ヤンケロビッチの仕事は、アメリカの伝統的な価値観を破壊し、新しい時代、「水瓶座の時代」の価値観に置き換えることであった。300人委員会の最高世論リーダーとして、ヤンケロビッチ氏が見事な仕事をしたことは、誰も疑う余地がない。

その方法と期待される結果を説明するには、「トレンドレポート」で説明されているジョン・ネイスビットの仕事を引用するのが最も良い方法だろう。ネイスビットは、リンドン・ジョンソン、イーストマン・コダック、IBM、アメリカン・エキスプレス、政策研究センター、チェース・マンハッタン、ゼネラルモーターズ、ルイス・ハリス・ポール、ホワイトハウス、生命保険協会、アメリカ赤十字、モービルオイル、B・P、300委員会の多くの企業や機関のアドバイザーである。　MI6のタヴィストック手順から生まれた彼の手法はもちろんユニークなものではある。

> "私たちの方法論　"を簡単に紹介します。クライアントのためにトレンドレポートを作成する際、私たちは主に現地の出来事や行動を追跡するシステムに頼っています。この会社は上昇志向が強いので、ワシントンやニューヨークで起こっていることではなく、地元で起こっていることを追跡しているのがとても印象的です。ロサンゼルス、タンパ、ハートフォード、ウィチタ、ポートランド、サンディエゴ、デンバーからスタートします。ボトムアップの社会なのです。

> "これらの傾向を把握するために用いられるトラッキングの概念は、第二次世界大戦に端を発しています。戦時中、情報専門家は、世論調査で得られるはずの敵国に関する情報をいかにして得るかを模索した。ポール・ラザースフェルドとハロルド・ラズウェルの指導の下、日刊紙の内容を分析することによって、これらの社会で何が起こっているかを監視する方法が開発された。

> 国民の思想を監視するこの方法は、情報機関の選択であり

続ける一方で、国は毎年何百万ドルもかけて、世界各地の新聞の内容分析を行っています」。

このように社会の変化を追跡するシステムがうまく機能するのは、新聞の「ニュースの穴」が閉鎖系だからである。経済的な理由から、新聞のニュースに割かれるスペースは、時間が経っても変わりません。

"このように、この情報の穴に新しいものが入ってくると、何か、あるいは何かの組み合わせで、出てきたり、省かれたりしなければならない。ここでいう原理は、閉じたシステムにおける強制的な選択に分類される。このような強制的な状況の中で、社会は新たな関心事を追加し、古い関心事を忘れてしまうのです。どれが追加され、どれが削除されたかは、私たちが把握しています。

"明らかに、社会は人間と同じです。何番目かは分かりませんが、人は常に一定の数の問題や悩みを頭の中に留めておくことができます。新しい問題や懸念が加われば、いくつかは落とさざるを得ません。私たちは、アメリカ人が何をあきらめ、何を取り戻したかを記録しています。

ème「米国では、大量生産社会から情報化社会への移行が急速に進んでおり、その最終的なインパクトは、19世紀の農業社会から工業社会への移行以上に大きなものになると思われます。1979年以降、アメリカでは、肉体労働者や農民に代わって、オフィスワーカーが第一の職業となった。この最後の言葉に、アメリカの短い歴史がある。"

ネイスビットがローマクラブのメンバーであり、そのため300人委員会のシニアスタッフであり、ヤンケロビッチ・スケリー・アンド・ホワイト社のシニアバイスプレジデントであることは偶然ではない。鉄鋼業をはじめ、アメリカの産業基盤がどのように破壊されてきたかを見てきた。1982年、私は『鉄鋼業の死』という本を書いた。その中で、1990年代半ばまでに、アメリカの鉄鋼生産は後戻りできないところまで落ち込み、自動車産業や住宅産業もそれに続くだろうと論じたのだ。

そして、今日（1992年）私たちが目撃しているのは、誤った経済政策だけでなく、意図的に計画された産業基盤の破壊による経済不況であり、それに伴って、成長と安定した雇用のために

189|

産業の進歩的拡大に依存している、この国の基幹であるアメリカ独自の中流階級の破壊も起こっている。

1991年1月に本格的に始まった不況が、1960年代、70年代のアメリカが、おそらく二度と戻ることのない不況に発展した理由の一つはここにある。1991年の不況から脱出するのは少なくとも1995-96年で、そのころにはアメリカは不況の始まりとはまったく別の社会になっているだろう。[23]。

この対米戦争では、オピニオンメーカーが重要な役割を果たした。このような重大な変化をもたらした300人委員会の役割と、社会工学者が中央システム分析を使って、見えない政府の方針以外のことを世論が表明しないようにしたことを検証する必要がある。どこで、どのように始まったのでしょうか?

私がロンドンのホワイトホールにある陸軍省で収集・調査できた第一次世界大戦に関する資料から、王立国際問題研究所が300人委員会の依頼を受けて、戦争情報の操作に関する調査を行ったようである。この仕事は、ノースクリフ卿、ロスミア卿、そしてRIIAでMI6のエージェントをしていたアーノルド・トインビーに任された。ロスミア卿の一族は新聞社を経営しており、政府の様々な立場を支持するために利用されていた。そのため、メディアは特に戦争に反対する人々が増えている中で、国民の認識を変えることができると考えられていたのだ。

プロジェクトは、ウェルズリー公爵の名を冠したウェリントン・ハウスで行われた。ロスミア卿とノースクリフ卿を補佐するため、エドワード・バーネイズやウォルター・リップマンといったアメリカの専門家が採用された。このグループは、戦争に大衆を動員するための手法を開発するために「ブレインストーミング」会議を開き、特にフランダースの戦場に記録的な数の息子たちが行くことが予想される労働者階級を対象に、その手法を開発した。

ロスミア卿の日記を参考に、新しい操作方法を試し、約半年後に成功することが分かった。その結果、ごく一部の人たちだけが、推論の過程や、問題に対して意見を述べるのではなく、観察する能力を理解していることがわかりました。ロスミア卿に

---

[23]コールマン博士の予言が的中したのだ。eコマースを見てください。N/A。

よると、英国民の87%がこのように戦争に臨んだという。戦争だけでなく、社会一般で考えられるあらゆる問題に同じ原則が当てはまる。

こうして、非合理性が国民の高い意識レベルにまで高められたのである。そして、このことを利用して、あらゆる状況を支配している現実から大衆の注意をそらそうとした。近代産業社会の問題が複雑になればなるほど、より大きな注意をそらすことが容易になり、最終的には、熟練のマニピュレーターによって作られた大勢の人々の全く取るに足らない意見が、科学的事実に取って代わられることになったのだ。

このような深遠な結論に文字通りつまずいた操り手は、戦争中に次々とそれを検証し、フランスの戦場で何十万人もの若い英国人が虐殺されたにもかかわらず、血生臭い戦争への反対は事実上皆無だったのである。当時の記録によると、アメリカが参戦する直前の1917年、戦争の矢面に立たされたイギリスの労働者階級の94%が、ドイツ人は自分たちの君主と国を破壊しようとする恐ろしい民族であり、地球上から消し去るべきだという、メディアによって操作されたイメージ以外、何のために戦うのか分からなかったという。

確かに何も変わっていない。1991年、ブッシュ大統領がアメリカ国民の87%の完全同意を得た上で、イラクという国に対して大量殺戮戦争を行うという、あからさまな憲法違反を許したのとまったく同じ状況が、ニュースメディアによって作り出されたのだから。ウッドロウ・ウィルソンは、世論操作のバンドワゴンに飛び乗り、彼のコントローラーであるハウス大佐が彼の耳でささやいた大義を推進するために世論操作を利用した、と評価できる--この表現が適切かどうかわからないが--。

ウィルソン大統領、いやハウス大佐の指示でクリール委員会が設立され、確認できる限りでは、クリール委員会はRIIA世論調査と大衆宣伝の技術と方法論を使った米国で最初の組織であった。ウェリントン・ハウスで完成された心理戦の実験は、第二次世界大戦中にも使われ、同等の成功を収め、1946年に始まった対米大規模心理戦にも継続的に使われている。方法は変えず、ターゲットだけを変えています。今や、ドイツの労働者階級の住宅ではなく、米国の中産階級が攻撃の的となっている。

よくあることだが、謀議者たちは喜びを抑えきれなかった。第一次世界大戦後の1922年、リップマンは『PUBLIC OPINION』という本の中で、RIIAの仕事ぶりを詳しく紹介している。

> "世論"は間接的で目に見えず、紛らわしい事実を扱うものであり、明白なものは何もない。世論が参照する状況は意見としてのみ知られ、人間の頭の中にあるイメージ、自分自身や他者、ニーズ、目標、関係などのイメージは、彼らの世論である。これらのイメージは、人々のグループによって、あるいはグループを代表して行動する個人によって行動され、大文字で書かれたPUBLIC OPINIONを構成しています。頭の中のイメージは、外界との関係において、しばしば人を惑わせるのです」。

ビートルズが上陸し、無防備な国に押し付けられたとき、国民に「好き」と思わせるためにリップマンが選ばれたのは当然だろう。これにラジオやテレビから日夜流されるプロパガンダが加わり、ビートルズが「人気者」になるまでに比較的短い時間しかかからなかったのである。ラジオ局が架空のリスナーから何百ものビートルズ音楽のリクエストを受けるという手法は、「トップ10」チャートと格付けの確立につながり、1992年には「トップ40チャート」へと徐々にエスカレートしていった。

1928年には、リップマンの同胞であるエドワード・バーネイズが『世論の結晶』という本を書き、1928年には彼の2冊目の本、『PROPAGANDA』というシンプルなタイトルの本が出版されている。本書では、バーネイズがウェリントン・ハウスで体験したことが記されている。バーネイズは、大衆を操る名人H.G.ウェルズと親交があり、彼の多くの準小説は、バーネイズが大衆心理コントロール技術を編み出すのに役立てられた。

ウェルズは、下層社会を変えるリーダーとしての役割を恥じることはなかった。それは、彼が英国王室のメンバーとも親しく、エドワード・グレイ卿、ハルデン卿、ロバート・セシルといった、当時の最も高位の政治家たちと多くの時間を過ごしたからである。セシル一族がエリザベス一世の私設秘書兼恋人になって以来、英国王室を支配してきたユダヤ人セシル家のレオ・アメリ、MI6のハルフォード・マッキンダー、後にロンドン経済学院の院長になり、その弟子のブルース・ロックハート

がボルシェビキ革命時にレーニンとトロツキーのMI6コントローラーとなり、さらにその偉人、アルフレッド・ミルナー公も登場する。ウェルズのお気に入りの場所は、名門セント・アーミンズ・ホテル。ここは、公認の紳士だけが入れるクラブ「係数クラブ」の会合場所で、月に一度、会合が開かれていた。前出の男たちは、ソウルズクラブのメンバーと同様、全員メンバーだった。ウェルズは、いかなる国家も、直接対決によってではなく、人間の心、彼が「人格の背後に隠された精神的背景」と呼ぶものを理解することによって、打ち負かすことができると主張した。

このような強力な支援を受けて、バーネイズは自信を持って「プロパガンダ（PROPAGANDA）」を展開することができた。

> "文明がより複雑になり、*目に見えない政府の必要性がますます示されるにつれ*（強調）、*世論を支配する*ことができる技術的手段が発明され、開発されてきた（強調）。印刷機と新聞、電話、電信、ラジオ、飛行機があれば、アメリカ全土にアイデアを素早く、瞬時に広めることができる」。

バーネイズは、その後に登場するテレビが、どれだけ優れた仕事をするか、まだわかっていなかったのだ。

> "大衆の組織化された習慣や意見を意識的かつ知的に操作することは、民主主義社会における重要な要素である。この目に見えない社会の仕組みを操る者たちが、「見えない政府」を構成し、それがわが国の真の統治力となっている。"

バーネイズは自分の立場を裏付けるために、ニューヨークタイムズに掲載されたH・G・ウェルズの記事を引用している。ウェルズは、現代のコミュニケーション手段が「（見えない政府の）倒錯と裏切りに対して共通の目的を記録し維持する、政治プロセスの新世界を開く」という考えを熱狂的に支持しているのだ。

*PROPAGANDA*に含まれる啓示を継続するために：

> "私たちは、私たちの心を支配し、私たちの好みを形成し、私たちのアイデアを提案するのは、主に私たちが聞いたこ

ともないような人たちです。この状況に対してどのような
態度をとるにせよ、政治やビジネス、社会的行動や倫理的
思考など、日常生活のほとんどすべての行為において、大
衆の精神過程や社会的パターンを理解する比較的少数の
人々、1億2千万人（1928年当時）のうちの僅少な人々に支
配されているという事実は変わりないのだ。大衆の心を支
配する糸を引くのは彼らであり、古い社会的な力を利用
し、世界を束ね導く新しい方法を発明するのも彼らであ
る。"

しかし本書では、その「比較的少数の人々」である300人委員
会の存在を明らかにすることで、彼の意図的な見落としを補
う。 バーネイズは、CFRのメンバーが彼をCBSの責任者にする
ことに票を入れ、その仕事を賞賛していたのだ。ウィリアム・
ペイリーは彼の「弟子」となり、やがてバーネイズに取って代
わった。世論形成という新しい科学を完全に理解したことで、
CBSはこの分野のリーダーとなり、CBSネットワークテレビ・
ラジオはその役割を決して手放さなくなった。

バーネイズが言うところの「比較的少数の人々」による政治
的、財政的支配は、多くの秘密結社、特にフリーメーソンのス
コットランド式、そしておそらく最も重要なのは、エルサレム
の聖ヨハネ騎士団という、委員会の継続的支配に不可欠な分野
の専門知識を持つ英国君主が厳選した古代の役員団を通して行
使されている。

1986年に出版された拙著『エルサレムの聖ヨハネ騎士団』の中
で、私はこの騎士団について次のように説明している。

「したがって、秘密結社ではありません。ただし、その目
的が内部の評議会で曲解されている場合は別です。たとえ
ば、ガーター騎士団は、英国王室の売春的寡頭制的創造物
であり、エルサレムの聖ヨハネ騎士団の象徴を嘲笑するよ
うなものです。

"例として、英国国教会のクリスチャンであると言いなが
ら、オシリス教団やフリーメイソンなどの悪魔的な宗派の
メンバーである無神論者のピーター・キャリントン卿が、
彼女が深く軽蔑する英国国教会のトップでもあるブラック
ゲルフィッシュ貴族の英国女王エリザベス2世陛下によっ
て、ウィンザー城のセントジョージ礼拝堂にガーターの騎

士として入会していることがわかる "とある。

キャリントンは、ローデシア政府を倒し、アンゴラと南西アフリカの鉱物資源をロンドン市の支配下に置き、アルゼンチンを破壊し、NATOを300人委員会の金で左翼政治組織にするために、300人委員会に選ばれたのである。

旧約聖書のヘブライ語では、個人の血統を指して「奇妙」という言葉が使われている。この「奇妙な」男は、ガーター騎士団の袖につけられているのと同じマルタ十字を誇らしげにつけている写真を見ることができる。

私たちは、イギリス王室が、無害で、カラフルな素敵な制度だと洗脳されてしまっていて、このイギリス王室という制度がいかに腐敗していて、それゆえに非常に危険なものであるかに気づいていないのです。ガーター騎士団は、国家、国民からの信頼を完全に裏切った最も腐敗した役人の最奥の集団である。

ガーター騎士団は、エリザベス2世が最も信頼する「枢密院」である「300人委員会」の長を務める。数年前、エルサレムの聖ヨハネ騎士団について調べていたとき、オックスフォードに行き、古今東西の英国の伝統に詳しい師匠の一人に話を聞いたことがあるんです。ガーター騎士団は、エルサレム聖ヨハネ騎士団の奥の院、エリート中のエリートなのだそうです。言っておくが、真のキリスト教戦士ピーター・ジェラードが創設したオリジナルの秩序ではない。しかし、素人目にはオリジナルに見えるが、内部から引き継がれ破壊される多くの優れた制度の典型である。

オックスフォードからヴィクトリア・アンド・アルバート博物館に行き、中国のアヘン王朝の創始者の一人であるパーマストン卿の論文にアクセスしたのです。パーマストンは、その種の多くの人々と同様に、フリーメイソンであるだけでなく、グノーシス主義の熱心なしもべであった...現在の「王室」のように、パーマストンはキリスト教徒であるふりをしていたが、実はサタンのしもべであったのである。多くの悪魔崇拝者がイギリス貴族の支配者になり、中国のアヘン貿易で財を成した。

ヴィクトリアの名が記された博物館の資料で知ったのだが、彼女は1885年、エルサレム聖ヨハネ騎士団の創設者ピーター・ジ

ェラールのカトリックとのつながりを断ち切り、「エルサレム最貴重プロテスタント騎士団」と改名したのだという。入会資格は、中国のアヘン貿易で財を成した寡頭制の一族なら誰でもよく、完全に退廃した一族はすべて「新秩序」の中に身を置くことができたのである。

この由緒ある紳士たちの多くは、カナダからアメリカでの禁酒法時代の監督を担当し、そのメンバーの何人かがウイスキーを供給し、アメリカへ出荷していたのである。この中には、300人委員会のメンバーであるアール・ヘイグも含まれており、彼はジョー・ケネディにウイスキーのフランチャイズを譲った。禁酒法も、アルコール需要を満たす蒸留所も、英国王室が300人委員会を通じて作り出したものであり、今日の麻薬取引の先駆けとなった実験であり、禁酒法時代の教訓は、まもなく合法化される麻薬取引に生かされているのである。

カナダは、極東のヘロイン供給者が利用する最も重要なルートである。英国王室は、この情報を決して公開しないことを保証しています。エリザベス女王は、女王の個人的な代理人である総督（現代のカナダ人がこのような古風な取り決めを受け入れられるのか不思議である）、そして枢密院（これも植民地時代の古風な遺物）、エルサレム聖ヨハネ騎士団を通じてカナダを支配し、カナダの貿易のあらゆる面を管理している。イギリスの支配に反対する者が弾圧される。カナダには、イギリスの貴族院に属するユダヤ人議員によって押し付けられたいわゆる「憎悪犯罪」法をはじめ、世界で最も制限の多い法律があります。現在、カナダでは「ヘイトクライム」の罪に問われた人たちをめぐる4つの大きな裁判がさまざまな段階を経て進行中です。フィンタ事件、キーグストラ事件、ズンデル事件、ロス事件である。カナダにおけるユダヤ人の支配（ブロンフマン夫妻が行使している）の証拠を示そうとする勇気のある者は、即座に逮捕され、いわゆる「ヘイト・クライム」で告発される。このことは、この世界のあらゆるものの頂点に位置する「300人委員会」の影響力の大きさを物語っている。

このことは、300人委員会が円卓会議の庇護のもとに国際戦略研究所（IISS）を設立したことでも確認できる。この研究所は、MI6とタヴィストックのブラック・プロパガンダとウェッ

ト・ジョブ（流血作戦のための情報機関の偽装名）、[24] 核とテ
ロリストのための手段であり、世界のマスコミや政府・軍事機
関に流布される。

IISSの会員には、87の主要な通信社や協会の代表者、および国
際的な新聞や雑誌の編集者やコラムニスト138人が含まれてい
ます。あなたのお気に入りのコラムニストが、どこで情報や意
見を得ているのか、これでわかったのではないでしょうか。
Jack Anderson, Tom Wicker, Sam Donaldson, John Chancellor, Mary
McGrory, Seymour Hersh, Flora Lewis and Anthony Lewisなどを思
い出してください。IISSが提供する情報、特にフセイン大統領
を貶め、来るべきリビア攻撃を正当化し、PLOを非難するため
に用意されたスクリプトなどは、すべてこの機会に特別に用意
されたものである。シーモア・ハーシュが発表したマイライ虐
殺の記事は、IISSから直接送られてきたものだ。ハーシュのよ
うな人物が自分自身で調査をしていると誤解されないように。

国際戦略研究所は、リップマンやバーネイズが定義したトップ
レベルのオピニオンメーカーにほかならない。新聞は本を書く
代わりに、選ばれたコラムニストが発表した意見を報道する。
IISSは、意見を作るだけでなく、その意見やシナリオを本より
もずっと早く、多くの人に伝えるための拠点として作られたの
である。IISSは、300人委員会の機関のネットワーク化とインタ
ーフェイスの良い例である。

IISSの設立は、1957年のビルダーバーガー会議で発案された。
ビルダーバーガー会議が、王立国際問題研究所の指揮のもと、
MI6によって作られたものであることは、記憶に新しい。この
アイデアは、Lord Tweedsmuirの息子であるAlastair Buchanが発
案したものである。Buchan氏は、当時会長であり、RIIAの理事
であり、英国王室と非常に親しいと言われるラウンドテーブル
のメンバーでもあった。労働党のデニス・ヒーリー党首を迎え
たのも、この会議だった。このほか、フランソワ・デュシェー
ヌは、タヴィストックのコロンバス・センターのH・V・ディ
ックスの指導のもと、彼の師ジャン・モネ・デュシェーヌが三
極委員会を率いていた。

---

[24] 文字通り、水に濡れる仕事...NDT。

この巨大なプロパガンダとオピニオン・マシンのボードメンバーには、以下の人々が含まれている。

> ケニアでマウマウの反乱を起こしたIRA PROVISIONALSの元コントローラー、フランク・キッツン。

> ラザード　　フレール、代理人：ロバート・エルズワース。

> N.M・ロスチャイルド、代理人：ジョン・ラウドン。

> シュローダー銀行代表のPaul Nitze氏。

ニッツェは、軍備管理協定問題で非常に重要で実質的な役割を果たしたが、それは常にRIIAの指導の下にあった。

> C.ニューヨーク・タイムズ社のL.サルツバーガー氏。

> スタンスフィールド・ターナー、元CIA長官。

> ペンギンブックス代表のピーター・カルボコレッシ氏。

> 王立国際問題研究所（代表：Andrew Schoenberg）。

> コラムニスト・記者、代表：フローラ・ルイス、ドリュー・ミドルトン、アンソニー・ルイス、マックス・フランケル。

> ダニエル・エルズバーグ

> ヘンリー・キッシンジャー

> ロバート・ボウイ 元CIA国家情報概算責任者

1957年のビルダーバーガー会議の後、キッシンジャーはマンハッタンにラウンドテーブルの事務所を開設するよう命じられたが、その中心はヘイグ、エルズバーグ、ハルペリン、シュレシンジャー、マクナマラ、マクバンディ兄弟であった。キッシンジャーは、ニクソン政権のすべての要職を、RIIAに、ひいてはイギリス女王に忠実な円卓会議のメンバーで固めるよう命じられた。キッシンジャーが、ニクソン大統領のかつての隠れ家であるピエールホテルを活動の拠点に選んだのは、偶然ではな

い。

円卓会議-キッシンジャー作戦の意義はこうだ。RIIA会長のアンドリュー・ショーバーグの命令で、情報機関に関わるすべての機関がニクソン大統領に情報を提供することを封印された。つまり、キッシンジャーとそのチームは、大統領に公表される前に、FBIの第5課を含む内外のすべての情報、法執行と保安の情報を受け取っていたのである。これによって、MI6がコントロールするアメリカでのテロ活動がすべて明らかにされる可能性がなくなったのである。これはハルペリンの領域だった。

この方法論によって、キッシンジャーはニクソン大統領に対する覇権を直ちに確立し、ニクソンがキッシンジャーグループによって失脚させられた後、キッシンジャーはウォーターゲート事件以前にも以降にもないような未曾有の権力者として登場することになったのである。このように、めったにリストアップされないパワーをいくつか紹介します。

キッシンジャーは、「国家安全保障に関する覚書No.1」の作成をハルペリンに命じたが、実際の文言はラウンドテーブル・サークルを通じてRIIAから直接受け取っていた。この覚書では、キッシンジャーを米国の最終権限者として、検証グループの議長に指名した。すべてのSALT交渉は、ポール・ニッツェ、ポール・ワーンケ、そしてジュネーブ軍備管理ミッションの裏切り者たちが率いる同じ団体によって行われました。

さらに、キッシンジャーは、ベトナムからの情報報告を含む、文民・軍人のあらゆる報告を監督・評価する「ベトナム特別研究グループ」のメンバーに任命された。また、キッシンジャーは「40委員会」という、いつどこで秘密活動を始めるかを決定し、動き出した作戦の進捗状況を監視することを任務とする超秘密機関の監督を要求し、それを受けていた。

一方、キッシンジャーは、自分がすべてを知っているという印象を与えるために、親しい側近に対しても、FBIによる雪崩式に盗聴を命じた。側近のほとんどは盗聴されていることを知らされていた。ヘンリー・ブランドンというMI6の諜報員が盗聴を命じられたが、キッシンジャーには知らされなかったため、これは裏目に出そうになった。ブランドンは*ロンドンタイムズ*の記者を装っていたのですが、*ロンドンタイムズ*では誰もそん

なことはしないので、キッシンジャーはクビになりかけました。

エルズバーグの侵入とその後のニクソン・ウォーターゲート事件の全容は、ここでは書ききれないほどである。エルズバーグがケンブリッジ大学に在学中にスカウトされたときから、キッシンジャーはエルズバーグを支配していたと言えば十分だろう。エルズバーグは、もともとベトナム戦争の支持者だったが、次第に過激な左翼活動家へと「転向」していった。彼の「改心」は、聖パウロのダマスコの道での体験に勝るとも劣らない奇跡的なものであった。

アメリカの新左翼の全領域は、円卓会議と政策研究所（IPS）のエージェントを通して行動する英国秘密情報部（MI6）の仕事であった。共和制を基盤とし、政策転換が必要な国には、現在の南アフリカや韓国のように、IPSが主導的な役割を果たしたのである。IPSの活動の多くは、1990年に出版した拙著「*IPS Revisited*」で*解説*しています。

IPSの主な役割は、不和を招き、誤った情報を流し、混乱を引き起こすことである。そのひとつが、アメリカの若者を対象にした、薬物に焦点を当てたプログラムです。一連のIPSの前線、ニクソンの車列への石投げなどの行為、多数の爆弾テロなどを通じて、欺瞞の風潮が効果的に作られ、大多数のアメリカ人は、アメリカがKGB、GRU、キューバIMBに脅かされていると信じるようになったのである。この架空のエージェントの多くは、ジョージ・マクガバンを通じて民主党と密接な関係があると噂されていた。これはまさに、MI6が得意とする情報操作のお手本のようなものであった。

ホールドマン、エーリックマン、そしてニクソンの最側近は何が起こっているのか分からず、結果としてホワイトハウスから、東ドイツ、ソ連、北朝鮮、キューバがテロリストを訓練し、米国での活動に資金を提供しているという声明が次々と出された。ニクソンはIPSのことをよく知っていたとは思えませんし、それが自分の大統領職に何をもたらしたかを疑っていたとも思えません。湾岸戦争では、あらゆるテロリストがアメリカに侵攻し、あらゆるものを吹き飛ばすと噂され、同じような誤報に悩まされた。

ニクソン大統領は、文字通り闇に葬られたのだ。キッシンジャーの教え子であるデビッド・ヤングが、ホワイトハウスの地下で「リーク」を監督していたことも知らなかった。ヤングはオックスフォード大学出身で、ラウンドテーブルの資産である法律事務所ミルバンク・ツィードなどを通じてキッシンジャーと長く付き合っていた。ニクソン大統領は、王立国際問題研究所、ひいては英国王室を代表するMI6の指示の下、彼に対して展開された軍勢に敵わなかったのである。ウォーターゲート事件に関して、ニクソンの唯一の罪は、彼の周りで起こっていることを知らなかったことだ。ジェームズ・マッコードがジョン・シリカ判事に「自白」したとき、ニクソンはマッコードが二重のゲームをしていることにすぐに気がつくはずだった。キッシンジャーとマッコードの関係をその場で問いただすべきだったのだ。そうなれば、MI6とウォーターゲートの作戦は頓挫してしまうだろう。

ニクソンは大統領権限を乱用したわけではない。彼の罪はアメリカ合衆国憲法を守らなかったこと、そしてキャサリン・マイヤー・グラハム夫人とベン・ブラッドレーを反乱の共謀罪で告訴しなかったことです。キャサリン・マイヤー・グラハムさんの血統は、「Murder She Wrote」のジェシカ・フレッチャーさんがすぐにわかったように、最も疑わしいものである。しかし、それを知っていても、グラハムさんの円卓会議でのコントローラーは、秘密を守るために必死で抵抗したことだろう。ワシントンポスト紙の役割は、ニクソン大統領が不正を働いたという証拠が何一つないのに、次々と「暴露」して、国民の不信感を煽ることであった。

しかし、リップマンやバーネイズが正しく予想したように、夫フィリップ・L・グラハムの殺人（公式には「自殺」と分類されている）の疑いを長年かけられていたグラハム夫人が、ある程度の信用を保っていたことは、報道の巨大な力を示すものであった。このほか、キッシンジャー、ヘイグ、ハルペリン、エルズバーグ、ヤング、マッコード、IPSのジョセフ・カリファノ、チョムスキー、マッコードの自宅に行って彼の書類を燃やしたCIAエージェントなどが、反乱と反逆罪で告発されるべき売国奴であった。繰り返しになるが、ウォーターゲート事件は、ここでは紹介しきれないが、300人委員会が米国を完全に

支配していることを示すものである。

ニクソンはアール・ウォーレンやウォーレンの家を建てたマフィアたちとつるんでいたが、だからといってウォーターゲート事件で失脚するはずはない。私がニクソンを嫌いなのは、1972年に悪名高いABM条約に進んで調印したことと、ブレジネフとの親密すぎる関係に起因している。少数民族会議の最も残念な誤りは、すでに会ったことのあるコーニング・グループの恐ろしい民間情報機関INTERTELが、ウォーターゲート事件の多くをエドワード・ケネディに「リーク」した際に果たした汚い役割を暴露しなかったことである。INTERTELのような民間諜報機関は、米国に存在する権利がない。彼らは私たちのプライバシーの権利に対する脅威であり、世界中のすべての自由人に対する侮辱である。

また、ニクソン大統領を孤立させるために周囲に張られた鉄網のようなものから守るべき立場にあった人々にも責任がある。ニクソンを取り巻く諜報関係者は、英国の諜報活動の厳しさを知らない。それどころか、ウォーターゲート事件が英国諜報機関の作戦であることを丸っきり知らない。ウォーターゲート事件は、ジョン・F・ケネディ暗殺事件と同様、アメリカに対するクーデターであった。この事実は、今日、そのように認識されてはいないが、最終的にすべての秘密文書が開かれるとき、ケネディとニクソンに対する2つのクーデターが実際に起こり、その結果、アメリカ共和国が拠って立つ制度に対する最も激しい強姦と攻撃がもたらされたと、歴史は記録すると私は確信している。

裏切り者の称号に最もふさわしく、扇動罪の最も重い人物は、アレクサンダー・ヘイグ将軍である。この事務次官の大佐は、鉛筆書きで軍隊を指揮した経歴はないが、トップの見えない並列政府によって、突然脚光を浴びることになったのだ。ニクソン大統領は、かつて彼を「トイレに行くのにキッシンジャーの許可を得なければならない男」と評した。

ハイグはラウンドテーブルの産物だ。彼は、女王陛下の最も信頼する米国代理人の一人である著名なメンバー、ジョセフ・カリファノに注目されたのだ。民主党全国大会の法律顧問であるジョセフ・カリファノは、強盗事件が起こる1カ月前に、配管

工の一人であるアルフレッド・ボールドウィンと実際に面談していた。カリファノは、ボールドウィンとの面談について、マッコードの経歴や、マッコードがボールドウィンを「チーム」の一員に選んだ理由などを詳細に記したメモを書くほど愚かであった。

さらに重要なことは、カリファノのメモには、ニクソンと再選挙委員会の間の会話の盗聴記録の詳細が、侵入が起こる前にすべて含まれていたことである。Califanoは、多くの連邦犯罪で起訴されるはずだった。しかし、彼は犯罪行為から無傷で逃れたのだ。良心的なサム・アーヴィンは、ウォーターゲート事件の公聴会で、少数民族弁護士のフレッド・トンプソンがこの非常に不利な証拠を提出するのを拒否した。

円卓会議の要請を受けたキッシンジャーは、ヘイグを大佐から四つ星大将に昇進させ、米軍の歴史に記録される最も急激な出世を遂げ、その間にヘイグは米陸軍将校や上級士官280人を抜いた。

ヘーグの「昇進」の間に、またその結果として、25人の上級将兵が辞職を余儀なくされた。ニクソン大統領と米国を裏切った報酬として、ヘイグは北大西洋条約機構（NATO）軍司令官の地位に就いたが、その地位はこれまでで最も不適格な司令官であった。ここでも、NATO諸国と米国の400人の上級将官に差をつけられてしまった。

ソ連軍最高司令部のオルガーコフ元帥は、ポーランドと東ドイツからワルシャワ条約機構トップの3人の将軍を呼び寄せ、夜遅くまでグラスを鳴らしてシャンパンを飲み、大いに祝杯をあげた。NATO軍司令官としてのハイグの在任期間中、ソ連軍のエリート専門幹部は、職業軍人以外の何者でもなかったハイグを最大限に軽蔑し、公然と「NATO事務局長」と呼んだ。彼らは、ヘイグが米軍ではなく、RIIAに任命されていることを知っていた。

しかし、アレクサンダー・ヘイグは、軍人として昇進してワシントンを離れる前に、キッシンジャーとともに、事実上、アメリカ大統領の執務室とその政府を破壊してしまったのである。キッシンジャーとヘイグがウォーターゲート事件後に残した混乱は、私の知る限り、これまで一度も記録されていない。1973

年4月のクーデター後、RIIAの強い要請で、ヘイグは事実上アメリカ政府の運営を引き継ぐことになった。ブルッキングス研究所、政策研究所、外交問題評議会から厳選された100人のラウンドテーブル・エージェントを連れてくることによって、ヘイグは、彼と同様に外国勢力に従順な人々でワシントンの最も重要な100のポジションを満たした。この騒動で、ニクソン政権はダメージを受け、米国も一緒にダメージを受けた。

そして、300人委員会がスポンサーとなり、王立国際問題研究所、円卓会議、そしてアメリカに拠点を置くMI6のエージェントによって実行されたウォーターゲート事件という致命傷に近い傷から、アメリカはまだ立ち直っていない。

ニクソン大統領が、まず孤立し、裏切り者に囲まれ、そして混乱させられた方法は、タヴィストックの最高理論家クルト・ルイン博士が確立した方法論に従って、人を完全にコントロールするタヴィストック方式を忠実に踏襲している。ルウィンの方法論については、本書の別の箇所で詳述したが、リチャード・M・ニクソン大統領の事例に照らして、繰り返し述べておく必要があると思う。

> "恐怖の戦略　"によって士気を高める主なテクニックの1つは、まさにこの戦術です。"自分の状況や期待できることについて、相手を手探りの状態にしておく "のです。さらに、厳しい懲罰と良い待遇の約束の間で頻繁に揺れ動き、矛盾したニュースが流されることで、この状況の認知構造が完全に不明瞭になると、ある計画が自分をゴールに導くのか、それとも遠ざけるのか、本人にはわからなくなることさえあるのである。このような状況では、明確な目標を持ち、リスクを取ることを厭わない人でも、何をすべきかについての深刻な内なる葛藤によって麻痺してしまうのである。

キッシンジャーとヘイグは、タヴィストックの訓練マニュアルに忠実に従った。その結果、困惑し、混乱し、怯え、士気を失ったニクソン大統領は、ヘイグから辞任しかないと言われた。1983年、私は手にしたタヴィストックの秘密マニュアルをもとに、『タヴィストック研究所：不吉で致命的』『タヴィストック研究所：英国による米国政策の支配』という2冊の本を書き

ました。[25] 。タヴィストック研究所の手法や行動は、この2冊に詳しく書かれています。

タヴィストックの手法は、ニクソン大統領を追放するのに成功し、この国の人々は、嘘、歪曲、捏造された状況による陰謀家の中傷を真実として完全に信じてしまったが、実際にはウォーターゲートは徹頭徹尾極悪非道な嘘であったのである。このことは、ウォーターゲート型のオペレーションが終焉を迎えたわけではないことを意味し、重要な指摘である。

ニクソン大統領が犯した弾劾すべき罪と、それを裏付けるとされるいわゆる「スモーキング・ガン」の証拠とは何だったのだろうか。まず、「スモーキング・ガン」。このFICTION作品は、キッシンジャーとヘイグが、ヘイグがニクソンにレオン・ジャウォルスキーに引き渡させた6月23日のテープの周辺で作成したものです。

ヘイグは何時間もかけてニクソン大統領に、このテープはニクソンの重大な不正行為とウォーターゲート侵入の共謀者であることを「疑いの余地のない」証明となり、彼を沈めることになると説得した。ニクソン大統領の最初の反応は、「こんなことで大騒ぎするのは全く馬鹿げている」とヘイグに言ったことだった。しかしヘイグは、ニクソンがこの特定の6月23日の録音だけを根拠に上院でうまく自己弁護できないと確信するまで作業を続けたのだ

ヘイグはどのように任務を遂行したのでしょうか。ラウンドテーブルのモニターが用意した台本を演じながら、ヘイグは「決定的証拠」のテープの未編集の記録をスタッフによってタイプさせた。[26] 。実際、ニクソン大統領が説明できないようなことは、テープには何もなかった。それを察知したヘイグは、上下両院のニクソンの熱烈な支持者や共和党上層部の間で、無許可で編集前のテープ起こしを流した。決定的な証拠」と、それが確実にもたらす「壊滅的な」影響への思いがちりばめられている。ニクソンが信頼していた側近の口から出たこの記録は、ま

---

[25] これらの書籍の更新については、*The Tavistock Institute of Human Relations*, Omnia Veritas Ltd, www.omnia-veritas.com をご参照ください。
[26] "Smoking gun"、反論の余地のない証拠と同義語です。

るで鷹が鳩の群れを襲うような効果をもたらした。

彼の扇動と反乱を受けて、ヘイグは、弾劾訴追を回避するために下院での闘いを指揮することに同意した、ニクソン支持者のチャールズ・ウィギンズ下院議員を事務所に呼び寄せた。ウィギンズは、ヘイグから「戦いは負けた」とあからさまな嘘をつかれたのだ。この後、ウィギンズは、ニクソン自身が降板することに同意したと思い、ニクソンの弁護をする気が失せてしまった。その後、ヘイグは上院で大統領の重要な支持者の一人であったグリフィン上院議員を同じように扱った。ヘイグの扇動的で反逆的な活動の結果、グリフィン上院議員は直ちにニクソン大統領に辞任を求める書簡を書いた。

3ヶ月前、ラウンドテーブルが管理する政策研究所、ジェームズ・ウォーバーグの子供、創設者でメンバーのマーカス・ラスキンは、5月25日付の英国シークレットサービスのプロパガンダ新聞、ニューヨークタイムズを使って、ニクソン大統領に全く同じ最後通牒を出し、辞任を促した。ウォーターゲートの悲劇は、米国を包み込み、「一つの世界政府／新世界秩序」へと導く、不可逆的な野蛮への移行の一歩であった。アメリカは今、イタリアがアルド・モーロの作った不安定な状態から救われようとしたのと同じ段階にある。

ニクソンはどのような不正行為で訴えられたのですか？ジョン・ドアーは、その鈍感さが大統領に対する弾劾訴追を提出するという任務にぴったりであったが、米国でこれまでに行われた最大の違法な国内監視および防諜作戦の1つを作成し完了させた人物である。

ドアーは、IDIU（Interdepartmental Intelligence Unit）の責任者として、内国歳入庁をはじめ、連邦政府のありとあらゆる機関から情報を集めていた。このプログラムは、Institute for Policy Studiesと連携していた。ドーア氏の功績のひとつは、法律で国内監視を禁じられているCIAに、政治的反体制者と思われる市民の1万〜1万2千人の名前を提供し、さらなる調査を依頼したことであった。

1974年7月18日、この偉大な法の擁護者は、ニクソン大統領に対する「告発」を堂々と行い、その模様は全国にテレビ放映された。しかし、ニクソンが弾劾につながるような非難されるべ

きことをしたという証拠は一片もなかった。それどころか、ド
アーが列挙したニクソンの「犯罪」疑惑はあまりにも下らない
もので、このまま審理が進んでしまうのも不思議なほどだっ
た。所得税の改ざん、カンボジアの無許可爆撃、「権力の乱
用」という曖昧な容疑、これらは法廷で支持されることはない
だろうが、ドアーができることは精一杯だった。1974年8月8
日、ニクソン大統領が辞任したとき、アメリカはかつてないほ
ど不安定な状態になっていた。

経済政策や財政政策もそうです。1983年、国際的な銀行家たち
がバージニア州ウィリアムズバーグに集まり、米国の銀行シス
テムの完全崩壊に備えるための戦略を練った。これは、国際通
貨基金（IMF）による金融・財政政策の支配を受け入れるよ
う、米国上院に働きかけるために計画されたイベントである。
ウォール街のモルガン・ギャランティーのデニス・ウェザース
トーン氏は、これが米国が自らを救う唯一の方法であると確信
していると語った。

この提案に賛同したのが、1982年5月にロンドンのディッチレ
ー・パークで生まれたディッチレー・グループである。1983年
1月10日と11日、この部外者グループは、シャーマン反トラス
ト法およびクレイトン法に違反してワシントンDCに集まり、
アメリカ合衆国の通貨および金融の自由における主権を破壊す
ることを謀ったのである。米国司法長官は、この会合とその目
的を知っていた。そのため、連邦犯罪の共謀罪で起訴すること
もなく、ただ見て見ぬふりをした。

上記の法律では、重罪の有罪判決に必要なのは共謀の証明だけ
であり、共謀が行われたことを示す十分な証拠があったので
す。しかし、ディッチリー財団は王立国際問題研究所の要請で
集まり、円卓会議が主催していたため、司法省の誰もアメリカ
の法律を守ることを誓った者が求める行動をとる勇気を持てな
かったのである。

アメリカの財政・金融政策の主導権を握ろうとしたディッチリ
ー計画は、シオニズムの熱烈な支持者であり、イギリス王室の
側近で300人委員会のメンバーでもあったハロルド・レバー卿
が発案した。　ハロルド・レバー卿は、300人委員会の主要企業
である巨大複合企業ユニリーバの取締役であった。レバーの構

想では、IMFの影響力を拡大し、米国を含む各国の中央銀行に影響を与え、単一の世界政府銀行に誘導することを目指した。

これは、IMFが世界の銀行システムの究極の決定者になるための不可欠なステップであった。1月の極秘会議に先立ち、1982年10月にもニューヨークのビスタホテルに世界の大手銀行36行の代表が集まって会議が開かれた。10月26日、27日のセミナーの警備は、ビッグアップルでもかつてないほど厳重だった。この先のディッチリー・グループの会合も、米国の法律に違反している。

ハロルド・レヴァー氏は、「2000年までに国家主権を古臭いものとして終わらせることが肝要だ」と演説した。

> 「アメリカは、IMFに支配されれば、第三国と変わらなくなることを、すぐに理解しなければならないだろう」とハロルド卿は言った。

代表団はその後、IMFを米国の財政政策の監視役に指定する計画が、2000年までに米国上院に提出されるよう準備されていることを知った。

モルガン・ギャランティーの代表として発言したリマー・デフリースは、米国が国際決済銀行のメンバーになるべき時が来たと述べた。「過去50年間の米国の迷走は見直す必要がある」とde Vriesは言う。英独の銀行家の中には、米国の法律違反を恐れて、ディッチリーグループは為替問題を解決するための委員会に過ぎないと言う人もいた。また、フェリックス・ロハティンは、IMFが米国でより大きな役割を果たせるように、米国の銀行法を改正する必要があると述べた。ロハティンは、以前にもお会いしたことのあるイーグル・スター・グループ傘下のローマクラブの銀行、ラザード フレールのトップであった。

円卓会議代表のウィリアム・オグデン氏とヴェルナー・シュタン氏は、米国の財政主権を国際通貨基金と国際決済銀行に明け渡すことを熱烈に支持する発言をした。フリーメーソンのP2銀行であるアルファ・ランキング・グループを代表する代議員は、新世界秩序への進展のためには、米国を「世界銀行という高い権威」に服従させる必要があると述べた。

1983年1月8日、1月10日から11日にかけての大きな会合を前

に、ローマクラブの主要メンバーであるハンス・フォーゲルが、ホワイトハウスに迎えられた。レーガン大統領は、ジョージ・シュルツ、キャスパー・ワインバーガー、ジョージ・ケナン、レーン・カークランドを招いてフォーゲルとの会談を行い、レーガン大統領にディッチリー・グループの狙いと目的を説明したのである。その日からレーガン大統領は、一転して300人委員会の諸機関と協力し、国際通貨基金と国際決済銀行をアメリカの内外の金融政策の権威として進めていくことになったのである。

300人委員会という目に見えない政府が、アメリカに対してそのやり方を変えるよう、大きな圧力をかけている。アメリカは自由の最後の砦であり、私たちの自由が奪われない限り、「一つの世界政府」への進展はかなり遅くなるでしょう。一つの世界政府のような事業は巨大な事業であり、多くの技術、組織的能力、政府とその政策の管理を必要とします。この巨大な仕事を成功させる望みをもって引き受けることができる唯一の組織は、300人委員会であり、我々は、それが完全な成功に向けてどれほど前進したかを見てきたのである。

それは何よりも精神的な葛藤である。残念ながら、キリスト教会は、モスクワではなく、ロンドン・シティに起源を持つ限りなく悪い世界教会協議会（WCC）が運営する社交クラブに過ぎない。このことは、巻末の「一つの世界政府教会」の構造を示す図に示されている。この組織は、1920年代に「一つの世界政府」の政策の手段として作られたもので、「300人委員会」の長期計画能力を示す記念碑的なものである。

WCCと構造やデザインが似ているもう一つの腐敗した組織は、三極委員会によって作られ、カーネギー財団、フォード財団、アスペン研究所から資金提供されている憂慮する科学者同盟である。ソ連のコスモスフィア（宇宙からアメリカなどの特定の目標を破壊するレーザービーム兵器）に対する効果的な抑止力を確立させないために、このグループが中心となって戦いました。

アメリカのSDI計画は、ソ連の宇宙船の脅威に対抗するために作られた。「共産主義は死んだ」という保証にもかかわらず、この脅威はまだ存在している。ソ連のスポークスマン、ゲオル

ギー・アルバトフ氏は、「憂慮する科学者同盟」の会合で、SDI計画に反対することが重要だと語った。SDI計画が稼働すれば、「軍事的大惨事となる」のだからだ。憂慮する科学者同盟」は、毎年、重要なSDI計画のための資金を含むすべての予算に反対し、1991年末には、システムを軌道に乗せることはおろか、まだ必要な追加研究のための資金さえも不足するようになった。憂慮する科学者同盟は、王立国際問題研究所が運営しており、イギリスの諜報機関であるMI6のエージェントが深く入り込んでいる。

アメリカの生活の中で、300人委員会という目に見えない政府によって監視され、「正しい」方向に導かれ、操作され、コントロールされていないものは一つもない。その権威に服従していない選挙で選ばれた公務員や政治指導者は一人もいないのだ。これまでのところ、アメリカ大統領を含む誰に対しても「醜い見せしめ」を躊躇なく行う秘密支配者たちに、誰も挑戦することができないでいる。

1776年、ジェレミー・ベンサムとシェルバーン伯ウィリアム・ペティが、自分たちが計画し指揮したフランス革命の勝利から間もない頃、イギリス王室から、自分たちの経験を結集して植民地主義者のために働こうと勧誘された時から、1812年、イギリスがワシントンを物色して焼き払い、誕生間もないアメリカ合衆国の裏切りを暴露する秘密文書を破壊した時、ニクソン大統領のウォーターゲート、ケネディー大統領暗殺まで、明らかに300人委員会の手が入っているのである。本書は、アメリカ国民の目をこの恐ろしい真実に向けさせる試みである。私たちは独立国家ではないし、目に見えない政府である300人委員会に支配されている限り、*決して*そうなることはない。

300人委員会の直接の影響下にある過去および現在の機関/組織

- ➢ 現代問題研究所。
- ➢ アフリカ基金
- ➢ 国際開発庁
- ➢ アルベール・プレヴィン財団
- ➢ 世界イスラエル同盟
- ➢ アメリカ市民自由連盟
- ➢ アメリカ人種関係評議会
- ➢ アメリカン・ディフェンス・ソサエティ
- ➢ アメリカン・プレス・インスティテュート
- ➢ アメリカン・プロテクティブ・リーグ
- ➢ 名誉毀損防止同盟
- ➢ 社会調査研究所
- ➢ 未来研究所
- ➢ 世界秩序研究所
- ➢ 薬物・犯罪・司法に関する研究所。
- ➢ インターアルファ
- ➢ 米州社会開発研究所（Inter-American Social Development Institute
- ➢ 国際戦略研究所のホームページです。
- ➢ 宗教間平和コロキアム。
- ➢ イルガン
- ➢ マルタ騎士団
- ➢ 国際連盟
- ➢ ロジスティクスマネジメント協会。
- ➢ ロンドン英国ユダ

- アラブ事務局
- アラブ高等委員会
- ARCA財団
- アーマー研究財団
- 軍備管理・外交政策
- コーカス
- アーサー・D. 株式会社リトル
- アジア総合研究所。
- アスペン研究所
- 人間性心理学会。
- オーグメンテーション・リサーチ・センター
- バロン・ド・ハーシュ基金
- バテル・メモリアル・インスティテュート
- ベルガー・ナショナル・ファンデーション
- ベルリン未来研究センター。
- ビルダーバーガー
- ブラックオーダー
- 日本製品ボイコッ

ヤ人代理人会。
- ロンドン・スクール・オブ・エコノミクス
- メアリー・カーター・ペイント・カンパニー
- マサチューセッツ工科大学
- メロン研究所形而上学協会。
- ミルナーグループ
- モカト・メタルズ
- マウント・ペレラン・ソサエティ
- NAACP
- 軍産複合体に関する全国的なアクションリサーチ。
- ナショナルセンター生産性本部
- 全米教会協議会
- 全国世論調査センター
- ナショナル・トレーニング・ラボラトリー
- 新民主党連合
- 新世界財団。
- ニューヨーク・ラ

ト会議。

➢ 英国ニューファンドランド社

➢ 英国王立協会。

➢ 国際コモンウェルス協同組合事務局。

➢ 革命のプロパガンダ

➢ カナダ・ユダヤ人会議

➢ ニューヨークの聖ヨハネ大聖堂。

➢ 行動科学高等研究センター。

➢ 憲法権利センター

➢ キューバ研究センター

➢ 民主制度センター

➢ センター・フォー・インターナショナル・ポリシー

➢ センター・フォー・ザ・レスポンシブ・ロー

➢ キリスト教社会主義連盟。

➢ Cini財団。

➢ ローマクラブコミ

ンド・インスティテュート

➢ NORML北大西洋条約機構(NATO)。

➢ オッドフェローズエルサレム聖ヨハネ騎士団

➢ 黄金の夜明け」教団OXFAM

➢ オックスフォード・ユニバック

➢ パシフィック・スタディーズ・センター

➢ パリセイド財団

➢ ペニンシュラ・アンド・オリエント・ナビゲーション・カンパニー（P&O.)

➢ PERMINDEX.

➢ プリンストン大学

➢ ランド・コーポレーション

➢ ランド・スクール・オブ・ソーシャル・サイエンス

➢ リサーチ・トライアングル機関。

➢ ロードス奨学金委員会

ンフォルム

- 次の30年のための委員会
- 14人委員会
- ナショナル・モラル委員会
- 世界憲法制定委員会
- 共産主義者同盟
- コングレス・オブ・インダストリアル・オーガナイゼイションズ
- 米外交問題評議会（Council on Foreign Relations
- デービッド・サスーン社
- デビアス コンソリデイティッド マインズ
- ブリュッセルの民主連盟
- 東インド300人委員会
- 経済社会統制（ECOSOC）。
- 環境基金。
- エンバイロメトリックス社

- リオ・ティント・ジンク・カンパニー
- リバーサイド教会の軍縮プログラム。
- ラウンドテーブル
- 英国王立国際問題研究所
- ラッセル・セージ財団
- サンフランシスコ財団
- シャープス・ピクスリー区
- 社会科学研究評議会
- 社会主義インターナショナル
- アメリカ合衆国の社会党。
- 宗教研究振興会。
- ソサエティ・オブ・ヘブン（TRIADS）。
- ソ連国家科学技術委員会
- スタンフォード研究所
- ストックホルム国

- エサレン研究所
- フェビアン・ソサエティ
- アメリカ・シオニスト連盟
- キリスト教社会秩序のためのフェローシップ
- 和解のフェローシップ
- フォード財団
- フォーダム大学 機関名
- 教育研究
- ファンデーション・フォー・ナショナル・プログレス
- ガーランド基金
- ジャーマン・マーシャル・ファンド
- イスラエル人の統治機構
- 宗教的なコミュニティ。
- ガルフ・サウス・リサーチ・インスティチュート
- ハガナハーバード大学

- 際平和研究所
- Sun Yat Sen Society（孫文の会）。
- システム開発株式会社
- タヴィストック人間関係研究所
- 株式会社テンポス
- ザ・ハイトゥエルブ・インターナショナル
- パブリック・アジェンダ・ファウンデーション
- クオリティ・オブ・ライフ研究所
- セオソフィスト・ソサエティ
- Thule Society（トゥール・ソサエティ）。
- トランスアトランティック・カウンシル
- 三極委員会
- ローマクラブの米国協会。
- 米国平和研究所（U.S. Institute for Peace
- 憂慮する科学者同

- ヘルズ・ファイヤー・クラブ
- ホレス・マンリーグ
- ハドソンギルド
- ハドソン研究所
- ハドソンベイ社
- ロンドン大学インペリアルカレッジ
- 産業用クリスチャン・フェローシップ。
- 脳科学総合研究センター
- 財団法人太平洋人材交流センター
- 政策研究大学院大学

- 盟（Union of Concerned Scientists
- UNITAR
- ペンシルバニア大学ウォートン・スクール。
- ウォーバーグ、ジェームス・P・アンド・ファミリー
- ウェスタン・トレーニング・ラボラトリーズ
- ウィルトン・パーク
- 女性キリスト教節制連盟。
- ウォン・ホン・カンパニー
- ワーク・イン・アメリカ研究所
- 世界教会協議会（World Council of Churches

特別な財団や利益団体

- アラブ事務局
- アリストテレス協会
- アジア総合研究所。

- 絶滅危惧民族の会。
- 株式会社イングリッシュ・プロパティ・コーポレーシ

- バートランド・ラッセル平和財団
- ブリティッシュ・アメリカン・カナダ社。
- ブラザーフッド・オブ・エターナル・ラブ
- ケンブリッジの使徒
- カナダ・ヒスタッドルートキャンペーン
- カナディアン・パシフィック社
- カリブ海・中米行動グループ。
- China Everbright Holdings Ltd.
- 中国人民外交学院。
- 南米評議会

- ョン
- 株式会社ホスピス
- 国際労働者連盟（International Brotherhood of Teamsters）。
- 国際赤十字
- エルサレム財団（カナダ）。
- キッシンジャー・アソシエイツ
- 九龍商工会議所。
- 米州機構（Organisation of American States
- 僑務委員会。
- ラジオ・コーポレーション・オブ・アメリカ（RCA）。
- 香港の王立警察。YMCAです。

バンクス

- アメリカン・エキ
- BCCI[27]カナディア

---

[27]BCCIこの銀行は、世界中の麻薬資金の洗浄に深く関わっているとして、繰り返し告発されています。300人委員会の全業務を包括する組織であり、その企業体質が面白い。中東権益、35％保有株式:
- バーレーンの王家。
- シャルジャの君臨する一族。
- イランの支配者一族。
- 中東の実業家グループ。
- BCCIケイマン諸島 41%.

スプレス

- ➢ イタリア銀行（Banca de la Svizzera d'Italia

- ➢ バンカ・アンディオイノ

- ➢ イタリア銀行（Banca d'America d'Italia

- ➢ Banca Nazionale del Lavoro.

- ➢ バンカ・プリヴァータ

- ➢ バンコ・アンブロジアーノ

- ➢ バンコ・カリベ

- ➢ バンコ・コマーシャル・メヒカーナ

- ➢ バンコ・コンソリダート

- ➢ バンコ・デスパーニャ

- ➢ コロンビア銀行

- ➢ バンコ・デ・コメルシオ

- ➢ バンコ・デ・イベ

ン・インペリアル・バンク・オブ・コマース

- ➢ セントラクト銀行

- ➢ チャータードバンク

- ➢ チャーターハウス・ジャペット銀行

- ➢ チェース・マンハッタン銀行

- ➢ ケミカルバンク

- ➢ シティバンク

- ➢ アトランタのシチズンズ＆サザン銀行。

- ➢ シティ・ナショナル・バンク・オブ・マイアミ

- ➢ クラリドン銀行

- ➢ クリーブランド・ナショナル・シティ銀行

- ➢ コーポレート・バンク・アンド・トラスト・カンパニ

- ➢ ドバイの支配者一族。
- ➢ サウジアラビアの支配者一族。

- ➢ バンク・オブ・アメリカ24%.

BCCIケイマン諸島とBCCIルクセンブルグは、マイアミ、ボカラトン、タンパ、ニューヨーク、サンフランシスコ、ロサンゼルスに代理店事務所を設立しています。

リオ・アメリカ

➤ バンコ・デ・ラ・ナシオン（Banco de la Nacion

➤ バンコ・デル・エスタダ

➤ バンコ・インテルナシオナル

➤ バンコ・ラティーノ

➤ バンコ・マーカンタイル・デ・メキシコ

➤ キューバ中央銀行

➤ Banco Nacional de Panamaとパナマの小規模な銀行。

➤ バンコク・コマーシャル・ド・イタリアン

➤ バンコクメトロポリタン銀行

➤ バンク・アル・メシュレク

➤ バンク・アメリカ

➤ 国際決済銀行（Bank for International Settlements）。

➤ バンク・ハポアリム

➤ クレジットとコマース・アメリカン・ホールディングス。

➤ クレジット＆コマースホールディングス

➤ オランダ領アンティル

➤ クレディ・スイス

➤ クロッカーナショナルバンク、ドゥヌフリーズ、シュランバーゼー、マレットバンク

➤ ドレスデナー銀行

➤ デュッセルドルフ・グローバル・バンク

➤ ライテックスバンク

➤ リュブリャンスカ銀行

➤ ロイズ銀行

➤ マリン・ミッドランド銀行

➤ ミッドランド・バンク

➤ モルガン銀行

- 銀行レウ
- バンク・レイミ
- バンコク銀行
- ボストン銀行
- カナダ銀行
- 信用商工銀行
- 東アジア銀行
- インターナショナル
- イングランド銀行
- バンク・オブ・エスカンビア
- ジュネーブ銀行
- アイルランド銀行
- ロンドン銀行とメキシコ
- モントリオール銀行
- バンク・オブ・ノーフォーク
- バンク・オブ・ノヴァ・スコシア
- バンク・オハイオ
- ブルッセル・ランベール銀行
- アラブ商業銀行
- 国際信用銀行
- パリ銀行とオラン

- モーガン＆カンパニー
- モルガン・グレンフェル銀行
- ナロドニ銀行
- クリーブランド国立銀行
- ナショナル・バンク・オブ・フロリダ
- ナショナル・ウエストミンスター銀行
- オリオン銀行
- パラビシニ銀行
- リパブリック・ナショナル・バンク
- ロイヤル・バンク・オブ・カナダ
- シュローダー銀行
- セリグマン銀行
- 上海商業銀行
- スン銀行
- スタンダード＆チャータード銀行
- スタンダードバンク
- スイス・バンク・コーポレーション

ダ

- フランスとイタリアの南米向け銀行。
- ルイ・ドレフュス・ド・パリ銀行
- プライベートバンキング
- 南アメリカの銀行
- バークレイズ銀行
- ベアリング・ブラザーズ銀行
- バーネットバンクス
- Baseler Handeslbank.
- バーゼル銀行監督委員会。

- スイス・イスラエル貿易銀行
- 貿易開発銀行
- ユニバンク
- ユニオン・バンク・オブ・イスラエル
- スイス・ユニオン銀行
- バンニングバンク
- ホワイトウェルド銀行
- 世界銀行
- ワールド・コマース・バンク・オブ・ナッソー
- 世界貿易銀行
- ウォツホド・ハンデルスバンク

注：バーゼル銀行委員会を除いて、上記の各銀行は、麻薬、ダイヤモンド、金、武器の取引に関与してきたし、現在も関与している可能性がある。

弁護士会・弁護士

- アメリカ法曹協会
- クリフォードとワーンク。
- クーデターブラザ

- Cravaith、Swain、Mooreの3名。
- Wilkie、Farr、Gallagher。

ーズ

会計士・監査法人

➤ プライス、ウォーターハウス

米国タヴィストック社施設

米国国立衛生研究所（National Institute of Health）から契約を獲得。

➤ メルル・トーマス株式会社

アメリカ海軍から契約を取りつけ、衛星データの解析を行う。

➤ ウォールデンリサーチ

公害防止の分野で活動。

➤ 株式会社プランニングリサーチ、アーサーD．Little,
G.E. "tempo"、オペレーションズリサーチ社。

調査・研究を行い、政府に提言する約350社のうちの1社である。アイゼンハワー大統領が「科学技術エリートの虜になりかねない公共政策の危険性」と呼んだものの一部である。

➤ ブルッキングス機関

国家的課題」と呼ばれる仕事に専念。フーバー大統領のプログラム、ルーズベルト大統領の「ニューディール」、ケネディ政権の「ニューフロンティア」プログラム（これを逸脱してジョン・F・ケネディが命を落とした）、ジョンソン大統領の「偉大なる社会」などを執筆した。ブルッキングスは過去70年間、米国政府にビジネスの進め方を伝え、今も300人委員会の代表としてそれを続けている。

➤ ハドソン研究所

ハーマン・カーンのリーダーシップのもと、この機関は、BIG FIVEを除くどの機関よりも、アメリカ人の政治的・社会的出来事に対する反応、考え方、投票、一般的な行動のあり方を形成

してきた。ハドソン氏は、国防政策やソ連との関係に関する研究を専門としている。彼の軍事的な仕事のほとんどは機密扱いになっている。(初期の論文には「Stability and Tranquillity Among Older Nations」「Analytical Summary of U.S. National Security Policy Issues」と題されたものがある)。ハドソンは自分の多様性を誇りにしている。NASAの宇宙計画を手伝ったり、表向きはコカ・コーラから資金援助を受けている300人委員会のために、新しい若者の流行やアイデア、若者の反抗や疎外を促進する手助けをしたりしたこともある。ハドソン氏は、まさに300人委員会の洗脳施設の一つに分類される。 彼の核戦争シナリオのいくつかは非常に興味深い読み物で、もし手に入れることができれば、「6つの基本的熱核脅威」と「熱核戦争の起こりうる結果」、さらに「イスラエル・アラブ核戦争」というもっと恐ろしい文書の一つを推薦する。ハドソンは、ランク、ゼロックス、ゼネラル・エレクトリック、IBM、ゼネラル・モーターズなど300社の委員会にも助言しているが、彼女の最大のクライアントは、民間防衛、国家安全保障、軍事政策、軍備管理問題を扱う米国国防省に変わりはない。現在に至るまで、「濡れたNASA」、すなわち国立海洋庁には乗り出していない。

> ナショナルトレーニングセンター

NTLは、International Institute of Applied Behavioural Sciences（国際応用行動科学研究所）としても知られています。この研究所は、クルト・ルヴァンの原理に基づく洗脳センターであることは間違いない。いわゆるTグループ（トレーニング・グループ）と呼ばれる、参加者が突然悪質な告発に対して自己防衛に突入する人工的なストレス訓練が行われている。NTLには、米国最大の教員団体である全米教育協会の本部があります。

NTLは、公式には「人種差別」と断じながら、NEAと共同で、教育バウチャーを提案する文書を作成した。これは、教えるのが難しい子供と優秀な子供を分け、普通の速度で進歩している子供と分けられる難しい子供の数に応じて資金が配分されるというもので、興味深いものだ。本提案は採用されませんでした。

> ペンシルバニア大学ウォートン・スクール・オブ・フ

ァイナンス＆コマース

タヴィストックの「頭脳」の一人であるエリック・トリストによって設立されたウォートンは、タヴィストックの「行動研究」において、米国で最も重要な機関の一つとなっています。ウォートンは、米国労働省などの顧客を獲得しており、ウォートン・エコノメトリック・フォーキャスティング・アソシエイツ・インコーポレイテッドで「調理された」統計を作成する方法を教えている。この方法は、USDLの統計に反映されるよりも何百万人も失業者がいる1991年の終わりを迎えるにあたって、非常に需要が高いものである。

ウォートンの経済モデリングは、アメリカや西ヨーロッパのあらゆる大手企業、そして国際通貨基金、国連、世界銀行で採用されています。ウォートンは、ジョージ・シュルツやアラン・グリーンスパンといった傑出した人物を輩出している。

➢　しゃかいけんきゅうじょ

タヴィストックの頭脳集団であるレンシス・リカート、ドルウィン・カートライト、ロナルド・リッパートの3人が設立した研究所である。その研究内容は、「社会変革の人間的意味」、「移行期の若者」、「アメリカ人は自分の精神衛生をどう見ているか」などです。研究所の顧客には、フォード財団、米国国防総省、米国郵政公社、米国司法省などがあります。

➢　未来研究所

フォード財団から資金提供を受けているため、典型的なタビストック機関ではありませんが、長期予測の方法論はシンクタンクの母体であるタビストックから引用しています。未来研究所は、50年以内に起こると思われる変化を予測しています。この研究所は、社会経済の動向を予測し、正常と思われる状態からの逸脱を指摘することができるはずだ。未来研究所は、今、未来に向けた意思決定に介入することは可能であり、またそれが普通であると考えています。デルファイ委員会は、何が正常で何が正常でないかを決定し、団体が内乱を起こさないように政府を正しい方向に「誘導」するためのポジションペーパーを作成するのである。[累進課税の廃止を求める愛国団体や、「武器を持つ権利」を侵害されないよう要求する団体などである]。こ

の研究所は、中絶法の自由化、薬物使用、都市部に入る車の通行料、公立学校での避妊教育、銃の登録義務化、同性愛の合法化、学業成績に応じた報酬、国家による区画整理、家族計画への奨励金、最後に、カンボジアのポル・ポトのように農村部に新しいコミュニティを作ることを提案するなどの行動を推奨しています。このように、「未来研究所」の目的の多くは、すでに十二分に達成されているのです。

> ➤ 政策研究大学院大学

IPSは「ビッグ3」の一つで、ジェームズ・P・ウォーバーグと米国のロスチャイルド系企業によって設立されて以来、米国内外の政治を形成し、再構築してきた。バートランド・ラッセルと英国の社会主義者は、レナード・ウッドコックが舞台裏で指導的役割を果たした産業民主連盟などの米国内のネットワークを通じて支援を行ってきた。産業民主化連盟の地元の主要人物には、「保守派」のジーン・カークパトリック、アーウィン・スオール（ADL）、ユージン・ロストウ（軍備管理交渉官）、レーン・カークランド（労働党指導者）、アルバート・シャンカーなどがいました。

IPSは、1963年にタヴィストック研究所を卒業したマーカス・ラスキンとリチャード・バーネットによって設立された。資金の大半は、ジェームズ・ウォーバーグ家、スターン家財団、サミュエル・ルービン財団など、アメリカのロスチャイルドの仲間たちから提供された。サミュエル・ルービンは、ファベルジェの名を盗み［ファベルジェは「ロシア宮廷御用達の宝石商」］、ファベルジェの名で財を成した共産党員として登録された人物である。

IPSの目的は、タヴィストック研究所を母体とする英国ラウンドテーブルが作成したプログラムに由来しており、中でも注目すべきは、米国における大衆運動としての「新左翼」の創設であった。IPSは、紛争と不安を引き起こし、制御不能な山火事のように混沌を広げ、左翼ニヒルな社会主義の「理想」を増殖させ、あらゆる種類の薬物の無制限使用を支持し、米国の政治体制を叩く「大きな棒」になることであった。

バーネットとラスキンは、ブラックパンサー、ダニエル・エルズバーグ、国家安全保障会議メンバーのハルペリン、ウェザー

メン・アンダーグラウンド、ベンセラモス、ジョージ・マクガバン候補の選挙スタッフなど、さまざまな要素をコントロールしていた。IPSとそのコントローラにとって、引き受け、管理するプロジェクトが大きすぎるということはなかった。

例えば、キッシンジャーの「誘拐」計画は、パキスタン出身のイギリスMI6情報部員エクバル・アーメッドの手に渡り、「トロッツ」（ロンドンに拠点を置くトロツキー派のテロリスト）を通してクリアーされた。この「陰謀」はFBIによって「発見」され、行き過ぎないようにされた。その後、アハメッドは、IPSの最も影響力のある機関の一つであるトランスナショナル研究所の所長になったが、南アフリカのBOSS（国家安全保障局）の情報員が、ローデス-ハリー・オッペンハイマー奨学金と南アフリカにおける英米英の鉱山利権に直接つながっているという事実を暴露すると、カメレオンのように旧名を人種関係研究所に変更したのだった。BOSSは、同時に南アフリカ財団の信用も失墜させた。

IPSは、議会で多くの強力なロビー活動グループを通じて、容赦なく「大きな棒」を使って議会を叩いてきた。IPSはロビイストのネットワークを持ち、それぞれが独立して活動しているように見えるが、実際は結束して行動しているため、議員は一見異なる様々なロビイストによって四方八方から包囲されることになる。このようにして、IPSは、個々の下院議員や上院議員に「トレンド、物事の進め方」に賛成するよう、うまく影響を与えることができたし、現在もそうである。IPSは国会議員のキーマンを使って、立法システムとその仕組みのインフラそのものに侵入することができました。

1975年、IPSの関係者がジョン・コニアーズ下院議員（ミシガン州選出）と47人の下院議員を説得し、フォード大統領の作成した予算に反対する予算書をIPSに作成するよう依頼したのだ。しかし、この要望は1976年、1977年、1978年に新たなスポンサーを迎えて再提案された。

そして、1978年には、56人の議員がIPSの予算調査のスポンサーとして署名した。これはマーカス・ラスキンが作成したものです。ラスキンの予算は、国防予算の50％削減、「民間の住宅・住宅ローン市場と競合し、徐々に取って代わる」社会主義

的住宅計画、国民医療サービス、「知識の流通に対する資本主義の支配を崩壊させる教育システムの抜本的変更」、その他いくつかの過激なアイデアを要求した。

軍備管理交渉におけるIPSの影響力は、1972年にニクソンが反逆的なABM条約に署名した大きな要因であり、これにより米国はほぼ10年間ICBM攻撃に対して無防備な状態に置かれたのである。IPSは、私たち国民が愚かにも議員によってなされると信じている外交政策の決定を支配する最も権威ある「シンクタンク」の一つとなり、今日に至っているのである。

国内での活動を支援し、海外の革命家とのつながりを維持することによって、「ペンタゴン・ペーパーズ」のような勝利を組織し、企業構造を包囲し、地下運動と受け入れられる政治的活動との間の信頼性のギャップを埋めるのです。宗教組織に入り込み、宗教を装った過激な人種政治など、アメリカに不和をもたらすために利用し、既存のメディアを使ってIPSの思想を広め、そしてそれを支援することによって、IPSは設立当初の役割に応えてきたのである。

> ➢ スタンフォードけんきゅうじょ

スタンフォード研究所の初代所長ジェシー・ホブソンは、1952年の講演で、この研究所の進むべき道を明確に示している。スタンフォードは、米国に君臨したタヴィストックの「宝石」のひとつと言える。第二次世界大戦終了直後の1946年に設立され、チャールズ・A・アンダーソンを委員長とし、大学の発展に力を注いだ。チャールズ・A・アンダーソンを座長とし、マインドコントロールや「未来の科学」の研究に力を注いだ。アクエリアン・コンスピラシー」のベースとなる「チェンジング・ザ・マン」を開発したチャールズ・F・ケタリング財団は、スタンフォードの枠組みに含まれていた。

スタンフォードの主要な顧客や契約は、当初は防衛産業が中心でしたが、スタンフォードの成長とともに、そのサービスの多様性が増しています。

> ➢ 行動科学の研究マネジメントへの応用

> ➢ オフィス・オブ・サイエンス・アンド・テクノロジー

> ➤ SRIの経済情報プログラム。

> ➤ 米国国防総省防衛研究技術局。

> ➤ 米国国防総省航空宇宙局研究室。

スタンフォードのサービスを利用した企業には、ウェルズ・ファーゴ銀行、ベクテル・コーポレーション、ヒューレット・パッカード、バンク・オブ・アメリカ、マクドネル・ダグラス社、ブライス社、イーストマン・ディロン社、TRW社などがある。スタンフォード大学の極秘プロジェクトの1つに、化学兵器や細菌兵器（CBW）に関する大規模な研究がある。スタンフォード・リサーチは、アメリカでの生活のあらゆる面を研究する、少なくとも200以上の小さな「シンクタンク」とつながっている。これはARPAネットワークと呼ばれるもので、国内の一人ひとりの環境をコントロールするための、おそらく最も大規模な取り組みが始まったことを意味します。現在、スタンフォード大学のコンピュータは、CIA（中央情報局）、ベル電話研究所、米陸軍情報局、ONI（海軍情報局）、RANI、MIT、ハーバード、UCLAなど、2500台の「姉妹」研究コンソールと連携している。スタンフォード大学は、ARPAの全資料をカタログ化する「図書館」という重要な役割を担っている。

他の機関」（ここで想像力を働かせることもできる）は、SRIの「ライブラリ」でキーワードやフレーズを検索し、情報源を参照し、スタンフォード研究センターのものと自分のマスターファイルを更新することが許可されています。例えば、米国防総省はSRIのマスターファイルを大いに活用しているし、他の米国政府機関も同様であることは疑いない。ペンタゴンの「コマンド＆コントロール」問題をスタンフォードが解決する。

この研究は、表向きは兵器や兵士にのみ適用されるが、同じ研究が民生用に向けられない、また向けないという保証は全くない。スタンフォードは、誰のためなら何でもすることで有名です。もしIRSが完全に暴露されたら、その実態が明らかになることで生じる敵意によって、IRSは閉鎖に追い込まれる可能性が高いと私は確信しています。

> ➤ マサチューセッツ工科大学アルフレッド・P・スローン・スクール・オブ・マネジメント

この偉大な研究所は、一般にはタヴィストックの一部とは認識されていません。多くの人は、純粋なアメリカの制度だと考えているが、そうとは言い切れない。MIT-Alfred Sloanは、大きく分けていくつかのグループに分けられます。

> ➢ 現代の技術。

> ➢ 労使関係

> ➢ ルヴァン集団心理学

> ➢ NASA-ERC Computer Research Laboratories.

> ➢ 海軍研究所のグループ、心理学。

システムダイナミクスフォレスターとメドウズは、ローマクラブのゼロ成長研究「成長の限界」を執筆した。

MITのクライアントは以下の通りです。

> ➢ 米国経営者協会。

> ➢ アメリカ赤十字社

> ➢ 経済発展のための委員会

> ➢ GTEです。

> ➢ 防衛分析研究所

> ➢ (IDA)を設立しました。

> ➢ NASA

> ➢ 全米科学アカデミー

> ➢ 全米教会協議会

> ➢ シルバニア

> ➢ TRWです。

> ➢ アメリカ陸軍

> ➢ 米国国務省

> ➢ アメリカ海軍

> ➢ 米国財務省

> ➢ フォルクスワーゲン社

IDAの活動範囲は非常に広く、その活動を紹介すると何百ページも必要になってしまいます。

> ➢ 株式会社ランド・リサーチ・アンド・ディベロプメント

ランド研究所は、タヴィストック研究所に最も恩義を感じてい

るシンクタンクであり、米国のあらゆるレベルの政策をコントロールするRIIAの最も権威ある手段であることは疑いない。ランドは、ICBM計画、米国外交政策の主要分析、宇宙計画の推進、米国核政策、企業分析、数百の軍向けプロジェクト、ペヨーテ、LSDなどの精神改造薬物使用に関するCIA（20年にわたるMK-Ultra秘密作戦）などを実施し、具体的な政策として運用されている。

ランド社のクライアントは以下の通りです。

> アメリカン・テレフォン・アンド・テレグラフ・カンパニー（AT&T）。

> インターナショナル・ビジネス・マシンズ（IBM）。

> チェース・マンハッタン銀行

> 全米科学財団

> 共和党

> TRWです。

> アメリカ空軍

> 米国エネルギー省

> 米国保健省

ランド研究所を利用する企業、政府機関、重要な組織は文字通り何千とあり、そのすべてを列挙することは不可能であろう。ランド研究所の「専門」の中には、熱核戦争の時期や方向性を予測し、その結果に基づいて多くのシナリオを作成する研究グループがある。ランド研究所は、かつてソ連からアメリカ政府の降伏条件を出すように依頼されたと告発された。この告発は、アメリカ上院にまで及び、シミントン上院議員によって取り上げられ、その後、既存のマスコミによって軽蔑的な記事が流される犠牲となったのである。洗脳はランド社の主要業務であることに変わりはない。

要約すると、政府、軍、企業、宗教団体、教育などあらゆるレベルで洗脳活動を行っている米国の主なタヴィストック機関は次の通りである。

- ➤ ブルッキングス研究所
- ➤ ハドソン研究所
- ➤ 政策研究大学院大学
- ➤ マサチューセッツ工科大学

- ➤ ナショナル・トレーニング・ラボラトリー
- ➤ ランド・リサーチ・アンド・ディベロプメント株式会社
- ➤ スタンフォード研究所
- ➤ ペンシルバニア大学ウォートン・スクール。

ある情報筋によると、これらの機関に勤務する人の総数は約5万人、資金は100億ドル近くにのぼるそうだ。

300人委員会の主要な世界的機関・組織の一部

- ➤ 安全なイスラエルを目指すアメリカ人
- ➤ 聖書考古学レビュー
- ➤ ビルダーバーガー
- ➤ ブリティッシュ・ペトロリアム
- ➤ カナダ外交研究所
- ➤ キリスト教原理主義。
- ➤ Council on Foreign Relations, New York.

- ➤ テンプルマウント財団
- ➤ 無神論者クラブ
- ➤ 第4の意識状態クラブ。
- ➤ 黄金の夜明けのヘルメス教団。
- ➤ ミルナーグループ
- ➤ ナシ・プリンセス
- ➤ マグナ・メーテル勲章
- ➤ 神出鬼没の秩序。

- エジプト探検協会
- 帝国化学工業
- 国際戦略研究所の
  ホームページで
  す。
- スカル・アンド・
  ボーンズ勲章
- パレスチナ探検基
  金。
- テンプル騎士団が
  かわいそう
- ロイヤル・ダッ
  チ・シェル・カン
  パニー
- 社会主義インター
  ナショナル
- 南アフリカ共和国
  基金。
- タヴィストック人
  間関係研究所

- RIIAのことです。
- ラウンドテーブル
- 三極委員会
- ユニバーサルフリ
  ーメーソン
- ユニバーサル・シ
  オニズム
- ビッカース・アー
  マメント・カンパ
  ニー
- ウォーレン委員会
- ウォーターゲート
  委員会
- ウィルトン・パー
  ク
- 世界教会協議会（
  World Council of
  Churches

300人委員会の過去と現在のメンバー

- アベルガベミー侯
  爵
- アチソン、ディー
  ン
- アデイン、マイケ
  ル卿
- アニエリ、ジョバ

- ケスウィック、ウ
  ィリアム・ジョン
  ストン
- ケインズ，ジョン
  ・メイナード
- キンバリー、主よ
  。

ンニ

- オルディントン公
  アルバ、領主。
- アレマン、ミゲル
- アリホン教授 T. E.
- アルソップ家の後
  継者。
- エイモリー、ホー
  トン
- アンダーソン，チ
  ャールズ A.
- アンダーソン，ロ
  バート O.
- アンドレアス、ド
  ウェイン
- アスキス卿
- アスター、ジョ
  ン・ジェイコブ、
  そしてその後継者
  ウォルドルフ。
- アウラングゼー
  ブ、その子孫。
- オースティン、ポ
  ール
- バコ、サー・ラヌ
  ルフ
- バルフォア、アー
  サー
- バローグ、ロード

- キング、アレクサ
  ンダー博士
- カーク グレイソン
  L.
- キッシンジャー、
  ヘンリー
- キッチナー、ホレ
  イショ卿
- コーンシュタム、
  マックス
- Korsch, Karl.
- ランベール、ピエ
  ール男爵
- ローレンス、G.
- ラザールリーマン
  ・ルイス
- レバー、サー・ハ
  ロルド
- ルーイン、クルト
  博士
- リノヴィッツ、S.
- リップマン，ウォ
  ルター
- Livingstone, Robert
  R. Family
  Representative.
- ロックハート、ブ
  ルース
- ロックハート、ゴ
  ードン

- バンクロフト、バロン・ストーモント
- ベアリング
- バルナート，B.
- バラン，サー・ジョン
- バクセンデル、サー・ピーター
- サヴォワ公国のベアトリス王女
- ビーバーブルック卿
- ベック，ロバート
- ビーリー、サー・ハロルド
- ベイト、アルフレッド
- ベン、アンソニー・ウェッジウッド
- ベネット，ジョンW.
- ベネトン、ジルベルト、カルロを交互に。
- バーティ、アンドリュー
- ベサント，サー・ウォルター
- ラウドン，サー・ジョン
- ルッツァット、ピエパオロ
- クラッシュファーン家のマッケイ卿。
- マッケイ＝タラック，サー・ヒュー
- マッキンダー、ハルフォード
- マクミラン，ハロルド
- マセソン、ジャーディン
- マッツィーニ、ゲゼッピ
- マクラフリン、W.E.
- マクローイ，ジョンJ.
- マクファディアン、サー・アンドリュー
- マクギー，ジョージ
- マクミラン、ハロルド
- メロン，アンドリュー
- メロン、ウィリア

- ベサル、ニコラス卿
- ビアルキン，デイビッド
- ビャオ、ケン
- ビンガム，ウィリアムビニー、J. F.
- ブラント、ウィルフレッド
- ボナカッシ、フランコ・オルシーニ
- ボッチャー、フリッツ
- ブラッドショー、ソーントン
- ブラント、ウィリー
- ブリュースター、キングマン
- ブカン，アラステア
- バフェット、ウォーレン
- ブリット，ウィリアム・C
- ブルワー・リットン、エドワード
- バンディ、マクジョージ
- バンディ，ウィリ

- ム・ラリマー、またはその家族の代表者。
- マイヤー、フランク
- ミヒャエル・ローランド
- ミコバン、アナスタス
- ミルナー、ロード・アルフレッド
- ミッテラン、フランソワ
- モネ、ジャン
- モンタギュー，サミュエル
- モンテフィオーレ、セバッグ卿、ヒュー司教のいずれか。
- モーガン、ジョン・P
- モット、スチュワート
- マウンテン、ブライアン・エドワード卿
- マウンテン、デニス卿
- マウントバッテン

アム

- ブッシュ，ジョージ

- キャボット，ジョン家族代表。

- カッチャ、バロン・ハロルド・アンソニー

- カドマン，サー・ジョン

- カリファノ，ジョセフ

- キャリントン卿

- カーター、エドワード

- カトリン、ドナート

- キャットー、ロード

- デボンシャー公爵キャヴェンディッシュ、ヴィクター・C・W。

- チェンバレン ヒューストン・スチュワートチャン・V・F

- チェチーリン、ゲオルギー、または指定された家族。

- チャーチル，ウィ

，ロード・ルイス

- ムンテ、A、または家族の代理人。

- ネイスビット，ジョン

- ニーマン、ユヴァル

- ニュービギング、デビッド

- ニコルズ、ベタルのニコラス卿。

- ノーマン、モンタギュー

- ロザビー家のオブライエン卿

- オギルビー，アンガス

- 沖田三郎

- オールドフィールド、サー・モリス

- オッペンハイマー、アーネスト卿、そして後継者のハリー。

- オームズビー・ゴア、デイビッド（ハーレック卿）。

- オルシーニ、フランコ・ボナカッシ

- オルトラーニ，ウ

ンストン

- Cicireni, V. or Designated Family.
- チーニ、ヴィットリオ伯爵
- クラーク、ハワード
- クリーブランド、エイモリー
- クリーブランド、ハーランド
- クリフォード、クラーク
- コボルド、ロード
- コフィン、ウィリアム・スローン牧師。
- コンスタンチ、ハウス・オブ・オレンジ
- クーパー、ジョン名付け親。
- クーデンホーフ・カレルギ、伯爵
- カウドレイ、ロード
- コックス、サー・パーシー
- クロマー、ロード・イヴリン・ベ

ンベルト

- オスティガイ、J.P.W.
- ペイリー、ウィリアム・S・パラヴァチーニ
- パルメ、オラフ
- パーマストン
- パルムスティエルナ、ヤコブ
- パオ・Y.K.
- ピーズ，リチャード・T.
- ペッチェイ、アウレリオ。
- ピーク、サー・エドモンド
- ペレグリーノ、マイケル、枢機卿。
- パーキンス、ネルソン
- ペステル、エドゥアルド
- ピーターソン、ルドルフ
- ペッターソン，ピーターG.
- ペティ，ジョン・R
- エディンバラ公フ

アリング

- クラウザー、サー・エリック
- カミング、マンスフィールド卿
- カーティス、ライオネル
- ダーシー ウィリアム K.
- ダヴィニョン、エティエンヌ伯爵
- ダナー、ジャン・デュロック
- デイビス，ジョン・W. デ・ベネディッティ，カルロ
- デ・ブルイネ、ダーク
- デ・ガンツベルク、アラン男爵
- ラマターより、ウォルター少将。
- デ・メニル、ジャン
- デフリース、リマー
- デ・ズルエタ、サー・フィリップ
- ダーレンベルク、シャルル・ルイ侯

ィリップ殿下

- ピアシー ジョージ
- ピンチョット、ギフォード
- プラット、チャールズ
- プライス・ウォーターハウス、指定代理人
- ラジウォール
- レーニエ、プリンス
- ラスコブ，ジョン・ジェイコブ
- レカナティ
- リーズ，ジョン
- リース、ジョン・ローリングス
- レニー，サー・ジョン
- レッティンジャー，ジョセフ
- ローデス，セシル・ジョン
- ロックフェラー、デイビッド
- 役名 イプスデンのエリック卿
- ローゼンタール、

爵

- ➤ デラノ.ファミリー代表
- ➤ デント、R.
- ➤ デテルディング、サー・アンリ
- ➤ ディ・スパダフォラス、ギチエレス伯爵（跡継ぎ）
- ➤ ダグラス＝ホーム、サー・アレック
- ➤ ドレイク、サー・エリック
- ➤ デュシェーヌ、フランソワ
- ➤ デュポンケント公爵エドワード
- ➤ アイゼンバーグ、シャウル
- ➤ エリオット、ニコラス
- ➤ エリオット、ウィリアム・ヤンデル
- ➤ エルスワーシー卿
- ➤ ファーマー、ビクター
- ➤ フォーブス、ジョンM.
- ➤ フォスカロ、ピエ

モートン

- ➤ ロストウ, ユージン
- ➤ ロスミア卿
- ➤ ロスチャイルド エリー ド エドモンド ド ロートシルト男爵
- ➤ ランシー、ロバート博士
- ➤ ラッセル卿
- ➤ ラッセル、バートランド卿
- ➤ サン・グーエ、ジャン
- ➤ ソールズベリー侯爵夫人
- ➤ ロバート・ガスコイン・セシル
- ➤ シェルバーン、レ・ソールズベリー、ロード
- ➤ サミュエル、マーカス卿
- ➤ サンドバーグ、M.G.
- ➤ サーノフ、ロバート
- ➤ Schmidheiny、Stephanまたは代替の兄弟Thomas、

ール

- フランス、アーノルド卿
- フレイザー、サー・ヒュー
- 一族を代表するデンマーク国王フレデリック9世。
- フレール、ラザール
- フレスコバルディ、ランベルト
- フリブール、ミヒャエル
- ガボール、デニス
- ギャラティン，アルバート代表者名
- ガードナー、リチャード
- ゲッデス、オークランド卿
- ゲッデス、サー・リー
- ジョージ・ロイド
- ギッフェン，ジェームス
- ギルマー，ジョンD.
- ジュスティニアー

Alexander。

- シェーンバーグ、アンドリュー
- シュローダー
- シュルツ，ジョージ
- シュヴァルツェンブルク，E.
- ショークロス、ハートリー卿
- シェリダン、ウォルター
- シロクマ、ルビン
- シリトエ、サー・パーシー
- サイモン，ウィリアム
- スローン，アルフレッド・P.
- スマッツ、ジャン
- スペルマン
- スプラウエル、ロバート
- スタルス、Dr. C.
- スタンプ、主代表。
- スチール、デビッド
- スティガー、ジョ

ニ、ジャスティン

➢ グラッドストーン卿

➢ グロスター公爵

➢ ゴードン、ウォルター・ロックハート

➢ グレース、ピーターJ.

➢ グリーンヒル、デニス・アーサー卿

➢ グリーンヒル、デニス卿

➢ グレイ，サー・エドワード

➢ ギレンハマー、ストーンズ

➢ ノルウェー国王ハーコン。

➢ ヘーグ、ダグラス卿

➢ ヘールシャム、ロード

➢ ハルデン リチャード・バルドン

➢ ハリファックス卿

➢ ホール、サー・ピーター・ヴィッカーズ

➢ ハンブロ、サー・

ージ

➢ ストラスモア、ロード

➢ ストロング、サー・ケネス

➢ ストロング、モーリス

➢ サザーランド

➢ スワスリング、ロード。

➢ スワイヤー、J. K.

➢ Tasse, G.または指定された家族。

➢ テンプル、サー・R

➢ トンプソン，ウィリアム・ボイス

➢ トンプソン卿

➢ ティッセン・ボルナミッサ

➢ ハンス・ヘンリック男爵

➢ ハンフリー・トレビン卿

➢ ターナー、マーク卿

➢ ターナー，テッド

➢ タイロン、ロード

➢ ウルキディ、ビクター

ジョセリン

- ➤ ハミルトン，シリ
ル
- ➤ ハリマン、アヴリ
ル
- ➤ ハート、サー・ロ
バート
- ➤ ハートマン，アー
サー・H.
- ➤ ヒーリー、デニス
- ➤ ヘルスビー、ロー
ド
- ➤ エリザベス二世女
王陛下
- ➤ ジュリアナ女王陛
下
- ➤ ベアトリックス王
女殿下
- ➤ マルガレータ女王
殿下。
- ➤ ヘッセン州、大公
の子孫、一族を代
表する。
- ➤ ヘセルタイン，サ
ー・ウィリアム
- ➤ ホフマン、ポール
G.
- ➤ ホランド、ウィリ
アム
- ➤ ブラガンザ家

- ➤ ヴァン・デン・ブ
ルック、H.
- ➤ バンダービルト
- ➤ バンス、サイラス
- ➤ ベリティ，ウィリ
アムC.
- ➤ 陛下、アミュエル
公。
- ➤ ビッカース、サー
・ジェフリー
- ➤ ヴィリアーズ、ジ
ェラルド・ハイド
交互家族。
- ➤ ボルピ、カウント
- ➤ フォン・フィンク
、バロン・アウグ
スト
- ➤ フォン・ハプスブ
ルク、オットー大
公、ハプスブルク
＝ロレーヌ家。
- ➤ Wallenberg, Peterま
たはその家族の代
理人。
- ➤ フォン・トゥルン
&タクシス、マッ
クス。
- ➤ ワン・クワン・チ
ェン博士
- ➤ ウォーバーグ、S.
C.

- ホーエンツォレルン家
- 家、マンデル大佐
- ハウ、サー・ジェオフリー
- ヒューズ，トーマス・H.
- ユーゴ、ティーマン
- ハッチンズ、ロバート・M
- ハクスリー，オルダス
- インチケープ、ロード。
- ジェイミソン，ケン
- ヤペツ、エルンスト・イスラエル
- ジェイ・ジョン家族代表。
- ジョードリー、J.
- ジョセフ、サー・キース
- カッツ，ミルトン
- カウフマン、アッシャー
- キース、ケネス卿
- ケズィック、サー

- ワード・ジャクソン、レディ・バーバラ
- ワーナー、ローリー
- ワーンケ，ポール
- ウォーレン、アール
- ワトソン，トーマス
- ウェッブ、シドニー
- ワイル，デヴィッド
- ウィール、アンドリュー博士
- ワインバーガー、キャスパー卿
- ワイズマン、チャイム
- ウェルズ，H. G.
- ウィートマン、ピアソン（ロード・コウドレイ）。
- ホワイト、サー・ディック・ゴールドスミス
- Whitney, Straight.
- ワイズマン、サー・ウィリアム

・ウィリアム・ジ
ョンストン、また
はケズィック、
H.N.L.

- ➤ ヴィッテルスバッ
  ハ
- ➤ ウォルフソン，サ
  ー・アイザック
- ➤ ウッド、チャール
  ズ
- ➤ ヤング オーウェン

書誌情報

1980年代PROJECT、Vance, Cyrus、Yankelovich, Daniel。

1984年、オーウェル、ジョージ。

20年後：NATOの衰退とヨーロッパにおける新たな政策の模索』 ラスキン、マーカス、バーネット、リチャード。

AIR WAR AND STRESS、ヤヌス、アーヴィング。

AN AMERICAN COMPANY; THE UNITED FRUIT TRAGEDY, Scammel, Henry and McCann, Thomas.

法制の原理と道徳への入門』ベンサム ジェレミー。ベンサムはこの1780年の著作で、「自然は人間を苦痛と快楽という二つの主権者の支配下に置いた......」と述べている。彼らは、私たちが行うすべてのことを支配しているのです」。ベンサムは、フランス革命のジャコバン派のテロリストの恐ろしさを正当化するようになった。

ロイミ銀行の年次報告書、1977年。

その時、その場所で：上院水質調査委員会の裏話』トンプソン、フレッド。バーナード・バーカーはウォーターゲート事件の犯人の一人で、トンプソンの居場所を教えてくれた。彼はアーヴィン委員会で少数派の弁護士だった。バーカー氏と会ったのは、フロリダ州コーラルゲーブルズにあるコーラルゲーブルズ・カントリー・クラブのすぐ近くにあるA&Pスーパーマーケットの前だった。Barker氏によると、Thompson氏は、スーパーマーケットA&Pからわずか5分の距離にあるCoral Gablesに住む彼の母親を短期間訪問していた法律パートナーと一緒にいたとのこと。そこに行って、トンプソンに会いました。そこで、トンプソンに会った。彼は、アーヴィンが、自分、トンプソンが認める証拠に厳しい制限を加えていることに失望を表明したのだ

。

BAKU AN EVENTFUL HISTORY, Henry, J. D...

ビースト・オブ・ザ・アポカリプス」オグラディ、オリビア・マリア本書は、ロイド・ジョージと共謀して欧州連合の敷居を高くしたウィリアム・C・ブレットをはじめ、さまざまな歴史上の人物を詳細に紹介している注目の書である。

白ロシアの将軍デネキンとラングルが、ボルシェビキ赤軍を敗走寸前まで追い詰めた時のことだ。また、完全に腐敗している石油産業についても多くの情報を提供している。特に興味深いのは、古代ベネチア黒人のモンテフィオーレ貴族、モーゼス・モンテフィオーレ卿に関する情報である。

BRAVE NEW WORLD』オルダス・ハクスリー。

中国における英国オピウム政策、オーエン、デビッド・エドワード。

ブリティッシュ・オピウム・ポリシー」F・S・ターナー

セシル・ロッズ、フリント、ジョン

セシル・ロッズ『*帝国の解剖学*』マーロウ、ジョン。

トランスアトランティック・インバランスとコラボレーションに関する会議、Rappaport, Dr Anatol.

CONVERSATIONS WITH DZERZHINSKY, Reilly, Sydney.英国シークレットサービスの未公表文書について。

CREATING A PARTICULAR BEHAVIOUL STRUCTURE』カートライト、ドーウィン。

CRYSTALLISING PUBLIC OPINION』バーネイズ エドワード

DEMOCRATIC IDEALS AND REALITY, Mackinder, Halford.

エルビン、サム上院議員ウォーターゲート事件の公聴会で重要な証拠の提出を妨害したのに加え、私の考えでは、アーヴィンは、憲法の権威を自任しながら、エバーソン事件の司法見解を引用して、信仰に基づく学校への援助に反対し、一貫してこの国を裏切ってきたのである。スコットランドのフリーメーソンであるアーヴィン氏は、そのためにウォーターゲート委員会の

委員長を任されたのだと思うが、ついにスコットランドの権威ある「個人権利の支持」賞を受賞したのである。1973年、アーヴィンはクラウゼン総帥を讃える昼食会を上院のダイニングルームで開いた。

EVERSON VS.BOARD OF EDUCATION, 33 O U.S.I, 1947.

FRANKFURTER PAPERS, Box 99 and Box 125, *"HUGO BLACK CORRESPONDENCE"."*

新コロンビア百科事典「*GNOSTICISM, MANICHEISM, CATHARISM*」。

MANLL、ラズロ、エルニンの*ゴール*。

GOD'S BANKER』コーンウェル、ルパート。P2の概要とロベルト・カルヴィ殺害事件-P2メイソンリーについて解説しています。

ヒューマン・クオリティ、ペッチェイ、A.

インターナショナル・ジャーナル・オブ・エレクトロニクス

音楽社会学入門』アドルノ、テオ。アドルノは、ディオニュソス崇拝に関する音楽実験を行ったため、ヒトラーによってドイツから追い出された。オッペンハイマー家の要請でイギリスに渡り、イギリス王室からゴードンストウン校の施設と支援を受けることになった。アドルノはここで、「ビートル・ミュージック・ロック」、「パンクロック」、「ヘビーメタル・ロック」など、今日の音楽として通用する退廃的な喧騒を完成させたのである。ビートルズという名前は、現代のロックとイシス信仰、そして古代エジプトの宗教的シンボルであるスカラベとの関連性を示すために付けられたというから面白い。

INVASION FROM MARS、Cantril。本書でカントリルは、オーソン・ウェルズの集団ヒステリー実験後にパニックになって逃げ出した人々の行動パターンを、H・G・ウェルズの『宇宙戦争』を使って分析している。

ケネディ暗殺の調査、ジム・ギャリソンの調査結果に関する非公式報告書。パリ、フラモンド。

IPS REVISITED、コールマン、ジョン博士。

ISIS UNVEILED, A MASTER KEY TO THE ANCIENT AND MODERN SCIENCE AND THEOLOGY, Blavatsky, Madame Helena.

J・ジェイコブ・アスター ビジネスマン ポーター ケネス・ウィギンズ

JUSTICE BLACK'S PAPERS, Box 25, General Correspondence, Davies.

キング・メイカーズ、キング・ブレイカーズ、セシル・ファミリーの物語、コールマン、ドクター・ジョン。

*解放の神学*この情報は、カール・マルクスの著作を大いに参考にしたフアン・ルイス・セグンドの仕事から得たものである。セグンドは、1984年8月6日に発表された「『解放の神学』のある側面に関する教令」に含まれる、カトリック教会の解放の神学に対する指示を猛烈に攻撃したのである。

LIES CLEARER THAN TRUTH、バーネット、リチャード（IPSの創設メンバー）。McCalls誌、1983年1月号。

McGRAW HILL GROUP, ASSOCIATED PRESS.マグロウヒル社が所有する28誌のレポートの一部と、APの記事。

ある英国諜報員の回想録』ロックハート、ブルース。ボルシェビキ革命がどのようにロンドンからコントロールされていたかを解説した本です。ロックハートは、ミルナー卿の代理人としてロシアに赴き、ミルナーのレーニンやトロツキーへの投資を監視していた。ロックハートは、レーニンやトロツキーとすぐに面会できた。レーニンは、しばしば高官や外国の代表団で待合室がいっぱいになり、中には5日間も待ち続けていた人もいたというのに。しかし、ロックハートは、この2人に会うために数時間以上待たされたことはない。ロックハートは、トロツキーの署名入りの手紙を携帯し、ロックハートが特別な地位にあり、常に最大限の協力をするようにボルシェビキの全幹部に知らせていた。

MIND GAMES』マーフィー、マイケル。

MISCELLANEOUS OLD RECORDS, India House Documents, London.

MK ULTRA LSD EXPERIMENT, CIA Files 1953-1957.

MR.WILLIAM CECIL AND QUEEN ELIZABETH』（リード、コニャース）。

MURDER、Anslinger、Henry.アンスリンガーは一時期、麻薬取締局のナンバーワン・エージェントであり、彼の著書はアメリカ政府のいわゆる麻薬戦争を強く批判する内容になっている。

MY FATHER, A REMEMBRANCE』（ブラック、ヒューゴ・L・Jr.

NATIONAL COUNCIL OF CHURCHES, Josephson, Emmanuelの著書 "ROCKEFELLER, INTERNATIONALIST "の中で。

石油の帝国主義、石油をめぐる国際的な闘争、フィッシャー、ルイ。

PAPERS OF SIR GEORGE BIRDWOOD, India House Documents, London.

*EASDEA TITLE I READING ACHIEVEMENT TESTS*におけるパターン、スタンフォード。研究所の様子。

ポピュレーション・ボム』アーリック、ポール。

PROFESSOR FREDERICK WELLS WILLIAMSON, India House Papers, London.

パブリック・アジェンダ・ファウンデーション1975年、サイラス・ヴァンスとダニエル・ヤンケロヴィッチにより設立。

PUBLIC OPINION, Lippmann, Walter.

REVOLUTION THROUGH TECHNOLOGY、クーデンホーブ・カレルギ、カウント。

*ロックフェラー、国際主義者*ジョセフソンは、ロックフェラーがいかにしてアメリカのキリスト教会に浸透し、その後、彼らの血縁者であるジョン・フォスター・ダレスという最高のエージェントを使って、この国の教会生活のあらゆる面で支配力を維持したかを詳述している。

*3603号室*ハイド、モンゴメリーこの本では、ニューヨークのRCAビルからウィリアム・スティーブンソン卿が率いるイギリスの諜報機関MI6の活動の詳細が書かれているが、「カバーストーリー」の常として、実際の出来事については省略されてい

る。

特殊関係：平和と戦争におけるアメリカ」ウィーラー＝ベネット、サー・ジョン。

心の生態学へのステップ』（ベイトソン、グレゴリー）。ベイトソンは、タヴィストックの新科学における最も重要な5人の科学者の一人であった。後年、彼はタヴィストックの46年にわたる対米戦争の立案と運営に貢献した。

STERLING DRUG.ウィリアム・C・ビュレットはその取締役会のメンバーであり、I.G.ファルベンの取締役会のメンバーでもあった。

テクノトロニック時代、ブレジンスキー、Z.

米国におけるテロリズム（米国情報機関への攻撃を含む）：FBIファイル#100-447935、#100-447735、#100-446784。

THE CAIRO DOCUMENTS』ハイカル、モハメッド。ハイカルはエジプト・ジャーナリズムの祖父であり、ナセルが周恩来と対談し、中国でのアヘン貿易で英米に復讐することを誓った場面に立ち会った人物である。

THE CHASM AHEAD』Peccei, A.

ロックハート卿の日記』ロックハート，ブルース．

ザ・エンジニアリング・オブ・コンセント』（バーネイズ）。1955年に出版されたこの本で、バーネイズは、一国の方向性を変えうる、そして実際に変えうる重要な問題に関して、ターゲットとなる集団を説得し、考えを変えさせるための手口を概説しています。この本は、レズビアンやゲイの組織、環境保護団体、中絶の権利団体などに見られるような、精神医学的なショック部隊を解き放つことについても論じている。"精神的ショック部隊"とは、タヴィストック人間関係研究所の創設者であるジョン・ローリングス・リースが提唱した概念である。

連邦予算と社会的再建、IPSフェローのRaskinとBarnett。IPSに代替予算の作成を依頼した議員、あるいはそれを支持した議員のリストはあまりに長くなるのでここでは紹介しないが、トム・ハークネス、ヘンリー・ルース、パトリシア・シュローダー

、レス・アスピン、テッド・ワイス、ドン・エドワーズ、バーバラ・ミクルスキー、メアリー・ローズ・オークル、ロナルド・デラムス、ピーター・ロディーノといった著名人が名を連ねている。

ハックスレイズ、クラーク

THE IMPERIAL DRUG TRADE』ロウントリー。

THE JESUITS マーティン マラカイ

THE LATER CECILS』ローズ、ケネス。

マルタスの遺産』チェイス、アラン。

持続可能な成長の経営」クリーブランド、ハーラン。クリーブランドは、NATOの依頼で、アメリカの産業基盤の破壊を目的としたローマクラブのポスト工業化・ゼロ成長社会構想の成功度合いを報告するためにやってきた。この衝撃的な文書は、1991年以来アメリカが深刻な経済不況に陥っている理由を説明する緊急の必要性を感じている愛国的なアメリカ人なら誰でも読むべきものである。

インドを支配した男たち』ウッドラフ、Philip.

この本でウェルズは、新世界秩序（彼は新共和国と呼んでいる）において、「役に立たない食べる人」、すなわち余剰人口がどのように処分されるかを述べている。

> 新共和国の人々は、死に直面することも、死を与えることも恐れないだろう...彼らは、殺人を価値あるものとする理想を持ち、アブラハムのように、殺人のための信仰を持ち、死に関する迷信を持たないだろう......」。彼らは、人口のある部分は苦しみと哀れみと忍耐によってのみ存在すると、私は予期している。そして、彼らが繁殖しない限り、そして私が彼らに反対する理由を予期しない限り、彼らはこの苦しみが悪用されたときに殺すことを躊躇しないであろう...」と。このような殺人は、すべてアヘンを使って行われるでしょう。もし、未来のコードに抑止力のある罰則が用いられるなら、抑止力は死でも身体の切断でもなく、科学的に引き起こされた良い痛みでしょう。"と。

米国にはウェルズの改宗者が非常に多く、新世界秩序が現実の

ものとなれば、躊躇なくウェルズの指示に従うだろう。リップマンは、ウェルズの熱烈な信奉者の一人であった。

THE POLITICS OF EXPERIENCE, Laing, R.D. Laingはタヴィストックのスタッフ心理学者で、アンドリュー・スコフィールドのもと、取締役会のメンバーであった。

東南アジアにおけるヘロインの政治学」マッコイ、アルフレッド・W、リード、C・B、アダムズ、レナード・P

中国の問題」ラッセル、バートランド。

パグウォッシュ会議」バートランド・ラッセル。1950年代初頭、ラッセルはロシアへの核攻撃運動を主導していた。それが発覚した時、スターリンは「報復も辞さない」と警告した。ラッセルは一夜にして平和主義者になり、核軍縮を求めるCND（Ban the Bomb）運動を起こし、そこからパグウォッシュ会議の反核科学者たちが生まれたのである。1957年、最初のグループは、長年アメリカの共産主義者であったノバスコシア州のサイラス・イートン氏の家に集まった。パグウォッシュの仲間は、反核や環境問題に熱心で、核兵器開発を進めるアメリカにとって、とげとげしい存在であった。

円卓会議と帝国議会』ケンドル、ジョン。

大衆音楽産業の構造：レコードが大衆に消費されるための選別過程』（社会調査研究所）。本書は、「ヒットパレード」「トップテン」（現在は「トップフォーティ」まで拡大）、その他リスナーを欺き、「THE」好みの音楽を聴かせるために作られたカラクリを解説している。

ジェレミー・ベンサム作品集』バウリング、ジョン。ベンサムは当時の自由主義者であり、アメリカ独立戦争末期のイギリス首相シェルバーン卿の代理人であった。ベンサムは、人間は普通の動物に過ぎないと考えており、ベンサムの理論は、後に彼の弟子であるデイヴィッド・ヒュームが取り上げることになる。動物の本能について、ヒュームはこう書いている。

> 「...私たちがすぐに異常で不可解だと賞賛してしまうもの。しかし、私たちが獣と共通に持ち、生命の全行動が依存している実験的理性そのものが、本能の一種、つまり私たち

の知らないうちに私たちの中で作用する機械的力にほかならないことを考えれば、私たちの驚きはおそらく止むか弱まるだろう・・・本能は異なっていても、それは本能なのだ。"

時間軸とモラル」（レビンB.

TOWARD A HUMANISTIC PSYCHOLOGY』カントリール。

TREND REPORT、Naisbitt, John.

米国議会下院内部安全保障委員会、政策研究所（IPS）およびペンタゴン・ペーパーズに関する報告。1970年の春、FBIのウィリアム・マクダーモットは、当時ランドのセキュリティーのトップであったリチャード・ベストを訪ね、エルズバーグがランドのベトナム研究資料を持ち出し、ランドの敷地外でコピーしている可能性を警告した。ベストはマクダーモットを連れて、ランドの責任者でエルズバーグの親友でもあったハリー・ローワン博士に会いに行った。ローワンは、国防総省の調査が進んでいることをFBIに伝え、彼の保証により、FBIはエルズバーグの調査を取り下げたようだ。実際、調査は行われていなかったし、DODが調査を行うこともなかった。エルズバーグは、ランド社で機密情報を保持したまま、ベトナム戦争に関する文書の抜き取りやコピーを露骨に続け、ニクソン政権を根底から揺るがす「ペンタゴン・ペーパーズ事件」で暴露されることになった。

UNDERSTANDING MAN'S SOCIAL BEHAVIOUR』（カントリール）。カントリルは、タヴィストック・メソッドを教えるサンフランシスコの人間性心理学協会の主要な創設者である。このような機関では、純粋な科学と社会工学の境界が完全にあいまいになってしまうのです。社会工学」という言葉は、社会的、経済的、宗教的、政治的な出来事に対する集団の方向性に大規模な変化をもたらすためにタヴィストックが用いた手法のあらゆる側面をカバーしており、対象集団を洗脳して、表明された意見や採用された見解が自分たちのものであると信じ込ませる。選ばれた人は、同じようにタビストック療法を受け、性格や行動に大きな変化が見られるようになった。このことは、1991年末に米国を衰退と没落の黄昏状態に追い込んだ大きな要因の一つであり、現在もなお、国家的なシーンに壊滅的な影響を与

えている。私は、このような国情を「アメリカ合衆国の黄昏、衰退と没落」というタイトルで、1987年に出版した。人間心理学会は、ローマクラブのプロジェクトとして、1957年にアブラハム・マセロフによって設立されました。リシス・リヒェルトとロナルド・リッパートは、「科学的知識の使用に関する研究センター」と名付け、ローマクラブの委託を受けて、タヴィストックに意思決定に関する別の研究センターを設立した。このセンターは、ローマクラブのドナルド・マイケルの指導のもとで行われた。このセンターは、1940年にプリンストン大学に設立された「世論調査室」をほぼベースにしている。そこでカントリルは、今日の世論調査員が使う多くのテクニックを教えたのである。

未発表の書簡、キプリング、ラドヤード。キプリングはウェルズの弟子であり、ウェルズと同様に世界を支配する手段としてのファシズムを信じていた。キプリングはクロスパティーを自分の紋章として採用した。この十字架は、後にヒトラーに採用され、若干の修正を経て鉤十字となった。

ウェルズが「*宇宙戦争*」の*権利*をRCA社に売却した経緯について興味深い内容が書かれている。

モントレアルは誰のもの」オーバン、アンリ

イルミナティと外交問題評議会(CFR)

By MYRON C.フェイガン

(書き起こし)

著者について

Who's Who in the Theatre」ガイド[28] は、常に演劇界の権威あるバイブルとなっています。決して贔屓をせず、嘘をつかず、誰も美化しない。常に偏りのない演劇界の男たちの歴史であった。彼は、演劇の唯一無二の試験場でその価値を証明した人たちだけをリストアップしています。ブロードウェイ：この「Who's Who」は、マイロンC.が出演した演劇をリストアップしています。ドラマ、コメディ、メロドラマ、ミステリー、寓話、茶番劇など、その多くが当時最も反響を呼んだ[29] のヒット作となりました。1907年、19歳でブロードウェイに登場した彼は、アメリカ演劇史上最年少の劇作家だった。レスリー・カーター夫人、ウィルトン・ラッケイ、フリッツ・ライバー、アラ・ナジモワ、ジャック・バリモア、ダグラス・フェアバンクス・シニア、E・H・サザン、ジュリア・マーロウ、ヘレン・モーガン、等々、当時の名士のほとんどに劇作と演出を提供しました。チャールズ・M・フローマン、ベラスコ、ヘンリー・W・サヴェージ、リー・シュバート、エイブ・アーレンジャー、ジョージ・M・コーハンなどを演出した。1925年から1930年にかけて、「白いバラ」、「サムズ・ダウン」、「どこからともなく来た二

---

[28] *劇場の誰々さん*、原文のままNdt.
[29] "成功" NDT

人の他人」、「ミスマッチ」、「魅惑の悪魔」という12の劇を
書き、自ら演出、プロデュースしました。"小さなロケット"、"
ジミーの妻たち"、"大国"、"無分別"、"ナンシーの私生活"、"賢
い女"、"ピーターの飛行機 "です。[30]

また、フェイガンは、ニューヨーク・グローブ紙やハースト社
の新聞など、*APN*の「ドラマエディター」としても活躍した。
しかし、1916年には演劇から「サバティカル」（有給休暇）を
取り、共和党の大統領候補であったチャールズ・エヴァンス・
ヒューズの「広報部長」を務めた。1928年にはフーバー陣営か
ら同様の役職をオファーされたが断り、フェイガン氏は演劇、
ジャーナリスト、国政に渡るキャリアを持っており、これらす
べての分野でエキスパートとして認められている。

1930年、フェイガン氏はハリウッドに渡り、故ジャック・ケネ
ディ大統領の父ジョセフ・P・ケネディが当時所有していたパ
テ映画社や、20th Century Foxなどのハリウッド映画スタジオで
「作家・監督」として働いていた。しかし、彼はブロードウェ
イの伝説的な分野でも仕事を続けていた。

1945年、ジョン・T.の呼びかけで、「ヴェンディ」と名付けら
れた。ルーズベルト神話」「While We Slept」「The True Story of
Pearl」などで有名な、南カリフォルニア大学通信社のジャーナ
リスト、フリン氏が記事を書いている。

フェイガン氏は、ワシントンD.C.で開かれた会合に出席し、フ
ランクリン・ルーズベルト、アルガー・ヒス、ハリー・ホプキ
ンス、スターリン、モロトフ、ビシンスキーが参加したヤルタ
秘密会議のマイクロフィルムと録音を見せられ、バルカン、東
欧、ベルリンをスターリンに引き渡すという計画を立てた時の
ことを思い出したといいます。この会合の結果、フェイガン氏
は「赤い虹」（この戯曲で全貌が明らかになった）と「泥棒天
国」（この戯曲で、彼らがいわゆる共産主義世界政府の「手段
」として「国連」を創設しようと企てたことが明らかになった
）の2つの戯曲を書いた。

---

[30]白いバラ」「サムズ・ダウン」「どこからともなく来た二人の他人」「ミス
メート」「魅惑の悪魔」「小さなスピットファイア」「ジミーの女」「大国」
「無分別」「ナンシーの私生活」「賢い女」「ピーターは高飛びする」。

同時にフェイガン氏は、ハリウッドの「赤い陰謀」を暴露し、「単一の世界政府」の陰謀を暴くための映画を製作するために、一人で聖戦を開始したのである。こうして生まれたのが「シネマエデュケイショナルギルド」である。この組織 "C.E.G." の活動の成果です。(この公聴会では、ハリウッドの有名なスター、作家、監督（ラジオ、テレビも含む）300人以上が、「赤い陰謀」の主要な活動家であることが暴露されたのであった。その時、悪名高い「ハリウッド・テン」[31] 、刑務所に送られた。10年間で最もセンセーショナルな出来事だったのです

それ以来、フェイガン氏は「C.E.G.」のために毎月「ニュース・ブレティン」[32] を書くことにすべての時間と努力を注いでいる。その中で彼は、アメリカ合衆国の主権を破壊し、アメリカ国民を国連の「一つの世界政府」に奴隷にしようとする陰謀をアメリカ国民に警告するための闘いを続けているのである。

このセンセーショナルな記録の中で、彼は、2世紀前に背教者のカトリック司祭アダム・ヴァイスハウプトによって開始された統一世界を奴隷にする陰謀の始まりを明らかにしている。フェイガン氏は、このイルミナティがいかにロスチャイルド家の道具となって「一つの世界政府」のプロジェクトを遂行し、過去2世紀にわたるすべての戦争がいかにこのイルミナティによって煽られたかを（証拠書類とともに）説明している。シフ氏は、ロスチャイルド家がイルミナティ計画を推進するために、ジェイコブ・H・シフという人物を米国に送り込んだこと、シフ氏が民主党と共和党を支配するためにどのように活動したかについて述べている。シフがいかにして我々の議会と大統領をそそのかし、我々の通貨システム全体をコントロールし、所得税というガンを作り出したか、そしてシフとその共謀者がいかにして「FOREIGN RELATIONS COUNCIL」[33] を作り、所得税を徐々に高いレベルに引き上げるために我々の選出した役人をコントロールしたかを紹介します。

こうして、アメリカは「国連」政府の庇護のもと、統一された世界の従属的な存在となったのである。

---

[31]"ハリウッド・テン", NDT.
[32]"ニュース速報
[33] CFR（外交問題評議会）。

つまり、この録音（録画）は、世界史上最もセンセーショナルな陰謀の、最も興味深く、恐ろしい-そして事実の物語なのである。この国を愛し、神を愛し、イルミナティが破壊しようとしているキリスト教を救いたい人、韓国、ベトナム、南アフリカ、そして今中東の戦場で死んでいく息子たちを救いたい人は、この録音を聴くべきです。この驚くべき物語を聞いた（読んだ）人は、わが国とわが国の若者を救うための戦いに参加することになるのは、まったく間違いない。

マイロン・フェイガンの録音は、1960年代に行われた。この文書に記載されている内容を「確認」する時間をとってください。フェイガン氏の言葉を鵜呑みにすることはありません。お住まいの州の法律図書館や寄託図書館を訪問されることをお勧めします。本書に記載されている電話番号や住所は、Fagan氏がもういないため、おそらく古いものでしょう。

"国連が、アメリカの主権を破壊し、アメリカ国民を国連一国独裁のもとに奴隷にしようとする大陰謀の中心にあるのはなぜか "という問題は、アメリカ国民の大多数にとって全く未知の謎である。わが国と自由世界全体に対する恐るべき危険について、このように知識がない理由は簡単である。この壮大な陰謀の黒幕は、テレビ、ラジオ、報道機関、ハリウッドをはじめとするマスメディアのすべてを絶対的に支配しているのだ。国務省、国防総省、ホワイトハウスは、ニュースを管理する権利と権力を持ち、真実ではなく、自分たちが信じさせたいことを伝えると堂々と宣言していることを、私たちは皆知っている。彼らは偉大な陰謀の主人の命令でこの権力を掌握し、その目的は、人々を洗脳してインチキな平和の餌を受け入れさせ、米国を国連という一つの世界政府の従属的な単位にすることである。

"まず第一に、米国が戦い、15万人の息子たちが死傷した韓国でのいわゆる国連の警察活動も、陰謀の一部であることを忘れてはならない。" ベトナムでの議会による無申告戦争と同様に、ローデシアと南アフリカに対する陰謀もまた、国連によって仕組まれた陰謀の一部である。しかし、すべてのアメリカ人にとって最も重要なことは、韓国で死に、今ベトナムで死んでいる少年たちの母親たちにとって、私たちが国家と憲法を守るために選んだワシントンのいわゆるリーダーたちが反逆者であり、彼らの背後に、一つの世界政府という悪魔の計画で全世界と人類を奴隷にすることだけを目的とする比較的小さなグループがいることを知ることである。

"この悪魔の陰謀を非常に分かりやすく説明するために、18^{ème}世紀半ばの始まりまで遡り、この陰謀を実行に移した人物の名前を挙げます。そして、この陰謀の現状を、現在に引き戻そうと思います。さて、追加情報として、FBIが使っている用語ですが、「彼はリベラルである」という言葉の意味をはっきりさせておきましょう。敵である一元的な陰謀者たちは、自分たちの活動を隠すために、この「リベラル」という言葉を掴んでいる。リベラルというと無邪気で人道的な感じがします。まあ、

リベラルと名乗ったり、そう評されたりする人が、実は「赤」
でないことを確認すること。

"イルミナティ "の名のもとに誕生したこの悪魔の陰謀は、1760
年代に開始された。このイルミナティは、ユダヤ人として生ま
れたアダム・ヴァイスハウプトという人物が、カトリックに改
宗してカトリックの司祭となり、当時新しく組織されたロスチ
ャイルド家の命令で、脱会してイルミナティを組織したもので
ある。当然、ロスチャイルド家はこの作戦に資金を提供し、そ
れ以来、フランス革命に始まるすべての戦争は、さまざまな名
前と変装で活動するイルミナティによって推進されるようにな
ったのです。様々な名前で」「様々な装いで」と言ったのは、
イルミナティが暴露されて有名になった後、ヴァイスハウプト
とその共謀者たちは、様々な別の名前で活動するようになった
からである。アメリカでは、第一次世界大戦直後に「外交問題
評議会」、通称CFRと呼ばれるものを作り、このCFRが実はア
メリカにおけるイルミナティのビークルであり、そのヒエラル
キーでもあるのだそうです。イルミナティの元締めの頭脳は外
国人であったが、その事実を隠すために、彼らの多くは元の苗
字をアメリカ風の名前に変えていた。例えば、ディロン家のク
ラレンスとダグラス・ディロン（米国財務省の秘書）の本名は
ラポスキーである。これらについては、また後日ご紹介します
。

"王立国際問題研究所 "という名称で活動している同様のイルミ
ナティ組織が英国にある。(フランス、ドイツなどにも同様のイ
ルミナティ秘密組織があり、別の名前で活動しており、CFRを
含むこれらの組織はすべて、多数の子会社やフロント組織を継
続的に作り、各国の情勢のあらゆる局面に潜り込んでいるので
す。しかし、これらの組織の運営は常に、ロスチャイルド家に
よって支配されている国際主義銀行家たちによって指示され、
支配されている（この支配の主要な代理人の一つが国際BAR協
会とその分派であるアメリカBAR協会などである）。重要なの
は、今や世界のほぼすべての国に弁護士会があり、常に国連を
後押ししていることだ。アメリカBARが提出した、アメリカ全
土で国連を支援・推進することを約束する1947年の協定書のコ
ピーを持っています）。

"ロスチャイルド家のある分家はナポレオンに資金を提供し、別の分家はナポレオン戦争でイギリスやドイツなどに資金を提供した。

"ナポレオン戦争の直後、イルミナティは、すべての国が貧しく、戦争に疲れているので、どんな解決策も喜んで見つけるだろうと思い込んでいた。そこで、ロスチャイルドの下僕たちはウィーン会議と呼ばれるものを組織し、その会議で、ヨーロッパ諸国の政府の王族はすべて彼らに深く恩義があり、喜んで、あるいは嫌々ながら、手先として働くだろうという前提で、最初の国際連盟を創設し、単一の世界政府の最初の試みとしようとしたのだ。しかし、ロシア皇帝はこの陰謀を嗅ぎつけ、完全に魚雷を発射してしまった。当時、王朝のトップであった激怒したネイサン・ロスチャイルドは、いつか自分か子孫が皇帝とその一族を滅ぼすと誓い、その子孫は1917年にその脅迫を実行に移したのである。このとき、イルミナティは短期的に活動するために作られたのではないことを肝に銘じておく必要がある。通常、どのような種類の共謀者であれ、自分の生涯のうちに目的を達成することを望んで共謀を結ぶものである。しかし、イルミナティはそうではなかった。確かに、彼らは自分たちが生きている間に目的を達成することを望んでいたが、「The show must go on」の言葉を借りれば、イルミナティは非常に長期的な視点で活動しているのだ。何十年、何百年かかろうとも、彼らは陰謀が成就することを願うまで、鍋を沸騰させ続けることに子孫を捧げてきたのである。

"イルミナティ "の誕生に話を戻そう。アダム・ヴァイスハウプトは、イエズス会の訓練を受け、インゴルシュタット大学で教えていた典礼学の教授だったが、キリスト教を離れ、ルシフェルの陰謀を受け入れるようになった。1770年、プロの金融業者である当時新たに組織されたロスチャイルド家が、シオニズムの古くからのプロトコルを改訂し、近代化するために彼を雇った。このプロトコルは、当初から、イエス・キリストがそう名付けた「悪魔のシナゴーグ」（「ユダヤ人と称しているがそうではない者」-黙示録2章）を与えるために設計されたものだった。9]、最終的な社会的激変の後、人類に残るものにルシファー思想を押し付けるために、悪魔の専制君主制による究極の世界支配を行う。ヴァイスハウプトは、1776年5月1日（er ）にそ

の任務を達成した。5月1日^{er}、今日に至るまですべての共産主義国の偉大な日である理由がおわかりいただけたでしょうか［5月1日^{er}、アメリカの弁護士協会が宣言する「法の日」でもあります］。[5月1日^{er} [Baal/Bealtaine]のお祝いは、それよりもずっと歴史が古く、この日が選ばれた理由は、異教からきている；Baalの崇拝とサタンの崇拝を中心に展開されているのだ。ヴァイスハウプトが計画を完成させ、それを実行するためにイルミナティを正式に組織したのは、この日、1776年5月1日（^{er}）であった。この計画は、既存のすべての政府と宗教の破壊を要求していた。それは、ヴァイスハウプトが「ゴイム」（諸国民の一員）あるいは人間の家畜と呼んだ大衆を、政治、社会、経済などの問題で、増え続ける数の反対陣営に分けることによって達成されるものであり、まさに今日のわが国の状況を表している。そして、対立する陣営は武装し、事件は彼らを戦闘に導き、国家政府や宗教団体を弱体化させ、徐々に破壊していくことになった。繰り返すが、今の世界の状況そのものである。

"この際、イルミナティの計画の重要な特徴を指摘しておこう。彼らの世界支配計画である「*シオンの長老たちの議定書*」が発見され、暴露された時、そしてその時、彼らは自分たちから疑いをそらすために、すべてのユダヤ人を地球上から消し去るでしょう。もしこれが突飛な話だと思うなら、腐敗したケネディ家、ウォーバーグ家、ロスチャイルド家に資金提供され、自ら自由主義社会主義者であるヒトラーに、60万人のユダヤ人を焼却することを許可したことを思い出してほしい。

「なぜ陰謀家たちは、自分たちの悪魔的な組織を表す言葉として「イルミナティ」を選んだのだろうか。ヴァイスハウプト自身は、この言葉はルシファーに由来し、「光の保持者」を意味すると言っている。その目的は、精神的に余裕のある人が世界を支配し、将来のすべての戦争を防止するために、一つの世界政府を設立することであるという嘘を使うこと。要するに、1945年の共謀者たちが国連を押し付けるために使ったのと同じように、「地球の平和」という言葉を餌にして、ヴァイスハウプトは、ロスチャイルド家の資金で、繰り返すが、2000人ほどの有償の信奉者を集めたのだ。その中には、文武両道、教育、科学、金融、産業などの分野で最も優れた人物が含まれていた。そして、彼らの秘密本部となるグランドオリエントロッジ、

メーソンロッジを設立した。何度も言うが、これらすべてにおいて、彼はロスチャイルド家の命令のもとに行動していた。ヴァイスハウプトがイルミナティに要求した作戦計画の主な特徴は、目的を達成するために次のようなことを行うことであった。

➢　　金銭的、性的な腐敗を利用して、政府やその他の分野のあらゆるレベルの高位に既にいる男性を支配下に置くこと。有力者がイルミナティの嘘、欺瞞、誘惑にひっかかると、政治的恐喝などの圧力を加え、財政破綻、社会的暴露、財政的被害、さらには自身や愛する家族の死などを脅し、束縛し続けることになるのでした。

ワシントンの現政府のトップのうち、どれだけ多くの人がこのようにCFRにコントロールされているかわかっているのでしょうか。国務省、国防総省、すべての連邦政府機関、そしてホワイトハウスでさえ、どれだけの同性愛者がこのようにコントロールされているかわかっているのだろうか。

➢　　イルミナティと大学の学部は、国際的な傾向のある育ちの良い家庭から、優れた精神能力を持つ学生を見つけ出し、国際主義の特別訓練に推薦することになった。この訓練は、イルミナティが選んだ者に奨学金を支給することで行われることになっていた。

"ローズ奨学金 "がどういうものか、これでお分かりいただけると思います。それは、繰り返される戦争や紛争を終わらせることができるのは、一つの世界政府だけだという考えを受け入れるように洗脳することを意味している。こうして、国連はアメリカ国民に売り込まれたのである。

"我が国にいるローズ奨学生の中で最も注目されているのが、ハーフブライトと呼ばれることもあるウィリアム・J・フルブライト上院議員である。[34]彼が記録した票はすべてイルミナティ票であった。これらの学者たちは皆、特別な才能と頭脳を持った人間が、才能のない人間を支配する権利があることを、大衆は自分たちにとって何が一番良いことかを、財政的にも精神的にも霊的にも知らないという理由で、まず説得し、次に確信

---

[34] 洒落、「半知半能」。

させなければならなかった。ローズ奨学金やそれに類する奨学金に加え、現在、スコットランドのゴードンタウン、ドイツのセーラム、ギリシャのアンナヴリタにある3つのイルミナティ特別学校が存在します。この3校は知られているが、他にも秘密にしているところがある。イギリスのエリザベス女王の夫であるフィリップ王子は、第二次世界大戦終了後にイギリス艦隊の提督となったロスチャイルド家の親戚である叔父のルイ・マウントバッテン卿に勧められ、（チャールズ王子と同様に）ゴードンタウンで教育を受けた。

➢　　　　騙されてイルミナティの支配下に置かれた有力者たちや、特別な教育・訓練を受けた学生たちは、エージェントとして利用され、専門家やスペシャリストとしてすべての政府の裏側に置かれ、長期的にはイルミナティ世界陰謀団の秘密計画に役立つような政策を採用するよう指導者に助言し、彼らが選出・任命された政府や宗教の破壊をもたらすことになっていたのである。

"今この瞬間にも、このような人物が何人、政府の中で活動しているかご存知ですか？ラスク、マクナマラ、ヒューバート・ハンフリー、フルブライト、キークル、その他多数。

➢　　　　ヴァイスハウプトの計画で最も重要な指令は、当時唯一の大量伝達手段であった報道機関を絶対的に支配し、情報を大衆に配布することであった。これにより、すべてのニュースや情報を歪曲し、単一世界の政府が我々の多くの様々な問題に対する唯一の解決策であると大衆に信じ込ませることができるようになった。

"誰がマスメディアを所有し、コントロールしているか知っていますか？教えてあげよう。ハリウッドの事実上すべての映画館は、リーマン、クーン、ローブ・アンド・カンパニー、ゴールドマン・サックス、その他の国際主義の銀行家が所有している。すべての国営ラジオ局やテレビ局は、同じ国際主義者の銀行家たちによって所有され、コントロールされている。首都圏の新聞・雑誌チェーンや、AP通信、United　Press、Internationalなどの通信社もすべてそうです。これらのメディアの指導者と呼ばれる人々は、国際主義の銀行家の隠れ蓑に過ぎない。彼らは、今日のアメリカにおけるイルミナティであるCFRの階層を

構成しているのである。

"ペンタゴン報道官のシルベスターが、なぜ「政府は国民に嘘をつく権利がある」と堂々と宣言したのか、これでお分かりいただけるでしょうか。彼が本当に言いたかったのは、CFRに支配された政府は、洗脳されたアメリカ国民に嘘をつき、それを信じさせる力を持っている、ということだった。

"イルミナティ "の初期にもう一度戻ろう。18ème 世紀末にはイギリスとフランスが世界の二大大国であったため、ヴァイスハウプトはイルミナティに命じて、イギリス帝国の弱体化と1789年に始まるフランス革命を組織するために、我々の独立戦争を含む植民地戦争を煽らせたのです。しかし、1784年、まさに神の御業により、バイエルン政府はイルミナティの存在を示す証拠を手に入れ、この証拠は、フランス政府が信じることを拒否しなければ、フランスを救うことができたのである。この神の行為は、こうして実現された。ヴァイスハウプトがフランス革命の指令を出したのは、1784年のことである。それをツヴァイクというドイツの作家が本の形にした。そこには、イルミナティの全歴史とヴァイスハウプトの計画が記されていた。この本のコピーは、ヴァイスハウプトがフランス革命を煽るために委任したロベスピエール率いるフランスのイルミナティに送られた。フランクフルトからパリに向かう途中、レーゲンスブルクを通過する際に雷に打たれ、死亡したのだ。警察は彼の体から破壊文書を発見し、所轄官庁に引き渡した。バイエルン州政府は、ヴァイスハウプトが新たに組織した「グランド・オリエント」のロッジと、最も有力な仲間の家を家宅捜索するよう、警察に命じたのである。このようにして発見されたすべての追加証拠は、イルミナティが戦争と革命を利用して、今日の国連の陰謀とまったく同じように、ロスチャイルド家を頂点とする一国政府を設立し、それをすぐに簒奪しようと計画している陰謀の正本であると当局に確信させた。

"1785年、バイエルン政府はイルミナティを非合法化し、「グランド・オリエント」のロッジを閉鎖した。1786年、彼らは陰謀の全容を公表した。本書の英文タイトルは、「The Original Writings of the Order and the Sect of the Illuminati」である。[35]この

---

[35] "イルミナティ "教団・宗派の原書。

陰謀の全容は、ヨーロッパのすべての教会と国家のトップに送られた。しかし、イルミナティの力、それは実はロスチャイルド家の力だったのだが、この警告は無視されるほど大きなものだった。それにもかかわらず、イルミナティ[36] は汚い言葉となって地下に潜った。

"同時に、ヴァイスハウプトはイルミナティに「ブルー・メイソン」のロッジに潜入し、すべての秘密結社の中に自分たちの秘密結社を形成するよう命じたのである。国際派であることを示したメイソンと、神に背いたことを証明する行動をとったメイソンだけが、イルミナティに入門したのである。それ以来、謀議者たちは慈善事業や人道主義の衣をまとって、革命的、破壊的な活動を隠蔽するようになったのである。ヴァイスハウプトは、イギリスのメイソンロッジに潜入するため、ジョン・ロビソンをヨーロッパに招いた。ロビソンは「スコティッシュ・ライト」の高位メーソンであった。エジンバラ大学自然哲学教授、エジンバラ王立協会書記を務めた。ロビソンは、イルミナティの目的は善良な独裁者を作ることだという嘘には引っかからなかった。しかし、彼は自分の反応をよく覚えていて、ヴァイスハウプトの改訂版『陰謀』をもらって研究し、保管していたのだ。

いずれにせよ、フランスの国家と教会のトップが騙され、与えられた警告を無視したために、ヴァイスハウプトが予言したように1789年に革命が勃発したのである。ロビソンは、他国の政府に危険を警告するために、1798年に「すべての政府とすべての宗教を破壊する陰謀の証拠」という本を出版したが、アメリカ国民が国連と外交問題評議会（CFR）についての警告をすべて無視したように、彼の警告も無視された。

「しかし、トーマス・ジェファーソンとアレキサンダー・ハミルトンがヴァイスハウプトの弟子であったという証拠文書がある。ジェファーソンは、ヴァイスハウプトが政府によって非合法化されたとき、その強力な支持者の一人であり、ニューイングランドで新しく組織された「スコティッシュ・ライト」のロッジにイルミナティを潜入させたのもジェファーソンであった

---

[36] 当時は「悟りを開いた者たち」として知られていた。NDÉです。

。これがその証拠です。

「1789年、ジョン・ロビソンは、アメリカのすべてのメーソン指導者たちに、イルミナティが彼らのロッジに潜入していることを警告した。1789年7月19日、ハーバード大学の学長デービッド・パペンは、卒業生に同じ警告を発し、イルミナティの影響がアメリカの政治と宗教に及んでいることを説明した。彼は、フリーメイソンの第一人者であるウィリアム・L・ストーン大佐に3通の手紙を書き、ジェファーソンがいかにメイソンロッジを破壊的、照明的な目的のために利用しているかを概説した。この3通の手紙は、現在フィラデルフィアのウィッテンベルク・スクエア図書館に所蔵されている。要するに、民主党の創始者であるジェファーソンはイルミナティのメンバーであり、それが当時の党の状態を少なくとも部分的には説明しており、共和党の浸透のおかげで、今日の我々は忠実なアメリカニズムを何も持っていないのである。このロシア皇帝が創設したウィーン会議での惨敗は、決してイルミナティの陰謀を破壊するものではありませんでした。それは、一つの世界という考え方が、今のところ不可能であることに気づき、新しい戦略を採用することを余儀なくされただけである。ロスチャイルド家は、陰謀を継続させるためには、ヨーロッパ諸国の通貨制度に対する支配力を強化することが必要だと考えたのである。

"先にワーテルローの戦いの結果を策略で改ざんし、ロスチャイルドがナポレオンの戦いが悪かったという話を流したため、イギリスの株式市場はひどいパニックに陥った "という。すべての株がほぼゼロになり、ネイサン・ロスチャイルドはすべての株をドル建てでほぼ1円で買い取った。これによって、彼はイギリスとヨーロッパのほぼ全土の経済を完全に掌握することができた。ウィーン会議が崩壊した直後、ロスチャイルドはイギリスに新しい「イングランド銀行」を設立させ、その銀行は、後にジェイコブ・シフを通じて行ったように、自分が完全に支配することになりました。彼は、アメリカの「連邦準備法」を制定し、ロスチャイルド家が、アメリカの経済を秘密裏に支配できるようにしたのです。しかし、ここで一旦、アメリカにおけるイルミナティの活動を見てみましょう。

「1826年、ウィリアム・モーガン船長は、イルミナティの真実

、その秘密の計画、目的、そして陰謀の頭脳の正体を、すべてのメイソンと一般市民に知らせることが自分の義務であると決意したのです。イルミナティはすぐにモーガンを欠席裁判で裁き、反逆罪で有罪にした。彼らは、イギリスの照明学者リチャード・ハワード1人に命じて、裏切り者として処刑を執行させた。警告を受けたモーガンはカナダに逃げようとしたが、ハワードは国境付近、正確にはナイアガラ峡谷の近くで追いつき、そこでモーガンを殺害したのである。このことは、ニューヨークのセント・ジョン・ホールで開かれた「テンプル騎士団」の会合で、ハワードが処刑について報告するのを聞いたという、アヴェリィ・アレンという人物がニューヨークで作成した宣誓供述書によって確認された。そして、ハワードを英国に送る手配をしたことも話した。このAllenの宣誓供述書は、ニューヨーク市に保管されています。この殺人事件が広まり、アメリカ北部管轄のメイソンの約半数が脱退したことを知るメイソンや一般市民は少ない。この問題を議論した議事録のコピーは、今でも安全な場所に存在している。このような秘密主義は、このような恐ろしい歴史的事件が学校で教えられないようにするイルミナティの頭脳の力を強調しているのである。

"1850年代初頭、イルミナティはニューヨークで秘密会合を開き、ライトというイギリスのイルミナリストが出席した。その場にいた人々は、イルミナティがニヒリストと無神論者を他のすべての破壊的なグループと統合し、共産主義者として知られる国際的な集団にするために組織していることを知ったのだ。このとき初めて登場したのが「コミュニスト」という言葉で、全世界を恐怖に陥れ、恐怖に陥れた人々をイルミナティの世界統一プロジェクトに追い込むための最終兵器、恐怖の言葉として運命づけられていた。この「共産主義」というプロジェクトは、イルミナティが将来の戦争や革命を煽るために利用される予定だった。フランクリン・ルーズベルトの直系の祖先であるクリントン・ルーズベルト、ホレス・グリーリー、チャールズ・ダナという当時の有力新聞編集者が、この新しい事業のための資金調達の委員長に任命された。もちろん、資金のほとんどはロスチャイルド家から提供され、この資金はカール・マルクスとエンゲルスがイギリスのソーホーで『資本論』や『共産党宣言』を執筆するときの資金に充てられたのである。そしてこ

のことは、共産主義がいわゆるイデオロギーではなく、秘密兵器であり、イルミナティの目的を果たすためのキャッチフレーズであることを明確に示しているのである。

"ヴァイスハウプトは1830年に亡くなったが、彼は生前、古くからの陰謀であるイルミナティの改訂版を作成し、様々な偽名のもと、その代理人を最高指導者の立場で働かせ、あらゆる国際的な組織や団体を組織、資金、指揮、統制することとしていた。アメリカでは、ウッドロウ・ウィルソン、フランクリン・ルーズベルト、ジャック・ケネディ、ジョンソン、ラスク、マクナマラ、フルブライト、ジョージ・ブッシュなどがその代表例である。さらに、カール・マルクスが照明家グループの指示で『共産党宣言』を書いている間に、フランクフルト大学のカール・リッター教授が別のグループの指示でアンチテーゼを書いていたのである。世界的な陰謀を実行している人々は、この2つのいわゆるイデオロギーの違いを利用して、より多くの人類を対立する陣営に分け、互いに戦い、破壊するために武装し洗脳することができると考えたのである。そして何よりも、すべての政治的、宗教的な制度を破壊することです。リッターによって始められた仕事は、彼の死後も続けられ、ニーチェ主義を確立したいわゆるドイツの哲学者、フライドリヒ・ヴィルヘルム・ニーチェによって完成されたのである。このニーチェ主義は、後にファシズム、ナチズムへと発展し、第一次、第二次世界大戦を煽るのに利用された。

「1834年、イタリアの革命家ギゼッペ・マッツィーニがイルミナティに選ばれ、世界的な革命計画を主導することになった。彼は1872年に亡くなるまでこの地位にいたが、亡くなる数年前、マッツィーニはアルバート・パイクというアメリカの将軍をイルミナティの仲間に誘い込んでいた。パイクは、一元的な世界政府という考えに魅了され、やがてこのルシフェルの陰謀の指導者となったのである。1859年から1871年にかけて、パイクは3つの世界大戦と世界各地での様々な革命のための軍事計画を立案し、ème20世紀に陰謀が最終段階に到達することを信じていた。繰り返しになるが、この陰謀家たちは決して目先の成功にこだわってはいなかったのだ。また、長期的な視野で運営されていた。パイクは、アーカンソー州リトルロックの自宅でほとんどの仕事をこなした。しかし数年後、マッツィーニのヨー

ロッパでの革命活動により、イルミナティのグランド・オリエント・ロッジが疑われ、否認されると、パイクは新改革派パラディオ・ライトと呼ばれるものを組織した。彼は、サウスカロライナ州チャールストン、イタリア・ローマ、ドイツ・ベルリンの3カ所に最高評議会を設置した。そして、マッツィーニに世界の戦略拠点に23の下部組織を作るよう依頼した。これらは、それ以来、世界革命運動の秘密司令部となっている。

「マルコーニがラジオを発明するずっと前に、イルミナティの科学者はパイクと彼の評議会の指導者たちが密かに通信する方法を発見していたのだ。セルビアで起きたオーストリアの王子暗殺事件など、一見無関係に見える事件が、世界中で同時に起こり、戦争や革命に発展する仕組みを、諜報員が理解できたのは、この秘密の発見があったからだ。パイクの計画はシンプルであり、効果的だった。共産主義、ナチズム、政治的シオニズム、その他の国際的な運動が組織され、3つの世界大戦と少なくとも2つの大きな革命を引き起こすために利用されることを想定していたのである。

"第一次世界大戦は、ロスチャイルドがウィーン会議で計画を頓挫させた後に約束したように、イルミナティがロシアの皇帝制を破壊し、ロシアを無神論の共産主義の砦とするために行われることになっていたのである。イルミナティの工作員によって煽られた大英帝国とドイツ帝国の相違は、この戦争を煽るために利用されることになったのである。戦争が終わると、共産主義が発展し、他の政府を破壊し、社会に対する宗教（特にカトリック宗教）の影響力を弱めるために使われることになったのだ。

「ここで注目すべきは、ヒトラーはクルップ、ウォーバーグ、ロスチャイルドなどの国際主義銀行家から資金提供を受けており、ヒトラーが600万人とされるユダヤ人を虐殺しても、ユダヤ人の国際主義銀行家はまったく気にしなかったことである。この大虐殺は、世界中のドイツ国民の憎悪を呼び起こし、その結果、ドイツに対する戦争を誘発するために必要なものであった。つまり、この第二次世界大戦は、ナチズムを破壊し、政治的シオニズムの力を強め、パレスチナにイスラエル国家を樹立するために行われるものであった。

「この第二次世界大戦で、国際共産主義は、統一されたキリスト教と同等の力を持つまで発展することになったのです。この地点に到達したら、最後の社会的激変のために必要なときまで、封じ込められ、抑制されることになる。ルーズベルト、チャーチル、スターリンがこの政策を実行し、トルーマン、アイゼンハワー、ケネディ、ジョンソン、ジョージ・ブッシュが同じ政策を追求してきたことは、今となっては周知のとおりである。

「第三次世界大戦は、政治的シオニストとイスラム世界の指導者の間で二極化しているイルミナティの代理人が、いわゆる論争を利用して煽るものである。この戦争は、イスラムと政治的シオニズム（イスラエル）が互いに破壊しあうように演出され、同時に、この問題で再び分裂した残りの国々は、肉体的、精神的、霊的、経済的に完全に疲弊した状態で戦うことを強いられることになるだろう。

「現在、中東と極東で展開されている陰謀は、この悪魔の目的を達成するために設計されていると、思慮深い人は疑うことができるだろうか？

パイク自身、1871年8月15日にマッツィーニに出した声明で、このすべてを予言していた。パイクは、第三次世界大戦が終わった後、無敵の世界支配を志す者たちが、世界がこれまでに経験したことのないような大きな社会的大混乱をもたらすだろうと言った。現在、イギリス・ロンドンの大英博物館に所蔵されているマッツィーニ宛ての手紙から、自分の言葉を引用して、次のように述べた。

"我々はニヒリストと無神論者を解き放ち、その恐怖のすべてにおいて、絶対無神論の効果、野蛮と最も血生臭い障害の起源をすべての国家に明確に示すであろう、偉大な社会の大混乱をもたらすだろう "と。そのとき、人民はいたるところで、少数派の世界革命家から自らを守ることを余儀なくされ、文明の破壊者たちを駆逐するであろう。そして、幻滅した多数のキリスト教徒は、この時までにその心は方向も指針もなく、理想を求めながらも、その崇拝をどこに送るべきかを知らず、ついに日の光にさらされたルシファーの純粋な教義の普遍的な発現を通じて真の光を受け取ることになるのである。キリスト教と無神論の破壊に続く一

般的な反動運動から生じる症状で、両者は一度に征服され絶滅する。"

「1872年にマッツィーニが亡くなると、パイクはもう一人の革命家アドリアーノ・レーミを後継者にした。レミは、レーニン、トロツキーと続き、さらにスターリンに引き継がれた。これらの人々の革命活動には、ロスチャイルド家が支配するイギリス、フランス、ドイツ、アメリカの国際銀行家が資金を提供した。私たちは、今日の国際銀行家は、キリストの時代の両替商のように、偉大な陰謀の道具あるいは代理人に過ぎないと信じることになっているが、実際には、共産主義がいわゆる労働者の運動であると信じさせる、すべてのマスコミの頭脳なのである。英米の諜報員は、国際リベラル派が、国際銀行、特にロスチャイルド家を通じて、1776年以降のすべての戦争と革命の両陣営に資金を提供してきたという本物の証拠書類を持っているということだ。

"今日の陰謀を構成する人々（アメリカのCFRとイギリスのRIIA）は、アメリカの連邦準備制度などの方法によって、彼らが利権で維持している我々の政府を動かし、ベトナムなどの戦争（国連によって作られた）を引き起こしているのです。無神論的な共産主義とすべてのキリスト教が、残っているすべての国と国際的に完全な第三次世界大戦に追い込まれるような陰謀の段階に世界を持ち込むというパイクのイルミナティ計画を推進するためです。

ème"18世紀末の大陰謀の総本山はドイツのフランクフルトで、マイヤー・アムシェル・バウアーがロスチャイルド家を設立し、ロスチャイルドと名乗り、文字通り悪魔に魂を売った他の国際金融業者と手を結んだのである。1786年にバイエルン政府がこの事件を明らかにすると、陰謀家たちは本部をスイスに移し、さらにロンドンに移した。第二次世界大戦後（アメリカにおけるロスチャイルドの子飼いのジェイコブ・シフの死後）、アメリカ支部はニューヨークのハロルド・プラット・ビルに本部を置き、もともとシフの子飼いだったロックフェラーがイルミナティの代理としてアメリカの金融の操作を担っています。

「陰謀の最終段階では、統一された世界の政府は、独裁王、国連のトップ、CFR、そして大陰謀への献身を証明した少数の億

万長者、経済学者、科学者で構成されます。それ以外の者は、混血の巨大な集合体に組み込まれ、事実上の奴隷となるのである。では、私たちの連邦政府とアメリカ国民が、いかにイルミナティの大陰謀による世界征服の陰謀に吸い込まれていったかをお見せしましょう。そして、国連はこの全体主義の陰謀の道具となるために作られたことを常に心に留めておいてください。米国乗っ取り陰謀の本当の基礎は、私たちの南北戦争の期間に築かれた。ヴァイスハウプトと初期の黒幕たちが新世界を軽視していたわけではないことは、すでに述べたとおりである。ヴァイスハウプトは、独立戦争の時点で早くも新世界に工作員を送り込んでいた。

「このように、謀議者たちが初めて具体的な活動を開始したのは、南北戦争の最中であった。ジェファーソン・デイビスの最高顧問であったジューダ・ベンジャミンは、ロスチャイルドのエージェントであったことが分かっている。また、リンカーンの内閣にはロスチャイルドのエージェントがおり、ロスチャイルド家と金融取引をするように説得したこともわかっている。しかし、安倍首相はこの計画を見破り、全面的に拒否した。これは、ウィーン会議で第一次国際連盟を破ったロシア皇帝のように、ロスチャイルド家の永遠の恨みを買うことになったのだ。リンカーン暗殺事件の捜査で、暗殺者ブースが秘密謀略集団の一員であることが判明したのだ。多くの高官が関わったため、グループの名前は明かされず、ジャック（ジョン・F・ケネディ）暗殺事件と同じように、この事件は謎に包まれたままとなった。でも、きっと長くは謎のままではいられないと思うんです。いずれにせよ、南北戦争の終結によって、ロスチャイルド家がイギリスや他のヨーロッパ諸国と同じように、わが国の通貨制度を乗っ取る可能性は一時的に消滅した。一時的と言ったのは、ロスチャイルド家と陰謀の首謀者たちは決してあきらめなかったので、また最初からやり直さなければならなかったのですが、彼らは始めるのに時間をかけなかったのです。

"南北戦争後まもなく、ジェイコブ・H・シフと名乗る若い移民がニューヨークに到着した。ジェイコブは、ロスチャイルド家から依頼を受けた青年だった。ヤコブは、ドイツ・フランクフルトのロスチャイルド家の一角に生まれたラビの息子である。彼の話については、もう少し詳しく見ていくことにしよう。重

要なのは、ロスチャイルドがジェイコブを金の魔術師と見なしただけでなく、ジェイコブに潜在するマキャベリ的資質を見抜き、それが彼を世界の大陰謀における貴重な機能的存在にし得たという点である。ジェイコブは、ロンドンのロスチャイルド銀行で比較的短期間の研修を受けた後、アメリカの通貨制度を掌握するための足掛かりとなる銀行家を購入するよう指示され、アメリカに旅立った。実は、ヤコブがここに来たのは、4つの具体的な使命を果たすためだった。

1.　　　　そして、最も重要なことは、米国の通貨システムをコントロールすることです。

2.　　　　代償を払ってでも、大陰謀の手先となってくれる有能な人間を探し出し、我が連邦政府、議会、連邦最高裁判所、全ての連邦機関の高位に登用するのだ。

3.　　　　すべての国の少数民族の間、特に白人と黒人の間に争いを起こす。

4.　　　　アメリカの宗教を破壊する運動を起こす。ただし、キリスト教が主なターゲットだった。

「シフが登場した当時、クーン・アンド・ローブは有名なプライベートバンキング会社で、ジェイコブはこの会社の株を買っていたのである。シフはクーン・アンド・ローブのパートナーになって間もなく、ローブの娘テレサと結婚し、その後クーンの持分を買い取り、会社をニューヨークに移転させた。「クーン・アンド・ローブは、ロスチャイルド家の代理人であるジェイコブ・シフが表向きは単独経営する国際銀行、クーン・アンド・ローブ・カンパニーとなったのである。そして、このユダとマキャベリを混ぜたような人物、アメリカにおけるイルミナティの偉大な陰謀の最初の継承者は、そのキャリアを通じて、寛大な慈善家、偉大な信心深い人物を装ってきた；イルミナティの隠蔽政策である。

"陰謀の最初の主要なステップは、通貨システムを捕捉することだった　"と言ったように。この目標を達成するために、シフは当時のアメリカの大手銀行の全面的な協力を得なければならなかったが、言うは易く行うは難しであった。当時も、ウォール街はアメリカのマネーマーケットの中心であり、J.P.モルガ

ンはその独裁者であった。そして、フィラデルフィアのドレク
セル家、ビドル家。他の金融機関は大小を問わず、この3社に
踊らされたが、特にモルガンのものには踊らされた。この3人
は、高慢で傲慢な権力者であった。

「最初の数年間は、ドイツのゲットーから来た口ひげの小男を
全く軽蔑して見ていましたが、ジェイコブはそれを克服する方
法を知っていました。ロスチャイルドの骨を投げつけたのだ。
その骨とは、ヨーロッパの望ましい株式や債券をアメリカで流
通させることである。そして、さらに強力な武器を手にしてい
ることに気づいたのだ。

「内戦後数十年で産業が発展してきたのです。大きな鉄道を建
設することになったのです。石油、鉱山、鉄鋼、繊維などの産
業がキノコのように生えてきた。このためには、かなりの資金
が必要で、その多くは海外から、主にロスチャイルド家から調
達しなければならなかったが、シフはここで頭角を現したので
ある。彼は非常に狡猾なゲームをした。ジョン・D・ロックフ
ェラー、エドワード・R・ハリマン、アンドリュー・カーネギ
ーの守護聖人となった。ロックフェラーにはスタンダード・オ
イル社を、ハリマンには鉄道帝国を、カーネギーには鉄鋼帝国
を融資した。しかし、クーン、ローブ、カンパニーのために他
のすべての産業を追い詰めるのではなく、モルガン、ビドル、
ドレクセルにロスチャイルド家の門戸を開いたのである。順次
、ロスチャイルドはこの3人のためにロンドン、パリ、ヨーロ
ッパなどの支部の設立を手配したが、常にロスチャイルドの部
下と提携し、ロスチャイルドはこの3人全員に、ニューヨーク
ではシフがボスになることを明言したのであった。

「こうして、今世紀に入ると、シフは、ロスチャイルドが選ん
だ人物が経営するリーマン兄弟、ゴールドマン・サックスなど
の国際主義銀行を含むウォール街の銀行団全体を、シフの協力
でしっかりとコントロールするようになった。つまり、国の通
貨力をコントロールすることで、巨大なステップである国の通
貨制度の陥穽を解く準備が整ったのである。

「憲法上、通貨制度の管理は連邦議会のみに委ねられている。
シフの次の狙いは、この憲法上の勅令を裏切り、この支配権を
イルミナティの巨大な陰謀の階層に明け渡すよう、わが国の議

会をそそのかすことであった。この降伏を合法化し、国民が抵抗できないようにするためには、議会が特別立法を行う必要がある。そのためには、シフ氏は両院に手先を潜り込ませなければならない。そのような法案を議会で可決させるだけの力を持った手先がいる。それと同じくらい、いや、それ以上に重要なのは、このような法案に署名するような、誠実さも良識もない大統領の手先をホワイトハウスに置くことであった。そのためには、共和党か民主党のどちらかの政権を取らなければならない。民主党は、2つの政党のうち、より弱く、より野心的な政党であった。民主党は、南北戦争以来、グローバー・クリーブランド氏を除いて、自分たちの部下をホワイトハウスに入れることに成功していなかった。その理由は2つあります。

1.党の貧しさ。

2.民主党よりも共和党志向の有権者が多かったのだ。

"貧困問題 "は大した問題ではなかったが、"有権者問題 "はまた別の話だ。でも、さっきも言ったように、シフは賢い人だった。ここに、彼が有権者問題を解決するために用いた非道な殺人的な方法がある。彼の解決策は、ご覧のように、国際主義者のユダヤ人銀行家たちが、自分たちの人種的同胞をいかに気にかけていないかを強調している。1890年頃、突然、ロシア全土でポグロムが相次いで発生した。数千人の罪のないユダヤ人が、男も女も子供も、コサックや他の農民たちによって虐殺された。ポーランド、ルーマニア、ブルガリアでも、罪のないユダヤ人が虐殺される同様のポグロムが発生した。これらのポグロムはすべて、ロスチャイルドのエージェントによって扇動されたものである。その結果、これらの国々から恐怖に駆られたユダヤ人難民がアメリカに押し寄せ、その後20〜30年間、ポグロムがずっと続いたのである。これらの難民はすべて、シフやロスチャイルド家、そしてその関連会社が設立した自称人道委員会によって救済された。

「しかし、シフとロスチャイルドの人道支援委員会は、難民の多くをシカゴ、ボストン、フィラデルフィア、デトロイト、ロサンゼルスなど、他の大都市に移動させる方法を見出した。全員がすぐに「帰化人」にされ、民主党に登録するように教育された。こうして、いわゆるマイノリティグループは、その地域

社会で民主党の強固な有権者集団となり、すべていわゆる恩人によって支配され、操縦されるようになったのである。そして、世紀が変わって間もなく、彼らはわが国の政治生活に欠かせない存在となった。これは、シフ氏がネルソン・アルドリッチ氏を上院に、ウッドロウ・ウィルソン氏をホワイトハウスに擁立するために使った手法の一つである。

"この際、シフがアメリカに派遣された時に課せられたもう一つの重要な仕事を思い出してほしい。少数民族を作り、人種間の対立を煽ることで、アメリカ国民の団結を破壊する作業のことである。シフは、ユダヤ人難民をポグロムからアメリカに呼び寄せることで、この目的に使える少数民族を作り上げたのだ。しかし、ポグロムによって恐怖に陥ったユダヤ人全体が、アメリカ国民の団結を破壊するのに必要な暴力を生み出すことは期待できない。しかし、アメリカ国内には、まだ眠っているとはいえ、すでに構成された少数民族である黒人がいた。彼らは、デモ、暴動、略奪、殺人など、あらゆる種類の無政府状態に扇動することができた。この二つのマイノリティグループを適切に操れば、イルミナティが目的を達成するために必要な「不和」をアメリカに作り出すことができるのである。

「このように、シフとその共謀者たちは、通貨システムを陥れる計画を練っていたのと同時に、無防備なアメリカ国民を爆発的で恐ろしい人種的動乱で襲い、国民を憎むべき分派に引き裂いて国中に、特にすべての大学や大学のキャンパスで混乱を引き起こす計画を練っていたのである。C.（ジョン・F・ケネディ大統領暗殺に関するウォーレン委員会を思い出してください）[37].

---

[37]ケネディは、アメリカ大統領時代にキリスト教徒となった。彼は「悔い改め」のために、アメリカ大統領府がイルミナティ／CFRによって操られていることを、この国の人々に（少なくとも2回）知らせようとした。同時に、連邦準備銀行からの連邦準備券の「借り入れ」を止め、米国の信用で米国債を（無利子で）発行するようになった。この米国債の発行が、ケネディ「暗殺」につながったのである。
就任したLyndon B.ジョンソンは合衆国紙幣の発行を中止し、連邦準備銀行券の借用を再開した（現在の17%の金利で合衆国国民に貸し出された）。ジョン・F・ケネディ政権下で発行された米国紙幣は、紙幣の表面に「赤」のシールを貼った1963年シリーズのものであった。

もちろん、これらの計画を完成させるためには、時間と無限の忍耐力が必要です。

"さて、疑いを晴らすために、この反人種的陰謀の証拠書類を少しばかりお見せしましょう。まず、何百万人ものユダヤ人や黒人のカモを集め、デモや暴動、略奪、無政府状態を起こすための指導部と組織を作らなければならなかったのです。こうして1909年、シフ、レーマンら共謀者は、全米有色人地位向上協会（通称NAACP）を組織し、設立したのである。NAACPの会長、理事、法律顧問は、昔からシフが任命した「白人のユダヤ人」であり、現在もそうである。

"そして1913年、シフグループは「ブナイ・ブリス名誉毀損防止同盟」、通称「ADL」を組織し、大陰謀全体のゲシュタポ、子分として機能するようになった。今日、邪悪な「ADL」は、わが国各地に2000以上の支部を持ち、マーティン・ルーサー・キング、ストックリー・カーマイケル、バーナード・ラスティンなどの同類のリーダーを含む、NAACP、アーバンリーグ、その他すべてのいわゆる黒人公民権団体のあらゆる行動に完全に助言し、統制しているのだ。さらに「ADL」は、多くのデパート、ホテルチェーン、テレビ・ラジオの産業スポンサー、広告代理店の広告予算を絶対的に支配することで、事実上すべてのマスコミ媒体をコントロールし、すべての忠実な新聞に、ニュースを歪曲・改ざんさせ、さらに黒人暴徒の無法と暴力を扇動し、同時に彼らに対する同情を喚起するように仕向けたのである。ここに、黒人を無政府状態に追い込もうとする彼らの意図的な陰謀の始まりを示す証拠文書がある。

"1910年頃、イスラエル・ツェングウィルという人が『メルティング・ポット』という戯曲を書いたんです。アメリカ国民がいかにユダヤ人や黒人を差別し迫害しているかを示すための劇であり、黒人やユダヤ人を扇動するための純粋なプロパガンダだった。当時は、この作品がプロパガンダ劇であることに誰も気づいていなかったようだ。とても巧妙に書かれていました。プロパガンダは、劇中の本当に素晴らしいエンターテインメントにうまく包まれ、ブロードウェイで大ヒットした。

その昔、伝説のダイヤモンド・ジム・ブレイディが、人気舞台の開幕後にニューヨークの有名レストラン「デルモニコ」で宴

会を開いてくれたことがある。メルティング・ポット」の出演者、脚本家、プロデューサー、そしてブロードウェイの有名人たちを招いて、このようなパーティーを開いたのだ。その頃、私はすでにブロードウェイの劇場で個人的な足跡を残していたので、そのパーティーに招待されたのです。ジョージ・バーナード・ショーや、イスラエル・コーエンというユダヤ人作家にも会いました。ザンギル、ショー、コーエンは、イギリスでフェビアン協会を作り、カール・マルクスと名を変えたモルディカイというフランクフルトのユダヤ人と密接に働いていた人たちです。しかし、当時はマルクス主義と共産主義は生まれたばかりで誰もあまり注目しておらず、この3人の本当に素晴らしい作家の著作にプロパガンダがあると疑う人はいなかったことを覚えています。

「その宴席で、イスラエル・コーエンは、当時、ザンギウィルの『メルティング・ポット』の続編となる本の執筆に携わっていたことを話してくれたのだ。その本のタイトルは「A Racial Agenda for the 20ème Century（20世紀の人種的課題）」であった。当時、私は劇作家としての仕事に没頭しており、タイトルに意味はあっても、その真意は全くわからず、本を読もうという気にもなれなかった。しかし、1957年5月に*ワシントンD.C.の*『*イブニングスター*』*紙に掲載された記事*の切り抜きを受け取った時、突然、水爆のような勢いで私の心を打ちのめした。この記事は、イスラエル・コーエンの著書「A Racial-Program for the 20th Century」からの抜粋を一字一句そのまま転載したもので、その内容は引用の通りであった。

> "我が党の最も強力な武器は人種間の緊張であることを認識しなければならない。暗黒人種が何世紀にもわたって白人によって抑圧されてきたことを意識的に宣伝することによって、彼らを共産党の綱領に従わせることができます。アメリカでは、微妙な勝利を目指そう。少数派の黒人を白人に対して煽る一方で、白人に黒人を搾取してきたことへの罪悪感を植え付けるのである。私たちは、生活のあらゆる分野、職業、スポーツやエンターテインメントの世界で、黒人がトップに立てるよう支援します。この威光で、黒人は白人と結婚できるようになり、アメリカを我々の大義名分に引き渡せるようになるのだ" と。

1957年6月7日の議事録、代表者 Thomas G. Abernethy によるもの
。

"こうして、コーエンの本のこの一節の信憑性は完全に立証さ
れたのである。しかし、私の心に残った唯一の疑問は、それが
共産党の公式な政策や陰謀を表しているのか、それともコーエ
ン自身の個人的な表現に過ぎないのかということであった。そ
こで、さらに証拠を探してみると、1935年に共産党のニューヨ
ーク支部が発行した公式パンフレットに載っていた。

このパンフレットのタイトルは、「ソビエト・アメリカの黒人
たち」。黒人が立ち上がり、南部にソビエト国家を作り、ソビ
エト連邦への加盟を要求するよう促していた。その中には、こ
の反乱をアメリカの「赤」派といわゆる「リベラル」派が支持
するという確約が含まれていた。38ページには、ソビエト政府
は白人よりも黒人に多くの利益を与えると約束し、また、この
共産党の公式パンフレットには、「黒人に対する差別や偏見の
行為は、革命法の下で犯罪となる」と書いてある。この発言は
、1913年に出版されたイスラエル・コーエンの著書からの抜粋
が共産党の公式な命令であり、ヴァイスハウプトと後にアルバ
ート・パイクが発表した世界革命のためのイルミナティ計画と
直接合致していることを証明しています。

「さて、問題はただ一つ、共産党政権がアメリカの頭脳ジェイ
コブ・シフとロンドンのロスチャイルド家によって直接支配さ
れていることを証明することです。少し後に、私たちが知って
いる共産党は、ロシア革命全体と皇帝とその家族の殺害を計画
し資金を提供した、シフ、ウォーバーグ、ロスチャイルドとい
う（資本家の）頭脳によって作られ、レーニン、トロツキー、
スターリンが、シフと彼らが戦うことになっていた他の資本家
から直接命令を受けていたという疑いを取り除く証拠を提示す
ることになるであろう。

"悪名高いアール・ウォーレンと、同じく悪名高い仲間の最高
裁判事が、1954年にこの悪名高く裏切りの多い人種差別撤廃の
判決を下した理由を理解できるだろうか？それは、黒人と白人
の間に緊張と対立を生み出そうとするイルミナティの陰謀を幇
助するためであった。同じアール・ウォーレンが、学校でのキ
リスト教の祈りとクリスマスキャロルを禁止する判決を出した

理由を理解できますか？なぜケネディが同じことをしたのか？そして、ジョンソンと66人の上院議員が、90％のアメリカ国民の抗議にもかかわらず、ロシアのスパイと破壊工作員に我が国全体を開放する「領事条約」に投票した理由がわかるでしょうか。この66人の上院議員は、20^{ème}世紀のベネディクト・アーノルドばかりである。

このアメリカの売国奴を弾劾して裁判にかけ、有罪が証明されたら、敵を幇助した売国奴に定められた罰を与えるよう、われわれが選んだ議員である議会を動かすのは、あなたとすべてのアメリカ国民にかかっているのです」。そしてそれは、「CFR」と、「ADL」「NAACP」「SNIC」、そしてマーティン・ルーサー・キング*のようなイルミナティの道具など、彼らのすべてのフロントに対する議会の厳格な調査の実施を含んでいるのです。このような調査は、すべてのワシントンD.C.とイルミナティの指導者、およびそのすべての関連会社と子会社が、イルミナティの陰謀を実行する裏切り者であることを完全に暴露することになるだろう。彼らは、国連が陰謀の結節点であることを完全に暴露し、議会が米国を国連から追い出し、国連を米国から追放するように仕向けるだろう。それどころか、国連と陰謀全体を破壊することになる。

「この段階を終える前に、あなたの子供やその子供たちのためにこの国を守りたいのであれば、決して忘れてはならない重要なポイントを改めて強調しておきたいと思います。そのポイントはこれです。ウッドロウ・ウィルソン、フランクリン・ルーズベルト、トルーマン、アイゼンハワー、ケネディが行い、現在ジョンソン（そして現在はジョージ・ブッシュとビル・クリントン）が行っている違憲・違法行為はすべて、ヴァイスハウプトとアルバート・パイクが描いたイルミナティの共謀者の時代的陰謀と正確に一致しています。売国奴アール・ウォーレンと、同じく売国奴の最高裁判事たちによる悪辣な判決はすべて、イルミナティの計画が要求するものに直接従っていた。ラスク以下、ジョン・フォスター・ダレスやマーシャル以前の国務省が犯したすべての反逆、マクナマラやその前任者が犯したすべての反逆は、この同じイルミナティの世界征服計画に直接合致しているのである。同様に、我が国の議会の様々なメンバー、特に領事条約に署名した66名の上院議員による驚くべき反逆

は、イルミナティの命令で行われたものである。

"さて、ジェイコブ・シフの通貨制度への介入とその後の反逆行為に話を戻そう。これは、カール・マルクスだけでなく、ロシアで革命を起こし、共産党を設立したレーニン、トロツキー、スターリンに対するシフ・ロスチャイルドの支配も明らかにするものである。

シフが「通貨制度を乗っ取る時が来た」と決断したのは1908年のことだった。この買収の主戦場となったのが、エドワード・マンデル・ハウス大佐である。彼は、シフの料理長兼使い走りという経歴の持ち主で、バーナード・バルークやハーバート・リーマンもその一人であった。その年の秋、ジョージア州ジキル島にあるJ.P.モルガンの所有するジキル・アイランド・ハント・クラブで、彼らは秘密の会合を開いた。出席者は、モルガン、ロックフェラー、ハウス大佐、ネルソン・アルドリッチ上院議員、ニューヨーク・ナショナル・シティ銀行のシフ、スティルマン、ヴァンダリップ、セリグマン、ユージーン・マイヤー、バーナード・バルーク、ハーバート・リーマン、ポール・ウォーバーグ、要するにアメリカの国際銀行家のすべてであった。イルミナティ大陰謀のヒエラルキーの全メンバー。

「1週間後、彼らは連邦準備制度と呼ばれるものを創設しました。オルドリッチ上院議員は、この法案を議会で可決するはずの手先でしたが、彼らはその可決を保留にしました。その主な理由は、ホワイトハウスの部下と従順な手先が、まず連邦準備法に署名する必要があったためです。上院が全会一致で法案を可決しても、当時当選したばかりのタフト大統領がすぐに拒否権を発動することが分かっていたからだ。だから、彼らは待ったをかけた。

「1912年、彼らの部下であるウッドロウ・ウィルソンが大統領に選出された。ウィルソン就任直後、アルドリッチ上院議員は連邦準備法を両院で可決し、ウィルソンは直ちに署名して法律を成立させた。この極悪非道な反逆行為は、クリスマスの2日前の1913年12月23日、数人の下院議員と3人の厳選された上院議員を除くすべての議員がワシントンを離れていたときに行われた。この反逆行為がいかに凶悪なものであったか。教えてあげよう。

建国の父たちは、お金の力をよく知っていた。その力を手にした者が、我が国の運命を握っていることを、彼らは知っていたのだ。だから、憲法で、国民の代表として選ばれた議会だけがその権力を持つように定めて、慎重に守ってきたのである。この点に関する憲法の文言は簡潔かつ具体的で、第1条第8項第5号に規定されており、議会の任務と権限を定義しているので、それを引用する。

　　　「貨幣を鋳造し、貨幣および外国貨幣の価値を調節し、度量衡の基準を定めること」です。

しかし、1913年12月23日、あの悲劇的で忘れがたい悪名高い日に、わが国の利益を守るためにワシントンに送り込んだ下院議員、上院議員、そしてウッドロウ・ウィルソンは、わが国の運命を東ヨーロッパから来た二人の外国人、ユダヤ人のヤコブ・シフとポール・ウォーバーグの手に委ねてしまったのである。ウォーバーグは、ごく最近、ロスチャイルドの命令で、この汚らわしい連邦準備法の計画を練るという明確な目的のために、この国に移住してきた人です。

「今日、アメリカ国民の大多数は、連邦準備制度はアメリカ合衆国政府の機関であると信じている。これは完全に嘘です。連邦準備銀行の株式は、全て加盟銀行が保有しており、加盟銀行のトップは全員、今日「CFR」として知られているイルミナティの大陰謀の階層のメンバーです。

この裏切り行為の詳細は、多くのいわゆる売国奴のアメリカ人が参加したため、この紙面では長くなりすぎる。しかし、これらの詳細はすべて、ユースタス・マリンズが書いた「*連邦準備銀行の秘密*」[38] という本で入手することができる。本書でマリンズは、その恐ろしい物語の全貌を、議論の余地のない資料で裏付けている。この偉大な裏切りについての実に魅力的で衝撃的な物語であることに加え、すべてのアメリカ人は、最終的にアメリカ国民全体が目覚めて陰謀全体を破壊するときのために、そして神の助けによって、その目覚めの電話は必ずやってくるので、重要な知性の問題としてこれを読むべきである。

「このような外国人とアメリカの紙の共謀者たちが、我々の通

---

[38] 発行：Le Retour aux Sources, www.leretourauxsources.com

貨制度を支配することに満足していると考えているならば、あなたはまた非常に悲しいショックを受けることになるでしょう。連邦準備制度は、陰謀家たちに、通貨制度を完全に支配させました。しかし、国民の所得には全く手をつけていません。憲法は、現在20％以上の源泉徴収税として知られているものを明確に禁じているからです。しかし、イルミナティの統一世界内での奴隷化計画には、すべての私有財産の没収と個人の収益力のコントロールが含まれていたのである。これは、カール・マルクスがその計画の中で強調した特徴で、累進的かつ段階的な所得税によって達成されるものであった。これまで述べてきたように、このような税はアメリカ国民に合法的に課されるものではありません。それは、憲法で簡潔かつ明示的に禁止されています。したがって、憲法修正案でなければ、連邦政府にこのような没収的な権限を与えることはできないのである。

「まあ、これもマキャベリストにとっては、乗り越えられない問題ではなかった。議会両院の選出された指導者と、悪名高い連邦準備法に署名したウッドロウ・ウィルソン氏が、憲法を改正し、修正16条^{ème} として知られる連邦所得税を国の法律としたのです。どちらも憲法の下で違法です。要するに、連邦準備法と修正16条（^{ème}）という2つの反逆に署名して、法律にしたのは、同じ売国奴だったのだ。しかし、憲法16条^{ème} が、所得税の規定によって人々から所得を奪う、つまり強盗するためのものであることに、誰も気づかなかったようです。

「ルーズベルトは、小額の賃金には20％、高額の賃金には90％の源泉徴収税を課したのである。しかし、1940年、3期目の選挙に立候補したとき、「私は何度も何度も、アメリカの少年を外国の土地で戦わせることは決してしない」と宣言し続けたような大馬鹿野郎に、約束が通用するか。この発言は、日本が真珠湾を奇襲して第二次世界大戦に突入する準備をしているときに、その口実を与えるために宣言したものであることを忘れてはならない。

「そして、忘れないうちに言っておくが、ウッドロウ・ウィルソンという別の詐欺師が、1916年にまったく同じ選挙スローガンを使っていた。彼のスローガンは、「あなたの息子を戦争に巻き込まない男を再選してください」というもので、まったく

同じ方式、同じ約束でした。しかし、アル・ジョンソンの言葉を借りれば、「あなたはまだ何も聞いていない」のである。16^{ème}修正条項の所得税の罠は、庶民、つまりあなたや私の所得を没収し、盗むことを目的としていたのです。イルミナティ一味、ロックフェラー、カーネギー、リーマン、その他すべての共謀者の巨額の収入を叩くことを意図していないのだ。

"そこで、この16^{ème}の修正案と一緒に、彼らが「非課税財団」と呼ぶものを作り、共謀者たちが巨額の富をこのいわゆる「財団」に変え、事実上すべての所得税の支払いを回避できるようにしたのです。このような「非課税財団」からの収入は、人道的な慈善活動に使われるというのがその言い訳だった。だから今日、ロックフェラー財団、カーネギー財団、ダウマン財団、フォード財団、メロン財団、そして何百もの同様の「非課税財団」があるのだ。

"これらの財団は、どのような慈善活動を支援しているのでしょうか?まあ、国中で混乱や暴動を引き起こしているすべての公民権団体（と環境運動）に資金を供給しているわけだが。マーティン・ルーサー・キングに資金を提供するのです。フォード財団は、サンタバーバラにある「民主制度研究センター」、通称「ウエストモスクワ」に資金を提供しており、悪名高いハッチェンス、ウォルター・ラザー、アーウィン・カーナム、その他その類が運営している。

「要するに、「非課税財団」は、イルミナティの大陰謀のために仕事をする人たちに資金を供給してきたのである。そして、私たち庶民の収入から毎年何千億ドルも没収されているのです。手始めに、共産主義者チトーに何十億ドルも渡し、何百機ものジェット機を贈った「対外援助」のトリックがある。その多くはカストロに与えられ、さらに共産主義者のパイロットを訓練して、我々の飛行機をよりよく撃墜できるようにする費用もかかっている。赤色ポーランドに数十億円。インドに数十億円。スカルノに10億円。米国の他の敵に数十億ドル。この反逆的な16^{ème}修正条項は、私たちの国家とアメリカ国民、あなたと私、そして私たちの子供たちに何をしたのか、ということです。

"共和国基金"のようなすべての親赤色世界の財団や組織に、"免税資格"を与えることができるのは、私たちイルミナティが

支配する連邦政府CFRである。しかし、あなたや愛国的な組織があまりに公然と親米的であれば、彼らはあなたの所得税申告書に誤ったコンマを見つけ、罰則や罰金、さらには刑務所に入ると脅すことができます。未来の歴史家は、連邦準備法や修正16条（ème）のような大胆で図々しい反逆行為を許すほど、アメリカ国民は単純で愚かだったのだろうかと思うだろう。まあ、彼らは甘くなかったし、バカじゃなかった。答えはこうだ。彼らは、自分たちが選んだ人たちが国と国民を守ってくれると信じていた。そして、それぞれの裏切りが成し遂げられるまで、そのどちらについても何の手がかりも持たなかったのだ。

"イルミナティ "が支配するマス・コミュニケーション・メディアこそが、私たちの国民をナイーブで愚かな存在にし、反逆に気づかせないようにしているのです。ジョージ・ワシントンや建国の父たちがベネディクト・アーノルドにしたであろうことを、人々はいつ目を覚まして、今日の裏切り者たちにするのだろうか？".現実には、ベネディクト・アーノルドは、現在のワシントンDCの裏切り者に比べれば、小さな裏切り者だった。さて、連邦準備法の可決と修正案16ème という憲法違反の後に起こった出来事に戻ろう。ウィルソンは完全に彼らの支配下にあったのか？

「大陰謀の首謀者たちは、一つの世界政府を実現するために、次の、そして最後のステップとなることを望んで動き出したのです。その第一歩が第一次世界大戦であった。なぜ戦争なのか？単純な話、単一世界政府の唯一の言い訳は、それが平和を保証することになっているということだ。人々が平和を叫ぶことができるのは、戦争だけです。戦争は、勝者にも敗者にも、混乱、破壊、疲弊をもたらす。両者に経済的な破滅をもたらす。もっと重要なのは、両者の若い男としての花を破壊してしまうことだ。最愛の息子の記憶しか残っていない、悲嘆に暮れ、心を痛めた高齢者（母親や父親）にとって、平和はどんな代償にも値するものであり、陰謀家たちが悪魔の計画を成功させるために頼る感情である。[39] 。

---

[39]その答えは簡単だ。「彼ら」の軍隊に入らず、自称エリートの大砲の餌にならないことだ。もしあなたがそうするなら、あるいはあなたが許した無知によって、あなたの子供たちがそうすることを許すなら、あなたは、そして子供た

ème「1814年から1914年までの19世紀は、世界全体が平和であった。普仏戦争」、わが国の「内戦」、「日露戦争」などは、「局地的騒乱」ともいうべきもので、世界の他の地域に影響を及ぼすことはなかった。大国はすべて繁栄し、国民は猛烈なナショナリズムと主権に対する誇りをもっていた。フランス人やドイツ人が「一つの世界政府」の下で暮らすことを覚悟することは、「ロシア人」「中国人」「日本人」にとっても、まったく考えられないことだった。カイザー・ウィルヘルム、フランツ・ヨーゼフ、ツァーリ・ニコラス、その他の君主が、進んでおとなしく王位を単一世界の政府に明け渡すなど、もっと考えられないことである。しかし、すべての国の人民が真の権力者であり、「戦争」こそが人民を「平和」に憧れさせ、要求させ、その結果、一つの世界政府を確実にすることができることを忘れてはならない。しかし、それは恐ろしく破滅的な戦争にならざるを得ないだろう。それは、単なる2国間のローカルな戦争ではなく、「世界戦争」でなければならないのだ。このような戦争の恐怖と荒廃を、主要国は免れないはずです。平和」の叫びは、世界共通でなければならない。[40]

"実は、これは19ème 世紀初頭にイルミナティとネイサン・ロスチャイルドが確立した形式であった。彼らはまず全ヨーロッパを「ナポレオン戦争」に引きずり込み、次にロスチャイルドが組織した「ウィーン会議」に参加して、彼らの一国政府の拠点となる「国際連盟」を計画した。ちょうど現在の「国連」が、将来の一国政府の拠点となるように作られたように、神隠しに

ちは、何を得ることになるのか、自業自得なのです。N/A。

[40]第一次世界大戦は、歴史上のどの戦争よりも多くの人命が失われた戦争であった。例えば、「すべての戦争を終わらせる（いわゆる）戦争」である第一次世界大戦では、第二次世界大戦のどれよりも多くの兵士が一回の戦闘で虐殺されました（この正確なフレーズはなぜ作られたのでしょうか）。以前はまったく非論理的と思われた軍事戦略も、今では完全に論理的で、もし自国民をできるだけ多く殺したいと思えば、それは可能なことなのです。この作戦は、イギリス兵にドイツ軍の機関銃に向かってゆっくりと行進するように命じ、突撃したり、相手にしたりしないようにするもので、その結果、ひどい殺戮が行われることになった。もし逆らえば、同志の銃殺隊の前に立たされ、いずれにせよ死ぬことは間違いない。- この例を使えば、イルミナティが「役に立たない食いしん坊」と考える何百万人もの人々を虐殺することにまったく抵抗がなく、近いうちにさらに何十億人もの人々を虐殺することに抵抗がないことがわかるはずだ。N/A。

あっているのだ。いずれにせよ、これは1914年にロスチャイルド家とヤコブ・シフが目的を達成するために採用することを決めた計画である。もちろん、1814年に同じ計画が失敗したことは知っていた。しかし、それはロシア皇帝が魚雷を使ったからだと考えていた。まあ、1914年の現在の共謀者は、1814年のガドリを排除することになるのだが。自分たちの企む新世界大戦の後には、邪魔をするロシア皇帝がいなくなるようにするためだ。

"世界大戦を始める第一歩"をどのように成し遂げたか、教えてあげよう。第一次世界大戦は、ヴァイスハウプトとアルバート・パイクが計画したような些細な事件によって引き起こされたと歴史に記録されている。その事件とは、イルミナティの頭脳によって組織されたオーストリア大公の暗殺事件である。その後、戦争が始まった。ドイツ、オーストリア、ハンガリーとその同盟国である「枢軸国」と、フランス、イギリス、ロシアの「連合国」が対戦した。最初の2年間は、アメリカだけが関与していなかった。

「1917年には、共謀者たちは最大の目的を達成し、ヨーロッパ全土が困窮状態に陥った。すべての民族は戦争に疲れ、平和を望んでいた。平和は、米国が連合国に味方すればすぐに訪れるものであり、それはウィルソン大統領の再選後すぐに実現するものであった。その後は、連合軍の完全勝利しかありえない。1917年のずっと以前から、ジェイコブ・シフがアメリカで率いる陰謀が、米国をこの戦争に巻き込むためにあらゆることを計画していたという私の主張を完全に確認するために。根拠を挙げます。

「1916年にウィルソンが再選を目指したとき、「あなたの息子を戦争に巻き込まないようにする男を再選してください」というのが主な訴えだった。しかし、同じ選挙戦中、共和党はウィルソンが以前から戦争に参加させるために尽力してきたと公然と非難した。敗北した場合は、残された数カ月の任期中にその決断をするが、再選された場合は、選挙が終わるまで待つと主張したのである。しかし、当時のアメリカ国民は、ウィルソンを「神人」とみなしていた。そして、ウィルソンは再選され、陰謀家たちの思惑通り、1917年に戦争に突入していった。ルシ

タニア号の沈没を口実にしたのだが、この沈没も計画的なものであった。ルーズベルトもまた、アメリカ国民の目には「男神」と映り、1941年、真珠湾攻撃を口実に第二次世界大戦に突入したとき、同じ手法をとった。

連合軍の勝利によって、敗戦国の君主はすべて排除され、すべての国民は指導者を失い、混乱し、混乱し、偉大な陰謀が樹立しようとしていた一つの世界政府への準備が完全に整うことになる」という陰謀家の予言どおりだった。しかし、もう一つ障害があった。ナポレオン戦争後のウィーン会議（平和集会）でイルミナティとロスチャイルド家の邪魔をしたのと同じ障害である。今度は1814年と同じようにロシアが勝ち組となり、ツァーリはしっかりと王座につくことになる。ツァーリ政権下のロシアは、イルミナティが足場を固めることができず、ロスチャイルド家の銀行利権を浸透させることができなかった唯一の国であることは特筆に値する。たとえ、いわゆる「国際連盟」に参加するよう説得されたとしても、彼が決して、いや、まったく、一つの世界政府を選ぶことはないだろうということは、当然の結論であった。

「第一次世界大戦が始まる前から、陰謀家たちは、1814年にナタン・ロスチャイルドが誓った、戦争が終わる前に皇帝を滅ぼし、王位継承者となりうる者をすべて暗殺するという計画を実行に移していたわけである。ロシアのボルシェビキは、この特別な計画の道具となる予定であった。今世紀に入ってから、ボルシェビキの指導者はニコライ・レーニン、レオン・トロツキー、そして後にヨシフ・スターリンであった。もちろん、これらは本名ではない。戦争が始まる前、スイスは彼らの避難場所となった。トロツキーの本部は、主にロシアやユダヤの難民が住んでいたニューヨークのローワーイーストサイドにあった。レーニンもトロツキーも口ひげを生やし、無精髭を生やしていた。当時は、ボルシェビズムのバッジだった。二人とも生活は順調だったが、定職はなかった。目に見える生計手段はないが、それでもお金はたくさんあった。これらの謎は、1917年にすべて解明された。戦争が始まった当初から、ニューヨークでは奇妙で不思議なことが起こっていた。トロツキーは、毎晩のようにヤコブ・シフの宮殿に出入りし、その夜中には、ニューヨークのローワーイーストサイドからチンピラたちが集まってく

る。全員がトロツキー本部のロシア人難民で、何やら謎に包まれた訓練を受けている。シフがトロツキーの活動資金を全て出していることが分かったが、誰も口を割らなかった。

「そして、トロツキーは、訓練された約300人のチンピラを連れて、突然姿を消したのである。実は、彼らはシフのチャーターした船で、レーニン一味とスイスで待ち合わせをするために公海に出ていたのである。この船には2千万ドルの金塊も積まれており、ボルシェビキのロシア支配のための資金として使われる予定であった。レーニンは、トロツキーの到着を待って、スイスの隠れ家でパーティーを開く準備をした。このパーティーには、世界の高名な人たちが招待されることになっていた。その中には、ウッドロウ・ウィルソンの師であり、麻痺者であり、そして何よりもシフの特別な秘密の使者である謎の人物、エドワード・マンデル・ハウス大佐の姿もあった。もう一人の来賓は、カイザーに融資し、カイザーがその褒美としてドイツ秘密警察のトップに任命したドイツのヴァールブルグ銀行一族のヴァールブルグであった。さらに、ロンドンやパリのロスチャイルド家、リトヴィノフ、カガノビッチ、スターリン（当時は列車強盗、銀行強盗の首領だった）などがいた。ウラルのジェシー・ジェームズ」と呼ばれた。

"ここで思い出していただきたいのは、当時イギリスとフランスはドイツと長い間戦争状態にあり、1917年2月3日にウィルソンがドイツとの国交を断絶していたことです。だから、ウォーバーグやカーネル・ハウス、ロスチャイルド家などは敵同士であった。しかし、スイスは中立の地であり、共通のプロジェクトがあれば、敵同士が出会って友達になることができる。レーニンの党は、不測の事態で大破しそうになった。シフがチャーターしてスイスに向かった船が、イギリスの軍艦に妨害され、拘束された。しかし、シフはすぐにウィルソンに命じて、トロツキーの凶悪犯と金塊を積んだ船をそのまま放出させるようにイギリスに命じたのだ。ウィルソンはそれに従った。イギリスが解放を拒否すれば、1年前に忠実に約束した4月のアメリカ参戦はないと警告したのだ。イギリスはその警告を聞き入れた。トロツキーはスイスに到着し、レーニンの列車は予定通り出発したが、レーニン-トロツキーのテロリスト集団をロシア国境に到達させるという、通常なら乗り越えられない難問に直面する

ことになった。そこで、ドイツの秘密警察のトップであるブラザー・ヴァールグが介入してきたんだ。そして、この凶悪犯たちを密閉した貨車に積み込み、ロシアに秘密裏に入国させるための準備をすべて行ったのである。あとは歴史です。ロシアで革命が起こり、ロマノフ王家の一族が全員殺害された。

「私の今の主な目的は、いわゆる共産主義が、全世界を奴隷にするための偉大なイルミナティの陰謀の不可欠な部分であることを、疑いの余地なく立証することです。いわゆる共産主義は、世界の人々を恐怖に陥れるための彼らの武器であり合言葉に過ぎず、ロシアの征服と共産主義の創造は、大部分、我々の住むニューヨークのシフや他の国際銀行家たちによって組織されたものだということだ。ファンタジックな物語？そうですね、信じない人もいるかもしれませんね。しかし、数年前、ハースト社のコラムニスト、チャーリー・ニッカボッカー氏が、ジェイコブの孫であるジョン・シフ氏にインタビューして、この話を認め、ジェイコブ氏の寄付額が2千万ドルであることを指摘し、それを証明している。

"共産主義の脅威はすべて、わがニューヨークの大陰謀の頭脳によって作り出された "ということに、まだ少しも疑念を抱いている人がいるなら、次の歴史的事実を引用しておこう。すべての記録は、レーニンとトロツキーがロシアの買収を組織したとき、彼らがボルシェビキ党の党首であったことを示している。さて、「ボルシェビズム」とは純然たるロシア語である。ボルシェビズムは、ロシア国民以外には決してイデオロギーとして売ることができないことを、頭脳は理解していたのだ。そこで、1918年4月、ジェイコブ・シフはハウス大佐をモスクワに派遣し、レーニン、トロツキー、スターリンに、政権の名称を共産党と改め、カール・マルクスの『宣言』を共産党の憲法として採用するように命じた。レーニン、トロツキー、スターリンはこれに従い、この年1918年に共産党と共産主義の脅威が誕生したのである。これらはすべて、*Webster's Collegiate Dictionary,* fifth editionで確認することができる。

「要するに、共産主義は資本家が作ったものなのです。こうして、1918年11月11日まで、陰謀家たちの極悪非道な計画はすべて完璧に機能したのである。米国を含むすべての大国は、戦争

で疲弊し、荒廃し、死者を悼んでいた。平和は世界共通の大きな願いであった。だから、ウィルソンが平和を確保するために「国際連盟」を作ろうと提案した時、ロシアの皇帝が反対することもなく、すべての大国はこの保険契約の小さな字を読むこともせずに、その流れに飛び乗ったのである。つまり、シフとその共謀者たちが最も反乱を期待していなかった国、米国を除くすべての国が、最初の計画における彼らの致命的なミスだったのだ。シフがウッドロウ・ウィルソンをホワイトハウスに置いたとき、陰謀家たちは自分たちが合衆国をプロヴァンスに収めたと思い込んでいたのだ。ウィルソンは、偉大なヒューマニストとして世間に完璧に紹介されていた。彼は、アメリカ国民に男神として押し付けられたのだ。共謀者たちは、彼なら簡単に議会を説得して銃法案を買わせることができると信じるだけの理由があったのだ。

国際連盟」、ちょうど1945年の議会が「国際連合」を盲目的に買ったように。しかし、1814年にロシア皇帝がしたように、この計画を見抜いた人物が1918年の上院にいた。彼は、テディ・ルーズベルトに匹敵するほど偉大な政治家であり、また同様に鋭敏な人物であった。両院のすべての議員、そしてアメリカ国民から高い評価と信頼を得ていた。この偉大で愛国的なアメリカ人の名前はヘンリー・キャボット・ロッジであり、仮面を剥がされるまでヘンリー・キャボット・ロッジ・ジュニアと名乗った今日の詐欺師ではなかったのである。ロッジはウィルソンの仮面を完全に剥がし、米国を「国際連盟」から締め出した。

注:

その後まもなく、イルミナティは、連邦の州議会によって任命された上院議員を抑制するために、17^{ème}修正条項を作成した。以前はイルミナティが報道機関を支配していたが、今は米国上院議員の選挙を支配している。イルミナティ/CFRは、17^{ème}修正条項の批准以前は、様々な米国上院議員の個々の議会に対してほとんど、あるいは全く力を持っていなかった。

17^{ème}修正案は、米国上院議員の選出方法を変更することになっているが、米国憲法第5条の最終文に従い、批准されることはなかった。ニュージャージー州とユタ州の2州は提案を拒否し、他の9州は全く投票を行わなかった。ニュージャージー州と

ユタ州が上院での「参政権」の放棄を明示的に拒否し、投票しなかった他の9州も「明示的」な同意はしなかったが、17ème の修正案は可決に必要な「満場一致」の票を得られなかった。しかも、この「提案」を作った決議は、上院で全会一致で可決されたわけではなく、当時の上院議員は州議会から「任命」されていたので、この「否決」「無投票」はそれぞれの州の代表として投じられたものである。

「ここで、ウィルソンの国際連盟が失敗した本当の理由を知ることは、大きな関心事となる。すでに述べたように、シフは4つの具体的な任務を遂行するために米国に派遣された。

1. 　　　そして、最も重要なことは、米国の通貨システムを完全にコントロールすることです。

2. 　　　ヴァイスハウプトのイルミナティ計画の原案にあるように、彼は偉大な陰謀の手先としてふさわしいタイプの人間を見つけ、連邦政府の最高機関、すなわち議会、連邦最高裁判所、国務省、ペンタゴン、財務省などすべての連邦機関に昇進させなければならなかったのである。

3. 　　　イスラエル・コーエンの著書で紹介されているように、全米の少数民族、特に白人と黒人の間に対立を作り出し、アメリカ国民の結束を破壊すること。

4. 　　　キリスト教を主なターゲットまたは犠牲者として、米国で宗教を破壊する運動を起こす。

「さらに、彼はイルミナティ計画の必須指令である、人々を洗脳して偉大な陰謀のすべての計画を信じさせ、受け入れさせるために、すべてのマス・コミュニケーション手段を完全にコントロールすることを力強く思い起こさせられた。シフは、当時唯一のマスメディアであった報道機関を支配することによってのみ、アメリカ国民の団結を破壊することができると警告されたのである。

「シフとその共謀者たちは、1909年にNAACP（全米有色人地位向上協会）を、1913年にはブナイ・ブリスの名誉毀損防止同盟を設立した。どちらも必要な対立を生み出すことになったが、初期のころの名誉毀損防止同盟は非常に暫定的な運営をしていた。おそらく、目覚め、怒り狂ったアメリカ国民によるポグ

ロムのような行動を恐れていたのだろう。NAACPは事実上休眠状態にあったが、それはその白人指導者が、当時満足していた大勢の黒人の熱意を呼び起こすには、マーティン・ルーサー・キングのような扇動的な黒人指導者を育てなければならないということに気づいていなかったからである。

"さらに、彼、シフは、私たちのワシントン政府の上層部に仕えることになる手先の開発と潜入に忙しく、私たちの通貨システムの制御と「16ème amendment」の創設を目指したのである。また、ロシアを征服するための陰謀を組織するのにも大忙しだった。要するに、これらの仕事に忙殺され、マス・コミュニケーション・メディアを完全にコントロールするという至上命題が完全におろそかになってしまったのだ。この怠慢が、ウィルソンの「国際連盟」加入の失敗の直接の原因となった。ウィルソンは、偉大なヒューマニストという定評はあるものの、ロッジが支配する上院の反対を押し切って国民の前に出ることを決意したとき、固く結束した国民と、「アメリカニズム」とアメリカの生活様式だけを思想とする誠実な報道機関に直面することになったからだ。当時は、「ADL」や「NAACP」が無能で非力だったため、組織的なマイノリティグループも、黒人問題も、いわゆる反ユダヤ問題も、人々の思考に影響を与えるようなものはなかった。右も左もなく、狡猾な搾取のための偏見もない。だから、ウィルソンの「国際連盟」の呼びかけは耳に入らなかった。これが、共謀者の偉大なヒューマニスト、ウッドロウ・ウィルソンの最期であった。彼はすぐに聖戦を放棄してワシントンに戻り、まもなく梅毒の愚か者となって死んだ。これが、一つの世界政府への回廊としての「国際連盟」の終焉であった。

「もちろん、イルミナティの陰謀の首謀者たちにとっては、この大失敗はとてつもなく残念なことだった。先ほども指摘したように、この敵は決してあきらめず、再編成してやり直そうと考えただけなのです。この時、シフは老齢になっていた。彼はそれを知っていた。彼は、陰謀には新しい、若い、より活動的なリーダーシップが必要だと考えていた。そこで、ハウス大佐とバーナード・バルークは、彼の命令で、イルミナティが米国で活動を続けるための新しい名称である「外交問題評議会」なるものを組織し、立ち上げたのである。CFR」の階層、役員、

取締役は、主にオリジナルのイルミナティの子孫で構成されており、彼らの多くは、古い姓を捨て、新たにアメリカナイズされた名前を獲得しています。例えば、アメリカの財務長官を務めたディロンは、元の名前がラポスキーだった。また、CBSテレビのディレクターであるポーリーは、本名がパランスキーである。CFRのメンバーは約1000人で、米国鉄鋼公社社長のブラフ、石油産業の王者ロックフェラー、ヘンリー・フォード2世など、アメリカのほぼすべての産業帝国のトップが含まれています。もちろん、国際的な銀行家もすべてだ。さらに、「非課税」財団のトップは、CFRの役員および/または活動的なメンバーである。要するに、CFRが選んだアメリカの大統領、下院議員、上院議員を選出し、国務長官、財務長官、すべての重要な連邦機関の人事を決定するために資金と影響力を提供してきた人々はすべてCFRのメンバーであり、彼らは非常に従順なメンバーなのです。

「さて、この事実を確固たるものにするために、CFRのメンバーであったアメリカ大統領の名前を挙げておこう。フランクリン・ルーズベルト、ハーバート・フーヴァー、ドワイト・D・アイゼンハワー、ジャック・ケネディ、ニクソン、そしてジョージ・ブッシュ。他の大統領候補には、トーマス・E・デューイ、アドレー・スティーブンソン、バリー・ゴールドウォーター（CFR関連団体の副会長）などがいる。各政権の著名な閣僚には、ジョン・フォスター・ダレス、アレン・ダレス、コーデル・ハル、ジョン・J・マクロード、モーゲンソー、クラレンス・ディロン、ラスク、マクナマラ、さらに「CFR」の「赤色」を強調するために、アルガー・ヒス、ラルフ・バンチ、プソルスキー、ヘイリーデクスターホワイト（本名ワイス）、オーウェン・ラティモア、フィリップ・ジャフィなどの人員が含まれます。など同時に、ホワイトハウスから下のすべての連邦機関に、何千人ものホモセクシャルやその他の柔和な陰険な人物を殺到させた。ジョンソンの大親友のジェンキンスとボビー・ベイカーを覚えていますか？

"新生CFR"がやらなければならないことは山ほどあった。彼らは多くの助けを必要としていた。そこで、まず最初に取り組んだのが、さまざまな目的を持った「子会社」を設立することであった。外交政策協会（FPA）、世界情勢評議会（WAC）、ビ

ジネス諮問委員会（BAC）、有名な「ADA」（ウォルター・ラザーの率いる「American for Democratic Action」）、シカゴの有名な「13-13」、バリー・ゴールドウォーターが、おそらく今も、CFR関連団体の副会長である。さらに、CFRは連邦の各州に特別委員会を設置し、各州の運営を委ねた。

"ロスチャイルド家 "は同時に、イギリス、フランス、ドイツなどにCFRと同様の支配グループを作り、CFRと協力して再び世界大戦を引き起こすための世界情勢をコントロールしたのです。しかし、CFRの最初の、そして最も重要な仕事は、我々のマス・コミュニケーション・メディアを完全にコントロールすることであった。報道の統制はロックフェラーに委ねられた。こうして、最近亡くなったヘンリー・ルースに資金が集まり、「ライフ」「タイム」「フォーチュン」など、アメリカで「ソ連」を喧伝する全国誌が次々と創刊されることになった。ロックフェラー家は、コールズ兄弟の『ルック』誌や新聞チェーンにも直接的、間接的に資金を提供していた。また、サム・ニューハウスという人物に資金を提供し、全米に新聞のチェーン店をつくらせた。そして、CFRの創設者の一人である故ユージン・マイヤーは、ワシントン・ポスト、ニューズウィーク、ウィークリー誌などの出版物を買収したのです。同時に、CFRは、ウォルター・リップマン、ドリュー・ピアソン、アルソップス、ハーバート・マシューズ、アーウィン・カナムといった、新しいタイプの中傷的なコラムニストや社説を開発し、育成し始めたのだ。など、自らを「リベラル」と称し、「アメリカニズム」を「孤立主義」、「孤立主義」を「温情主義」、「反共主義」を「反ユダヤ主義」、「人種差別主義」だと言い切った人たちです。もちろん、これには時間がかかったが、今日、愛国的な組織が発行する「週刊誌」は、CFRの手先によって完全にコントロールされており、彼らはついに我々を、いがみ合い、言い争い、憎み合う派閥の国に分断することに成功したのである。さて、新聞に載っている偏った情報や真っ赤な嘘に疑問を感じている方、これで答えが見つかりましたね。リーマン、ゴールドマン・サックス、クーンローブ、ウォーバーグは、CFRから映画産業、ハリウッド、ラジオ、テレビを買収する任務を与えられ、私を信じて、彼らは成功したのです。エド・モローズや彼のような人たちが出す奇妙なプロパガンダについてまだ疑

間に思っているのなら、これで答えが出たことになる。もしあなたが、映画館やテレビで見るポルノ映画、性的映画、混血映画（若者を萎縮させる）について疑問に思っているなら、今その答えが見つかりました。

"さて、記憶を呼び覚ますために、ちょっと話を戻そう。ウィルソンの失敗で、この「国際連盟」を陰謀家たちの希望である「一国政府」にする可能性はなくなってしまった。そこで、ジェイコブ・シフの計画を再び始める必要があり、彼らはそのためにCFRを組織した。また、アメリカ国民の洗脳と団結を破壊するこの仕事を、CFRがいかに成功させてきたかも知っている。しかし、シフの陰謀の場合と同様に、彼らの一つの世界政府のための新しい手段を完成させ、作り出すには、もう一つの世界大戦が必要であった。世界の人々が再び平和を求め、すべての戦争を終結させるために、第一次世界大戦よりもさらに悲惨で破壊的な戦争をすること。しかし、CFRは、第二次世界大戦の結果が、新たなワンワールドの罠、すなわち新たな戦争から生まれるもう一つの「国際連盟」から逃れられないように、より慎重に計画されなければならないことを悟ったのである。この罠は、今では「国連」と呼ばれ、彼らは誰も逃げ出さないように完璧な戦略を考え出しました。こうして出来上がったのが

1943年、戦争のさなかに国際連合の枠組みを準備し、ルーズベルトとわが国務省に引き渡し、アルジャー・ヒス、パルボスキー、ダルトン、トランブルらアメリカの売国奴が産み落としたため、このプロジェクト全体がアメリカ産の赤ん坊になってしまったのである。そして、心の準備のために、ニューヨークをこの怪物の苗床にすることになった。その後、自分たちの赤ちゃんを見捨てるわけにはいかないでしょう？とにかく、共謀者たちはそう考えていたし、実際そうなった。リベラル派のロックフェラーが、国連ビルの土地を寄付したのだ。

"国連憲章はアルガー・ヒス、パルボスキー、ダルトン、トランブル、その他CFRの手先によって書かれたものである。1945年、サンフランシスコで偽の、いわゆる国連会議が開催された。約50カ国の代表と呼ばれる人たちが全員そこに集まり、早速憲章に署名をした。卑劣な売国奴アルガー・ヒスは、この憲章を持ってワシントンに飛び、喜んでわが国の上院に提出し、上

院（わが国の安全を確保するために国民から選ばれた）は、この憲章を読みもしないで署名した。問題は、「当時からCFRの裏切り者の手先だった上院議員が何人いたのか」ということだ。いずれにせよ、こうして人々は「国連」を「聖域」として受け入れたのである。

ベルリン、韓国、ラオス、カタンガ、キューバ、ベトナムでの彼らの過ちには、何度も何度も驚き、ショックを受け、当惑し、恐怖を覚えた。確率論から言えば、少なくとも1つか2つは我々に有利なミスをするはずなのだが、それがなかった。答えは何でしょうか？その答えは、「CFR」と、ワシントンD.C.で彼らの関連会社や手下が演じている役割です。ですから、私たちの外交政策を完全にコントロールすることが、イルミナティの一世界秩序計画全体の成功の鍵であることが分かります。ここにさらなる証拠があります。

「シフとその一団が、レーニン、トロツキー、スターリンというユダヤ人によるロシアの乗っ取りに資金を提供し、その共産主義体制を、世界を混乱に陥れ、最終的には我々を脅して国連を頂点とする一つの世界政府の中で平和を求めるための主要な道具として作り上げたことは、先に述べたとおりである。しかし、共産党政権がロシアの正当な「デジュール政府」として全世界に受け入れられるまでは、「モスクワのギャング」がそのような道具になり得ないことを、陰謀家たちは知っていたのである。それを実現できるのは、アメリカの承認しかない。そして、ハーディング、クーリッジ、フーバーの各氏に、そのような認識を与えるように仕向けたのである。しかし、3人とも拒否した。1920年代末の結果、スターリン政権は絶望的な状況に陥った。粛清と秘密警察の統制にもかかわらず、ロシア国民はますます抵抗力を強めていた。1931年と1932年にスターリンとその一団が常に逃亡の準備をしていたことは、リトヴィノフも認めている証明された事実である。

「1932年11月、陰謀家たちは最大のクーデターを起こした。この裏切り者は、彼らに策を弄したのだ。議会の同意も得ずに、スターリン政権の承認を違法に宣言したのである。そして、陰謀者たちの目論見どおり、全世界が私たちの例に従ったのです。自動的に、それまで展開していたロシア国民の抵抗運動が抑

圧されることになった。文明世界が知る限り最大の脅威を自動的に発動したのだ。あとは、あまりにも有名な話なので、繰り返さない。

「ルーズベルトとその反逆的な国務省が、いかにして共産主義者の脅威をここ我が国、ひいては世界中に展開し続けたか、私たちは知っています。第二次世界大戦に突入する口実として、彼が真珠湾の残虐行為をいかに行ったかは知っている。ヤルタ会談でスターリンと密談し、アイゼンハワーの助けを借りてバルカン半島とベルリンをモスクワに引き渡したことは、よく知られている。最後になりましたが、20ème 世紀のベネディクト・アーノルドは、国連という新しい回廊を、一つの世界政府の道へと導いただけでなく、我が国でそれを実施するためのすべての手配を行ったことを知っています。つまり、ルーズベルトがホワイトハウスに入ったその日に、CFRの陰謀家たちはわが国の外交機関の全権を掌握し、イルミナティ一国政府の拠点として国連を確固たるものにしたのである。

「もうひとつ、重要なことを申し上げたい。ウィルソンの「国際連盟」が失敗したことで、シフとその一味は、民主党の支配だけでは不十分であることを悟ったのだ。そうだったんですか！？1929年に連邦準備制度によって引き起こされた暴落と恐慌のように、共和党政権の間に危機を作り出し、それによってまた民主党の手先がホワイトハウスに戻ってくることもできた。しかし彼らは、外交政策の支配が4年間中断すれば、彼らの陰謀の進展が妨げられることに気づいたのである。ルーズベルトがスターリン政権を承認する前にそうなりかけたように、戦略全体が頓挫する可能性さえあるのだ。

「ウィルソン事件以降、彼らは2つの政党を支配する計画を立て始めた。しかし、そのことに問題があった。共和党には手下が、民主党にはさらに手下が必要で、ホワイトハウスの男をコントロールするだけでは不十分なので、その男に訓練された手下を全閣僚に用意する必要があったのだ。国務省、財務省、国防総省、CFR、USIAなどのトップになる人物。要するに、ラスクやマクナマラ、そして次官や次官補のように、様々な内閣のメンバー全員がCFRに選ばれた道具であるべきなのだ。そうなれば、内政も、さらに重要な外交も、すべての政策を共謀者が

完全にコントロールすることになる。そのためには、行政の変更などに即座に対応できるような、訓練された部下が必要です。この手下は、必然的に国民の尊敬を集める名士でなければならない。しかし、彼らは名誉もなく、気兼ねもなく、良心もない者でなければならない。この人たちは脅迫に弱いはずです。このCFRがいかに成功したかは、強調するまでもないだろう。不滅のジョー・マッカーシーが、すべての連邦機関にこうしたセキュリティリスクが何千もあることを完全に暴露した。スコット・マクロードはさらに数千人を暴露した。オルテガが上院委員会でキューバをカストロに渡した国務省の裏切り者を暴露したために、その代償を払わなければならなかったし、今も払っていることはご存じだろう。

さて、ここで一元化された世界政府の陰謀の核心に戻り、そのような政府を収容するために別の「国際連盟」を創設するために必要な策略を考えてみることにしよう。前にも述べたように、共謀者たちは、自分たちの計画を成功させるためには、もう一つの世界大戦だけが不可欠であることを知っていたのである。それは、世界の人々が永遠の平和を保証する何らかの世界組織の創設を要求するほど恐ろしい世界大戦でなければならないだろう。しかし、どうしてそんな戦争が始まったのだろう。ヨーロッパ諸国はみな平和であった。どの国も近隣諸国との紛争はなく、モスクワの代理人も戦争を起こす勇気はなかったはずだ。スターリンでさえ、いわゆる「愛国心」がロシア国民を自分の後ろに団結させない限り、自分の政権の転覆を意味することを理解していたのである。

"しかし、共謀者たちは戦争をする必要があった。何かきっかけとなる事件を見つけるか、作り出すかしなければならなかったのだ。彼らはそれを、「アドルフ・ヒトラー」と名乗る、小柄で、控えめで、嫌悪感を抱かせる男の中に見出したのである。ヒトラーは、オーストリアの貧乏な画家で、ドイツ軍の伍長であった。彼は、ドイツの敗戦を個人的な不満としたのだ。彼は、ドイツのミュンヘン近郊でその宣伝活動を始めた。そして、ドイツ帝国の偉大さの回復と、ドイツの連帯の力を語り始めたのである。彼は、旧ドイツ軍を復活させ、それを使って全世界を征服することを提唱した。不思議なことに、ヒトラーは小さなピエロでありながら、熱のこもった演説をすることができ

、ある種の磁力を持っていた。しかし、ドイツの新政権はこれ以上の戦争を望まず、すぐにこの嫌なオーストリアの家庭画家を牢屋に入れた。

"嗚呼この男こそ、適切な指示と資金を与えれば、再び世界大戦を引き起こす鍵となる人物だ」と、共謀者たちは判断した。そこで、彼が獄中にいる間に、ルドルフ・ヘスとゲーリングに頼んで、『我が闘争』と名付けた本を書かせ、リトヴィノフが『モスクワへの伝道』を書いて、当時駐露大使でCFRの手先だったジョセフ・デイヴィスに帰属させたように、ヒトラーに帰属させたのです。我が闘争』の中で、ヒトラーもどきは、自分の不満と、いかにしてドイツ国民をかつての偉大な存在に戻すかを説いたのである。そして、この本をドイツ国民に広く配布し、狂信的な支持者を作り出すように仕向けた。彼が出所すると（これも共謀者たちが組織した）、彼らはドイツ各地に出向いてきわどい演説をするための準備と資金集めを始めた。やがて、退役軍人たちの間で支持者が増え、それはやがて大衆に広がり、人々は彼に自分たちの愛するドイツの救世主を見いだすようになった。そして、彼が「茶色のシャツ軍団」と呼ぶ軍団を率いて、ベルリンに進軍したのである。そのためには、多額の資金が必要だったが、ロスチャイルド家、ウォーバーグ家などの謀略家が必要な資金をすべて提供してくれた。ヒトラーは次第にドイツ国民の偶像となり、ドイツ国民はフォン・ヒンデンブルク政権を倒し、ヒトラーは新しい総統となった。しかし、これでも戦争を始める理由にはならない。他のヨーロッパ諸国や世界は、ヒトラーの台頭を見守ったが、明らかにドイツの内部事情であることに介入する理由はないと考えた。確かに、他のどの国もこれをドイツに対して新たな戦争を始める理由とは考えていなかったし、ドイツ国民もまだ十分に興奮していなかったので、フランスでもない近隣の国に対して、戦争につながるような行為をすることはできなかったのである。共謀者たちは、ドイツ国民に警戒心を抱かせ、同時に全世界を恐怖に陥れるような、そんな熱狂を起こさなければならないことを理解していた。ところで、『我が闘争』は、実はカール・マルクスの著書『ユダヤ人のいない世界』の続編である。

「シフ・ロスチャイルド一味がロシアでポグロムを組織し、何千人ものユダヤ人を虐殺し、世界的なロシアへの憎悪を呼び起

こしたことを思い出した陰謀家たちは、この許されない同じ策略を使って、ヒトラーの下で新しいドイツ国民をユダヤ人に対する殺人的憎悪に燃え上がらせようと決心したのです。確かにドイツ国民はユダヤ人に特別な愛情を抱いていたわけではないが、かといって憎しみを抱いていたわけでもない。そのような憎悪は、ヒトラーが作り出さなければならなかったのだ。この考えは、ヒトラーにとって何より魅力的だった。彼はそれを、ドイツ国民の「人神（キリスト）」になるための不気味な方法と考えたのである。

"こうして彼は、彼の財務アドバイザーであるウォーバーグ家、ロスチャイルド家、そしてイルミナティの黒幕たちから巧みに刺激と指導を受け、憎き「ベルサイユ条約」と戦争後の財政破綻の原因をユダヤ人になすりつけたのである。あとは歴史です。私たちは、ヒトラーの強制収容所と何十万人ものユダヤ人の焼却処分についてすべて知っています。共謀者たちが主張した600万人とも60万人とも言えないが、十分な数である。そして、国際主義の銀行家、ロスチャイルド、シフ、レーマン、ウォーバーグ、バルークが、彼らの邪悪な計画の犠牲者である人種の兄弟をどれほど気にかけていなかったか、もう一度言っておくことにしよう。彼らの目には、ヒトラーが罪のないユダヤ人を数十万人虐殺しても、まったく気にならないのだ。その後に起こった戦争で何百万人もの人々が虐殺されたのも、同じように必要な犠牲であったように、彼らはそれをイルミナティによる単一世界の計画を推進するための必要な犠牲と考えたのだ。そして、この強制収容所について、もう一つぞっとするような内容がある。これらの収容所のヒトラー兵士処刑人の多くは、残虐行為の恐怖を高めるために、拷問と残虐行為の技術を学ぶためにロシアに派遣されていたのだ。

「しかし、それは戦争の理由にはならない。その時、ヒトラーは「スデテンランド」を要求するように仕向けた。当時のチェンバレンとチェコスロバキア、フランスの外交官たちが、この要求をいかに呑んだかを覚えているだろうか。この要求により、ヒトラーはさらにポーランドとフランス皇帝の領土を要求したが、これは拒否された。そして、スターリンとの協定が結ばれた。ヒトラーは共産主義を憎むと叫んでいたが（ああ、彼はいかに共産主義を非難したか）、実はナチズムは社会主義（

National Socialism - Nazi）に他ならず、共産主義は、実は社会主義である。しかし、ヒトラーはこれらすべてを考慮に入れてはいなかった。彼はスターリンと協定を結び、ポーランドを攻撃し、両者の間で分割することにした。スターリンがポーランドの一部に進軍している間（これは決してスターリンのせいにはされなかった［イルミナティの頭脳がそれを見抜いた］）、ヒトラーは自分の側からポーランドに「電撃戦」を仕掛けたのである。陰謀家たちはついに新しい世界大戦を手に入れ、それはなんと恐ろしい戦争であったことか。

「そして1945年、陰謀家たちはついに、彼らのワンワールド・ガバメントのための新しい拠点、「国連」を創設した。そして、驚くべきことに、アメリカ国民全体がこの反則的なアンサンブルを「聖なるもの」と称えたのである。国際連合がどのようにして生まれたか、すべての真実が明らかになった後でも、アメリカ国民はこの邪悪な組織を崇拝し続けたのである。アルガー・ヒスがソ連のスパイであり、裏切り者であることを暴露された後も、アメリカ国民は国連を信じ続けていた。ヒスとモロトフの間で交わされた、軍事事務局のトップは常にロシア人であり、したがって国連の真の支配者であるという密約を私が公にした後でも、である。しかし、ほとんどのアメリカ人は、「国連は悪いことをしない」と信じ続けていた。Dの後でも国連」の初代事務総長であるリーは、その著書：「平和のために」でヒス・モロトフ密約を確認し、バシアリアは国連から休暇を与えられ、いわゆる国連の警察活動で戦っていた北朝鮮と赤い中国人の指揮をとることができた。彼は国連の命令で、この戦争に勝利しないように、腰抜けトルーマン大統領に解雇された我らがマッカーサー将軍の命令で、この戦争に参戦したのだ。その戦争で15万人の息子が殺され、傷つけられたにもかかわらず、国民は国連を信じ続けた。1951年に国連が（マッカーサー元帥の下で自国のアメリカ兵を使って）自らのルールを守っていなかったことが明らかになった後も、国民は国連を平和への安全な手段と見なし続けたのである。

国連司令部は、国連の旗の下、わが国の売国奴国家（およびペンタゴン）と結託して、わが国を完全に乗っ取る計画を完成させるために、カリフォルニア州とテキサス州の多くの小さな町に侵攻していたのだ。ほとんどの国民はそれを受け流し、国連

が「聖域」であることを信じ続けていた。(契約の箱ではなく)
です。

"国連憲章 "は 売国奴アルガー・ヒス、モロトフ、ヴィシンスキ
ーによって書かれたことをご存知ですか？ヒスとモロトフはあ
の密約で、国連の軍事責任者は常にモスクワが任命するロシア
人であると合意していたのですね。ルーズベルトとスターリン
がヤルタ会談で、CFRの名の下に活動するイルミナティの要請
を受けて、国連をアメリカ国内に置くことを決定したことをご
存知でしょうか？国連憲章のほとんどがマルクスの『宣言』や
いわゆるロシア憲法から一字一句コピーされていることをご存
知でしょうか。国連憲章に反対票を投じた2人の議員しか読ん
でいないことをご存知ですか？国連が出来てから共産主義者の
奴隷制度が25万から100万に増えたの知ってる？国連が平和を
確保するために設立されて以来、リトルローデシアやクウェー
トに対する戦争を煽ったように、国連が煽った大きな戦争が少
なくとも20回はあったことを知っているだろうか？国連の庇護
のもと、ロシアの分担金支払い拒否のために、アメリカの納税
者が数百万ドルの国連財政赤字の補填を強いられていることを
ご存知でしょうか？国連はロシアやその衛星と呼ばれるものを
非難する決議をしたことがなく、いつも同盟国を非難している
ことをご存知ですか？エドガー・フーバーが「国連に派遣され
る共産主義者の圧倒的多数はスパイの手先だ」と言い、66人の
上院議員がロシアのスパイや破壊工作員に国中を開放する「領
事条約」に投票したことを知っているだろうか？国連は、新た
な侵略のたびに国連総会で議論する以外、自由世界が何も行動
を起こさないようにすることで、ロシアの世界征服を助けてい
ることをご存知でしょうか？朝鮮戦争当時、国連には60カ国が
加盟していましたが、国連軍の95%は私たちアメリカの息子た
ちであり、事実上100%がアメリカの税金で賄われていたこと
をご存知でしょうか？

「朝鮮戦争やベトナム戦争での国連の方針は、我々が戦争に勝
てないようにすることだったということも、きっとご存知でし
ょう？マッカーサー元帥の戦闘計画はすべて、まず国連に行っ
て北朝鮮と赤の中国の司令官であるバシアリアに伝えなければ
ならなかったこと、そして今後、国連の旗の下で我々の息子た
ちが行う戦争は、国連安保理の管理下で行うべきことをご存知

でしょうか？国連は、ハンガリーを占領している8万人のロシア・モンゴル兵に対して何もしていないことをご存知でしょうか？

"ハンガリーの自由戦士がロシアに虐殺された時、国連はどこにいたのか？国連とその平和維持軍がコンゴを共産主義者に引き渡したことをご存知ですか？いわゆる国連平和軍は、カタンガで白人の反共産主義者を押しつぶし、レイプし、殺害するために使われたことをご存知ですか？赤の中国がラオスやベトナムを侵略している間、国連が何もしなかったことを知っていますか？ネロがゴアなどのポルトガル領を侵略している間、国連は何もしなかったことをご存知でしょうか？国連がカストロを援助した直接の責任があることをご存知ですか？共産主義の洗脳のためにロシアに送られた何千人ものキューバ人の若者について、まったく何もしなかったと？

「アドレー・スティーブンソンがこう言ったのをご存知ですか？「自由な世界は、国連でますます多くの決定を失うことを予期しなければならない」。国連は、その主要な目的が「世界政府」であり、それは「世界法」「世界法廷」「世界学校」、そしてキリスト教が禁止される「世界教会」を意味すると公言していることをご存知でしょうか？

"すべてのアメリカ市民の武装を解除し、すべての軍隊を国連に移管するための国連法が可決されたことをご存知でしょうか？この法律は、1961年に「聖人君子」であるジャック・ケネディが密かに署名したものである。国連憲章第47条第3項には、「国連軍事幕僚委員会は、安全保障理事会を通じて、安全保障理事会の権限に属するすべての軍隊の戦略的指揮に責任を負う」と明記されています。米国が国連を脱退するために戦わなければ、このような事態が起こるでしょう。

"ジェームス・B・下院議員 "をご存知ですか？ウトは、国連の合衆国設立のための法案と、大統領がローデシアに対する国連の禁輸措置を強制的に支持することを阻止するための決議案を提出しましたね。そして、全米の多くの人々が、この法案とUtt決議を支持する手紙を自分の議員に送っているのです。ペンシルベニア州のシュワイカーとムーアヘッドを中心とする50人の議員が、我が国の全軍を直ちに国連に移管する法案を提出した

?こんな厚かましい裏切りを想像できますか？あなたの国会議員もこの50人の裏切り者の一人ですか？調べて、すぐに彼に対する行動を起こし、Utt議員を助けてください。

"全米教会協議会がサンフランシスコで、米国はまもなく国連の意思に従わなければならなくなり、すべての米国民はそれを受け入れる覚悟をしなければならないと宣言する決議をしたことを、あなたは今知っていますか？あなたの教会は全米教会協議会に加盟していますか？ところで、国連憲章に神は登場しないし、会議が祈りで開かれることもないことを忘れてはならない。

「国連の創始者たちは、国連憲章や本部に神やイエス・キリストを登場させてはならないと、あらかじめ定めていたのです。あなたの牧師さんは、これに賛成していますか？見てください また、いわゆる国連加盟国の大多数は反キリスト教的であり、国連はその生みの親であるCFRイルミナティの意向により、完全に神を排除した組織であることをご存知でしょうか？イルミナティ国連の真実は、もう十分おわかりいただけたでしょうか？イルミナティ国連の邪悪な慈悲に、息子たちと大切な国を預けたいのですか？もしそうでなければ、手紙や電報、電話で、米国が国連から脱退し、国連が米国から脱退するために、ウト議員の法案を支持しなければならないと、あなたの代表者や上院議員に伝えてください。忘れないうちに、今日から実行しましょう。それが、息子さんたちのため、そして私たちの国のための唯一の救いなのです。

「そして、もうひとつの重要なメッセージがあります。ロスチャイルドがシフに与えた4つの具体的な任務のうちの1つは、キリスト教を主要なターゲットとして、アメリカの宗教を破壊する運動を起こすことであったことは、お話したとおりです。なぜなら、そのような試みは、ADLとその陰謀者たちだけでなく、何百万人もの罪のないユダヤ人たちにとっても、世界の歴史の中で最も恐ろしい血の海を作り出す可能性があるからです。シフ氏がロックフェラー氏に仕事を任せたのには、もう一つ、具体的な理由があった。キリスト教の破壊は、キリスト教を保護する役割を担っている人々によってのみ達成されうる。牧師、教会関係者による。

「そもそもジョン・D・ロックフェラーが選んだのは、ハリー・F・ウォード博士という若い、いわゆるキリスト教の牧師であった。レブランド・ウォード、もしよろしければ。当時、彼はUnion Theological Seminaryで宗教を教えていた。ロックフェラーは、この牧師に非常に意欲的な「ユダ」を見出し、1907年に彼に資金を提供して「メソジスト社会奉仕財団」を設立し、ウォードの仕事は、優秀な若者をキリストの聖職者となるように教え、教会の牧師に据えることであった。ウォード牧師は、彼らに牧師になることを教える一方で、キリストの物語全体が神話であると信徒にさりげなく巧みに説く方法、キリストの神性を疑う方法、聖母マリアを疑う方法、要するにキリスト教全体を疑う方法を教えていたのだ。これは、直接の攻撃ではなく、特に日曜学校の若者に対する狡猾な仄めかしである。レーニンの言葉を思い出してください。"一世代の若者をよこせ、そうすれば私は全世界を変革する"と。その後、1908年に"メソジスト社会奉仕財団"は、ちなみにアメリカで最初の共産主義者のフロント組織である"連邦教会協議会"に名称を変更した。1950年になると、「連邦教会協議会」が非常に怪しくなってきたので、1950年に「全米教会協議会」に名称を変更した。この団体が、キリスト教への信仰を意図的に破壊していることについて、これ以上説明する必要があるだろうか。私はそうは思わない。しかし、これだけは言える。もしあなたが、牧師と教会がこのユダ組織のメンバーである信徒であるなら、あなたとあなたの寄付は、キリスト教と神とイエス・キリストに対するあなたの信仰を破壊するイルミナティの陰謀を助けていることになり、したがって、神と教会に対する不信仰の教化にあなたの子供を意図的に引き渡し、それは簡単に彼らを「無神論者」に変えることができるのです。あなたの教会が全国教会協議会に加盟しているかどうかすぐに確認し、神と子供たちのために、もし加盟していたら、すぐに脱退してください。しかし、同じような宗教破壊のプロセスが他の宗派にも浸透していることを警告しておこう。セルマの黒人」デモなどをご覧になった方は、黒人の群衆が、一緒に行進する牧師（カトリックの神父や尼僧も）に導かれ、励まされている様子をご覧になったことがあると思います。正直で誠実な教会や個々の牧師はたくさんいます。自分と子どものために探してみてください。

「ちなみに、このハリー・F・ウォード牧師は、共産主義的な組織として知られるアメリカ自由人権協会の創設者の一人でもある。1920年から1940年までそのディレクターを務めた。また、「戦争とファシズムに反対するアメリカ同盟」の共同創設者でもあり、ブラウダーのもとで「アメリカ共産党」となった。要するに、ウォードの過去はすべて共産主義の臭いがして、共産党員であることが特定されるのだ。彼は教会と国に対する悪質な裏切り者として死に、ロスチャイルド家によってシフに与えられた命令に従って、アメリカのキリスト教の宗教を破壊するためにジョン・D・ロックフェラー老人が選び、資金を提供した人物なのである。

"結論として、私はこう言いたいのです。フランケンシュタイン博士の話を知っている人は多いだろう。彼は、自分が選んだ犠牲者を滅ぼすために怪物を作り、最後には自分の創造主であるフランケンシュタインに敵対し、彼を滅ぼしたのである。さて、イルミナティ/CFRは、アメリカ国民を破壊するために作られた「国連」という怪物（彼らの少数民族、暴動を起こす黒人、裏切り者のマスメディア、ワシントンDCの裏切り者によって支持されている）を作り出したのです。私たちは、この多頭のハイドロモンスターのことをすべて知っているし、このモンスターを作り出した人たちの名前も知っている。私たちは皆、彼らの名前を知っている。私は、ある晴れた日にアメリカ国民が完全に目覚め、この同じモンスターにその創造者を破壊させるだろうと予測している。本当です！しかし、今までに、国連について十分に知られるようになり、この組織を致命的な毒を持ったガラガラヘビのように私たちの間から根絶することができるようになった。

"私の唯一の疑問は、"我々の国民が完全な証明に目覚め、覚醒するには何が必要なのか"ということです。このレコード（この記録）ならできるかもしれない。この記録（トランスクリプト）を10万部でも100万部でもやればいいのです。そうなるよう、神に祈るばかりです。そして、この記録（トランスクリプト）が、皆さんのコミュニティの忠実なアメリカ人全員にこの物語を広めるきっかけになることを祈ります。家庭に集まった勉強会、アメリカンレジオン（在郷軍人会）の会合、VFWの会合、DARの会合、その他すべての市民団体、女性クラブ、特に

息子の命がかかっている女性クラブなどで、この本を流す（読む）ことができるのです。この録音（録画）により、私はあなたに怪物を滅ぼす武器を提供したのです。神と国と子供たちのために、使ってください。アメリカ全土の家庭に一冊ずつ送る。

ワシントンD.C.に直結した行動によって、世界中でより多くの人々が飢え始めると、おそらく多くのアメリカ人が、なぜジャッジメントが彼らに敵対するのかを理解し始めるだろう。おそらく、より多くのアメリカ人が、なぜジャッジメントが彼らに敵対するのかを理解し始めるでしょう。米国（アメリカではない）は新世界秩序であり、世界の他のほとんどの国はこれを理解している。

ブナイブリス(ADL)名誉毀損防止同盟

英国諜報機関とFBIの共同作戦の一部であることが知られている反ユダヤ主義の監視機関、ビッグブラザーゲシュタポのブナイ・ブリスは、1913年にMI6によってアメリカで設立されました。ADLは、ロンドンのジェイコブ・デ・ロスチャイルド家のアメリカ人代表でビジネスパートナーであったソール・スタインバーグが一時期率いていた。政治的に正しくないグループやそのリーダーを孤立させて圧力をかけ、彼らが大きくなりすぎて影響力を持つ前に廃業させることを目的としたものである。

B'nai B'rithはヘブライ語で、英語では「契約の兄弟愛」を意味する。B'naiは「兄弟」、B'rithは「契約」と訳されています。

その姉妹組織であるブナイブリス独立教団は、1843年にアメリカ人になりたいフリーメイソンとイルミナティのユダヤ人移民がニューヨークのレストランで設立した同化主義のユダヤ人プライドロッジである。そのメンバーには、法律事務所Committee of 300, Wilkie, Farr and GallagherのDavid Bialkinが含まれている（Bialkinは長年ADLを率いていた）。エディ・カンター、タヴィストックのエリック・トリスト、レオン・トロツキー、ジョン・グラハム、別名アーウィン・スオール。スオールは、イギリスのエリート諜報機関であるSISの一員であった。

ジョン・コールマン博士は、著書『300人委員会』の中で、「*ADLの力とその長いリーチを過小評価してはならない*」と忠告している。

ADL - アメリカで最も強力なヘイトグループ

名誉毀損防止同盟は、米国で最も古く、最も強力なヘイトグループであり、全国に28の事務所、海外に3つの事務所を有しています。言論の自由と少数民族が偏見から身を守る権利（黒人

のイスラム教徒、アラブ人、ヨーロッパ系アメリカ人など）と戦うために、年間約6千万ドルをもたらしている。[FBIのルイス・フリーに用意されたヘイトリストも追加してください。]

名誉毀損防止同盟は1913年、「ブナイブリス」（「選ばれし者の血」の意）という人種差別的な秘密結社によって設立された。

現在も存在するこの組織は、民族的出身や宗教を理由に人々を排除している。それは、他の民族に対する自分たちの人種的優位性を信じる、強力なユダヤ人たちだけのものである。

ADLは、文化的、人種的に自己表現しようとするすべての人たちに対する検閲の先頭に立ちました。ADLのディレクター、リチャード・ガットシュタットは、『大陸の征服』を検閲するよう、あらゆる定期刊行物に手紙を出した。ガットスタット氏は、"この本の販売を阻止したい "と図々しく書いている。ADLはまた、St Martin's Pressが昨年David Irvingとの契約を取り消すよう、テロを支援しました。

ADLは、時折「Freedom Torch」賞を授与することによって、その反言論活動を隠蔽しようとしています。最も有名な受賞者は、人肉商人で女性差別主義者のヒュー・ヘフナーである。猥褻ポルノ製作者のラリー・フリントも、ADLに何十万ドルも寄付している支援者である。

ADLの犯罪・スパイ活動

1993年、ADLのサンフランシスコとロサンゼルスのオフィスは、多くの分野で犯罪的な不正行為の証拠があるとして家宅捜索を受けました。捜索の結果、カリフォルニア州警察の機密ファイル窃盗にADLが関与している証拠が発見された。

ADLはロイ・ブロックに何十年も給料を払い、人々をスパイし、警察からファイルを盗んでいたのです。彼は汚職警官のトム・ジェラードを通して サンフランシスコ警察からファイルを盗んだんですサンディエゴで彼が密かに接触したのは、白人の人種差別主義者であるティム・キャロル保安官だった。

ADLは、ラスベガスのマフィアのボス、メイヤー・ランスキー

など組織犯罪と密接な関係がある。[ランスキーはJFKとRFKを撃った弾丸の代金を、彼とカルロス・マルセロスに支払った。ラリー・フリントのADLとのつながりは「非常に興味深いが、彼がマフィアに金を借りていたことがわかるだろう」。

Theodore Silbertは、ADLとSterling National Bank（ランスキー・シンジケートが支配するマフィア組織）のために同時に働いていた。

実は、マフィアのボスの孫娘であるランスキー自身が、ADLの法執行機関の連絡係であるミラ・ランスキー・ボランドなのだ（なんという粋な計らいだろう！）。彼女はADLの資金を使って、ティム・キャロルとトム・ジェラルドにイスラエルでの全費用込みの豪華な休暇を与えた）。

また、ラスベガスのギャング、モー・ダリッツは、1985年にADLから表彰された。ADLの至上主義的活動に貢献するもう一つの怪しげな貢献者は、「ジャンク債」で有名なミルケン・ファミリーファンドである。ADLは、「反ユダヤ主義！」と叫ぶことによって、マフィアやポルノ産業における「友人」を守るために、そのよくできたプロパガンダマシンを使っているのだ。！ !!"このような陋劣な利権に対抗する法律が少しでも動き出すと

ADL民族的威嚇

ADLは威嚇と恐喝の達人であり、それが関係しているすべての強力なマフィアとは異なります。ADLはメディアや政治に影響力のある人脈を持っており、ADLの思惑に沿わない人物や企業は破滅させることができます。

トム・ジェラードやティム・キャロルのように、ADLの魔の手にかかった悪徳警官のケースはすでに述べたとおりである。しかし現在、優秀な警官や新米警官でさえ、ADLがわが国に望んでいる言論の自由や文化の多様性に反する警察国家のために「条件付け」されている。

ADLは全米で、警察署がADLの広報担当者による法執行官向けの会議やセミナーを国費で開催しないなら、あらゆる報復を受

けると脅しているのです。ADLはこれらのセッションに多額の資金を集め、すでに満杯の財源を膨らませている。ADLはすでに事件現場で、捜査のあり方について警察に指示を出しているのが目撃されている。

おそらく歴史上、ADLのような犯罪組織が法執行機関にこれほどまでに浸透し影響を及ぼすことはなく、その触手は伸び続けている。サンディエゴの新しい保安官は今、ADLの南西部長Morris Casutoによって、「犯罪」に対応するための個人的な「訓練」を受けているのです。

この恐ろしい物語の最も憂慮すべき点は、ADLが非常に強力で秘密主義の人種／宗教至上主義組織であり、犯罪やポルノの世界と大きなつながりがあることだ。ADLは、子供たちの心に働きかけるために、「World of Difference」プログラムを作り、幼い子供たちに自己嫌悪を植え付け、自分たちの民族や遺産に逆らうように説得することを目的としました。

子供たちは、同性愛や異人種間恋愛は美徳であり、経験すべき素晴らしい啓示であると教えられています。1995年、少数の、しかし裕福な支援者に向けた報告書の中で、ADLは1千万人以上の学生に接触し、さらに多くの学生が洗脳される準備ができていると自慢している。ADLは、彼らとその犯罪仲間がアメリカに用意している犯罪と悪徳の世界に、子どもたちを敏感にさせたいと考えているのです。

ADL犯罪者Abe Foxmanのならず者ギャラリー[FoxmanはMarc Richから賄賂を受け取った人物で、そう、彼らは25万ドル以上のそのお金を保管していた]。

ADLのトップでスパイの達人

ロイ・ブロックはADLの情報提供者で、何十年もADLのためにゴミ箱に潜っていたが、トム・ジェラルドを通じてサンフランシスコ警察から盗まれた警察ファイルの仲介をするという微妙な仕事を任されるようになった。その報酬は週550ドルだった。また、人種差別主義者のティム・キャロル保安官の仲間でもあった。1993年にFBIがADLの事務所を家宅捜索し、ADLのスパイ活動に関する750ページに及ぶ情報を公開したことから、

彼の存在が明らかになった。

トム・ジェラード サンフランシスコの警察官で、所属機関から機密ファイルを盗み、ロイ・ブロックに渡し、ADLがアメリカ人をスパイするのに役立てた人物です。盗まれたファイルの中には、黒人イスラム教徒、アラブ人、ADLを少しでも批判する右翼団体に関するものが含まれていた。彼は、ADLの援助により、イスラエルでの豪華な休暇をすべて費用負担してもらったのです。

ティム・キャロル、サンディエゴ保安官事務所の人種差別主義者の元刑事。1993年、「すべての不法滞在者を銃殺する」「すべてのニガーをバナナの皮で作った船でアフリカに送り返す」ことを望むと発言。

ロイ・ブロックやトム・ジェラードの仲間。ADLの事務所が襲撃された後、54歳で保安官事務所を謎の退職をした。また、ADLの好意により、イスラエルでの豪華な休暇を全額負担してもらった。人種差別を公然と行う性格にもかかわらず、1997年9月のADL全米大会では警備を担当し、参加者や来場者に対して強引な手口を使った。ADLへの家宅捜索のきっかけとなったのは、捜査官に対する彼の不器用な自白だったことを考えると、これは興味深い。

ミラ・ランスキー・ボーランド

ADLの「法執行機関連絡係」。彼女は、ADLに何か見返りがありそうな特定の重要な警察官のために、イスラエルへの豪華な旅行を企画した。その中には、ファイル泥棒のトム・ジェラードや人種差別主義者のティム・キャロルも含まれていた。彼女は、アメリカ史上最も強力なマフィアの一人であるメイヤー・ランスキーの孫娘というユニークな立場である。

ヒュー・ヘフナー

ADLから馬鹿げた「自由の聖火」賞を授与された有名なポルノグラファー。この国のすべてのポルノは、マフィアやADLのような悪徳集団と常に結びついており、その保護は彼から生まれた。

ラリー・フリント

このポルノグラファーは、ADLに10万ドルもの大口献金をしている。彼は『ハスラー』誌に掲載された「わいせつポルノ」と女性に対する全般的な醜悪な冒涜で何度も投獄されている［マフィアの隠れ蓑でもあるガンビーノ一家、そしてランスキーはこの卑劣な男の処刑を命じた-サバノート-］。

セオドア・シルバート

メイヤー・ランスキーの仲間で、ADLとマフィアの隠れ蓑「スターリング銀行」の従業員。スターリング銀行CEO、ADL全国委員を兼任。

モー・ダリッツ

ラスベガスのマフィア、メイヤー・ランスキーの側近で、1985年にADLから表彰された。

ミルケンファミリーファンド

ジャンク債のスキャンダルで稼いだ資金をADLに多く提供した10億円のファンド。

モリス・カスート

南西部ADLのディレクターで、彼と彼の違反組織に従うように、新しい法執行者を個人的に訓練している。Morris Casutoは、人種差別主義者Tim Carrollの親友でもある。

CIA

第二次世界大戦末期、新たな秘密主義的冷戦に対抗するため、中央情報局（CIA）が創設された。そのルーツは、すでに結成されていた軍事情報組織OSS（Office of Strategic Services）にあり、最初の核爆弾を開発した極秘プロジェクト「マンハッタン計画」の管理者として知られるようになった。

CIAの創設者であるウィリアム・ワイルド・ビル・ドノバンとアレン・ダレスは、ともに著名なローマカトリック教徒であり、秘密結社「マルタの騎士」のメンバーであった。

最近機密解除された文書によると、戦後、マルタ騎士団は、死のキャンプの科学者や、オカルト主義者ハインリッヒ・ヒムラーのゲシュタポ内部組織（ナチス情報局）の多くのメンバーなど、多くの著名なナチスの逃亡に貢献したことが明らかになっています。その中には、マルタの騎士ラインハルト・ゲーレン将軍をはじめ、ドノバンの主張で文民組織となった新生CIAに直接就職する者も少なくない。こうして、反ナチス派のドワイト・アイゼンハワー将軍と米軍は、当初の方程式から外され、CIAはアメリカ国民の利益よりも、アメリカの実業家と多国籍企業の利益を代表するようになったのである。

マルタ騎士団とナチス運動との密接な関係は、共通のバラ十字信仰体系に思想的な基礎を置くものである。このシステムによれば、人類の進化は、ある劣った亜人種によって阻まれ、そのプロセスを継続するためには排除されなければならないのである。CIAを通じて、この封建的な信念体系が民主主義国家のアメリカの中枢に浸透しているのである。冷戦装置を装って、CIAは生物化学兵器、マインドコントロール技術、心理作戦、プロパガンダ、秘密戦争の世界的リーダーになっている。

CIAは、英国の諜報機関や多国籍企業、さらには王室にも大きく従属する。

コールマンは、MI6や寡頭政治に支配された多数の「シンクタンク」を通じて、アメリカのプロパガンダ工場、つまり主要なニュースネットワークや通信社は、ほとんどプロパガンダと認識されないようなひどい捏造を作り出していると説明する。

CIAの残虐行為年表

次の年表は、CIAが犯した何百もの残虐行為と犯罪のほんの一部を記述している。[41] 。

CIAの作戦は同じパターンで繰り返される。第一に、海外における米国の商業的利益が、人気のある、あるいは民主的に選出された指導者によって脅かされることである。国民が指導者を支持するのは、指導者が土地改革、労働組合の強化、富の再分配、外資系産業の国有化、労働者・消費者・環境を守るためのビジネス規制を行うことを意図しているからである。このように、CIAは米国企業のために、そしてしばしば彼らの助けを借りて、反対派を動員しているのである。まず国内の右派グループ（通常は軍部）を特定し、「我々に有利なビジネス環境を維持してくれるなら、あなたたちを政権に就かせる」という取引を持ちかけるのだ。そして、CIAは彼らを雇い、訓練し、権力者である政府（通常は民主主義国家）を転覆させるために協力する。プロパガンダ、投票用紙の詰め合わせ、買収選挙、恐喝、脅迫、性的陰謀、地元メディアによる対立候補の虚報、対立政党への潜入と混乱、誘拐、殴打、拷問、脅迫、経済妨害、死の部隊、さらには暗殺など、ありとあらゆる策略を駆使しているのだ。その結果、軍事クーデターが起こり、右翼の独裁者が誕生する。CIAは、大企業の伝統的な敵を取り締まるために、独裁者の保安組織を訓練し、尋問、拷問、殺人を行う。犠牲者は「共産主義者」と言われるが、ほとんどの場合、農民、リベラル派、穏健派、労働組合幹部、政敵、言論の自由と民主主義の守護者である。広範な人権侵害が続いている。

このシナリオは、CIAが特別な学校、いわゆる「スクール・オブ・ザ・アメリカズ」で教えているほど、何度も繰り返されて

---

[41]*CIA - Criminal Organisation: How the Agency is Corruptting America and World*, Le Retour aux Sources, www.leretourauxsources.com, NDÉ.を参照の こと。

きた。(独裁者のための学校」「暗殺者のための学校」と批評された）。CIAはラテンアメリカの軍人を訓練し、尋問、拷問、殺人を含むクーデターの遂行に役立てています。

Association for Responsible Dissentは、1987年までにCIAの秘密作戦によって600万人が死亡したと推定している。元国務省職員のウィリアム・ブルム氏は、これを「アメリカのホロコースト」と呼ぶのが正しい。

CIAはこれらの行動を共産主義との戦いの一環として正当化している。しかし、ほとんどのクーデターは、共産主義者の脅威を伴うものではない。米国の海外ビジネスに対する脅威だけでなく、リベラルな、あるいは穏健な社会改革、政情不安、指導者が米国の命令を実行しようとしない、冷戦時代の中立宣言など、さまざまな理由で不運な国が標的にされるのである。実際、冷戦から手を引こうとする国ほど、CIA長官を怒らせるものはない。

このような介入は皮肉なことに、しばしば米国の目的を達成することができない。新しく就任した独裁者は、CIAが構築した警備体制に安心感を覚えていることが多い。彼は、警察国家を運営するエキスパートとなる。そして、独裁者は自分が倒されないと知っているから、独立し、ワシントンの意向に逆らうようになる。警察や軍隊は独裁者の支配下にあり、拷問や処刑を恐れてアメリカのスパイに協力しないため、CIAは独裁者を打倒することができないことに気づく。現段階でのアメリカの選択肢は、無力か戦争かの2つだけである。この「ブーメラン効果」の例として、イラン国王、ノリエガ将軍、サダム・フセインなどが挙げられる。ブーメラン効果は、CIAが民主主義国家の転覆には非常に効果的であるが、独裁国家の転覆には惨敗している理由も説明できる。以下の年表は、我々が知っているCIAは廃止され、真の情報収集・分析組織に取って代わられるべきであることを確認するものである。CIAは改革できない。組織的にも文化的にも腐敗している。

1929

失われた文化 - ヘンリー・スティムソン国務長官は、"紳士は互

いのメールを読まない"と言って暗号解読作戦を承認しない。

1941

IOCの創設 - 第二次世界大戦を見越して、ルーズベルト大統領が情報調整官(COI)室を創設。ウィリアム・"ワイルド・ビル"・ドノバン将軍が新情報部を率いる。

1942

OSSの創設 - ルーズベルトは、IOCをより諜報活動に適した組織、戦略事業局（OSS）に改組する。ドノヴァンは国の富豪をたくさんリクルートしたので、人々は「OSSは "Oh, so social!"という意味だ」と冗談を言うようになった。とか、「なんて俗物なんだ！」とか。".

1943

イタリア - ドノバンはローマのカトリック教会をファシストイタリアにおける英米のスパイ活動の中心になるように勧誘する。これは、冷戦時代におけるアメリカの最も永続的な情報同盟の1つとなった。

1945

OSS廃止 - 他の米国情報機関も諜報活動を停止し、無害な情報収集と分析に戻る。

ペーパークリップ作戦 - アメリカの他の機関がナチスの戦犯を追跡して逮捕する一方で、アメリカの諜報機関は彼らを罰せずにアメリカに持ち込み、ソビエトに対抗するために利用するのだ。その代表格が、ソ連に情報網を構築したヒトラーの名スパイ、ラインハルト・ゲーレンである。アメリカの全面的な支援のもと、ナチス難民のスパイ集団「ゲーレン組織」を創設し、ロシアにネットワークを復活させた。その中には、SSの情報将校アルフレッド・シックスやエミール・アウグスブルク（ホロコーストでユダヤ人を虐殺した）、クラウス・バービー（「リヨンの虐殺者」）、オットー・フォン・ボルシュヴィング（アイヒマンと組んでいたホロコーストの首謀者）がいた。ゲーレン機関は、その後10年間、米国にソ連に関する唯一の情報を提供し、OSSの廃止とCIAの創設の橋渡しをした。しかし、旧ナチスから提供された「情報」の多くは虚偽であった。ゲーレン

は、ロシアがまだ荒廃した社会を再建していた時期に、ソ連の軍事力を誇張し、アメリカ人の目から見て自分の重要性を膨らませた（そうしなければ彼を罰するかもしれない）。1948年、ゲーレンは、戦争が差し迫っており、西側は先制攻撃を行うべきだとアメリカ人を説得するところだった。1950年代には、架空の「ミサイルギャップ」を制作した。さらに悪いことに、ロシアはゲーレン組織に二重スパイを慎重に潜入させ、ゲーレンが守るべきアメリカの安全保障を損なった。

1947

ギリシャ-トルーマン大統領が、共産主義者の反乱軍と戦う右翼部隊を支援するため、ギリシャに軍事援助を要請。冷戦の残りの期間、ワシントンとCIAは、悲惨な人権記録を持つ悪名高いギリシャの指導者を支援することになる。

CIAの創設-トルーマン大統領が1947年の国家安全保障法に署名し、中央情報局と国家安全保障会議が創設される。CIAはNSCを通じて大統領に説明責任を負っており、民主主義や議会による監視はない。その憲章では、CIAは「国家安全保障会議が随時指示するその他の機能および任務を遂行する」ことが認められている。この抜け穴は、秘密行動や汚い手口への扉を開くものです。

1948

秘密工作部門の創設 - CIAは、ウォール街の弁護士フランク・ウィズナーをトップに、「政策調整室」という無邪気な名前の秘密工作部門を再創造した。その秘密憲章によると、その責務は「プロパガンダ、経済戦争、サボタージュ、反サボタージュ、解体、避難処置などの予防的直接行動、地下抵抗組織への支援を含む敵対国家に対する破壊工作、自由世界の脅威となる国々の反共主義土着要素の支援」である。

イタリア - CIAがイタリアの民主的な選挙を腐敗させており、イタリアの共産主義者が選挙に勝つと脅している。CIAは票を買い、プロパガンダを流し、野党指導者を脅し、殴り、組織に潜入し、混乱させる。それが功を奏して、共産主義者は敗北したのです。

1949

ラジオ・フリー・ヨーロッパ - CIAは最初の主要なプロパガンダ機関であるラジオ・フリー・ヨーロッパを創設した。その後数十年にわたり、その放送はあまりにもあからさまな虚偽であったため、一時期、米国ではその記録を公表することは違法とされていた。

1940年代後半

モッキングバード作戦 - CIAがアメリカの報道機関やジャーナリストをスパイやプロパガンダの配信者としてリクルートし始める。フランク・ウィズナー、アラン・ダレス、リチャード・ヘルムズ、フィリップ・グラハムの4人が中心となって進めている。グラハムはワシントン・ポストの発行人であり、CIAの主要人物となった。やがて、CIAのメディア資産は、ABC、NBC、CBS、タイム、ニューズウィーク、AP通信、United Press International、ロイター、ハースト新聞、スクリプスハワード、コプリーニュースなどにも及ぶようになる。

サービスなど。CIAが自ら認めているように、少なくとも25の組織と400人のジャーナリストがCIAの資産となるのだ。

1953

イラン - CIAは、民主的に選出されたモハメド・モサデグが英国の石油を国有化すると脅した後、軍事クーデターにより打倒する。CIAは、イランの国王に代わって、ゲシュタポのように残忍な秘密警察「SAVAK」を持つ独裁者を擁立する。

Operation MK-ULTRA[42] - 北朝鮮の洗脳計画に触発され、CIAがマインドコントロールの実験を開始。このプロジェクトで最もよく知られているのは、アメリカ人の被験者に、本人の知らないうちに、あるいは本人の意思に反してLSDなどの薬物を投与し、その結果、何人もの被験者が自殺したことである。しかし、この作戦はそれをはるかに超えていた。ロックフェラー財団とフォード財団から一部資金提供を受け、プロパガンダ、洗脳、広報、広告、催眠術、その他の暗示などの研究を行っています。

---

[42]*MK Ultra - Ritual Abuse and Mind Control*, Alexandre Lebreton, Omnia Veritas Ltd, www.omnia-veritas.com を参照。

1954

グアテマラ - CIAが軍事クーデターにより、民主的に選出されたヤコブ・アルベンツ政権を転覆させる。アルベンツは、ロックフェラーが所有するユナイテッド・フルーツ社（CIA長官アレン・ダレスも株を所有している）を国有化すると脅した。アルベンツは右翼の独裁者に取って代わられ、その血に飢えた政策により、その後40年間で10万人以上のグアテマラ人が殺されることになった。

1954-1958

北ベトナム - CIAのエドワード・ランズデールは、北ベトナムの共産主義政府を転覆させるために4年間を過ごし、あらゆる汚い手口を使っている。CIAはまた、ゴー・ディン・ディエム率いる南ベトナムの専制的な傀儡政権を正当化しようとする。ディエム政権は真の民主化、土地改革、貧困削減策に反対しており、こうした努力も南ベトナムの心をつかむには至らなかった。CIAの失敗が続くと、アメリカの介入がエスカレートし、ベトナム戦争に発展していく。

1956

ハンガリー - ラジオ・フリー・ヨーロッパがフルシチョフのスターリン非難の秘密演説を放送し、ハンガリーの反乱を扇動する。また、アメリカの援助がハンガリー人の戦いに役立つことを示唆している。しかし、これは実現せず、ハンガリー人は武力反乱を起こし、ソ連の大侵攻を招いただけであった。この紛争では、ソ連人7000人、ハンガリー人3万人の死者が出た。

1957-1973

ラオス - CIAはラオスの民主的な選挙を無効化するために、年に1回程度クーデターを起こしている。問題は、連立政権を組むのに十分な民衆の支持を得ている左翼団体「パテート・ラオ」である。1950年代後半、CIAはパテート・ラオを攻撃するために、アジアの傭兵による「秘密部隊」まで作っていた。CIA軍が何度も敗北した後、アメリカは空爆を開始し、第二次世界大戦中にEUのすべての国が受けたよりも多くの爆弾をラオスに投下した。ラオス人全体の4分の1が難民となり、その多くが洞窟で生活することになる。

1959

ハイチ - アメリカ軍が "パパ・ドク"・デュバリエを助け、ハイチの独裁者となる。彼は私設警察「トントン・マクテス」を作り、ナタで住民を脅す。デュバリエ一族の統治下で10万人以上を殺害したのだ。米国は彼らの悲惨な人権記録に対して抗議をしない。

1961

ピッグス湾事件 - CIAが1500人のキューバ人亡命者を送り込み、カストロのキューバに侵攻する。しかし、「マングース作戦」は、計画、警備、支援の不備から失敗に終わる。計画者たちは、この侵攻がカストロに対する民衆の蜂起の引き金になると考えていたが、それは決して起こらない。約束されたアメリカの空爆も実現しない。これは、CIAにとって初めての公的な失敗であり、ケネディ大統領はCIA長官アレン・ダレスを解雇するに至った。

ドミニカ共和国 - CIAは、1930年以来ワシントンが支援してきた殺人独裁者ラファエル・トルヒーヨを暗殺した。トルヒーリョのビジネス利益は非常に重要（経済の約60％）となり、アメリカのビジネス利益と競合するようになった。

エクアドル - CIAの支援を受けた軍隊が、民主的に選出されたホセ・ベラスコ大統領を辞任に追い込む。副大統領のカルロス・アロセマナが後任となり、空席となった副大統領職にはCIAが人材を投入する。

コンゴ（ザイール） - CIAが民主的に選出されたパトリス・ルムンバを暗殺。しかし、ルンバの政策に対する国民の支持は、CIAが明確に反対派を政権に据えることができないほどである。その後4年間、政情不安の時期が続く。

1963

ドミニカ共和国 - CIAが軍事クーデターにより、民主的に選出されたフアン・ボッシュ政権を転覆させる。CIAは抑圧的な右派の政権を設置する。

エクアドル - CIAが支援する軍事クーデターにより、アロセマナ大統領が転覆。軍事政権が誕生し、1964年の選挙が中止され

、人権侵害が始まった。

1964

ブラジル - CIAの軍事クーデターにより、民主的に選出された
ジョアン・グーラート政権が倒される。その後、20年以上にわ
たって歴史上最も血生臭い政権が続く。カステロ・ブランコ将
軍は、ラテンアメリカで最初の死の部隊を作った。秘密警察官
の集団で、「共産主義者」を追い詰め、拷問、尋問、殺人を行
ったのである。この「共産主義者」は、ブランコの政敵に過ぎ
ないことが多い。後に、CIAが死の部隊を訓練していたことが
明らかになった。

1965

インドネシア - CIAが民主的に選出されたスカルノ大統領を軍
事クーデターで失脚させる。CIAは1957年からスカルノを抹殺
しようと、暗殺計画から性的謀略まで駆使し、冷戦の中立を宣
言したこと以外には何もなかったのだ。彼の後継者であるスハ
ルト将軍は、「共産主義者」と非難された市民を50万から100
万人虐殺することになる。CIAは、数え切れないほどの容疑者
の名前を提供した。

ドミニカ共和国 - ファン・ボッシュの復権を求める民衆の反乱
が勃発。しかし、アメリカ海兵隊が到着し、力による軍事的支
配を維持するため、革命は鎮圧される。

CIAは裏ですべてを動かしている。ギリシャ - CIAの支援により
、国王がジョージ・パパンドレウスを首相から解任。パパンド
レウスは、ギリシャにおける米国の利益を積極的に支援するこ
とができなかった。コンゴ（ザイール） - CIAの支援を受けた
軍事クーデターにより、モブツ・セセ・セコが独裁者に就任す
る。嫌われ、抑圧され、貧しい国土を利用して数十億を稼ぐモ
ブツ。

1966

ランパート事件 - 過激派雑誌『ランパート』が前代未聞の反
CIA記事の連載を開始。CIAはミシガン大学に2500万ドルを支
払い、南ベトナムの学生に秘密警察の方法を教える「教授」を
雇ったというスクープがある。MITや他の大学も同様の支払い
を受けている。Rampartsは、全米学生協会がCIAの隠れ蓑であ

ることも明らかにしている。徴兵猶予を含む恐喝や賄賂によって学生が集められることもある。

1967

ギリシャ - CIAの支援を受けた軍のクーデターにより、選挙の2日前に政府が倒された。有力なのはリベラル派のジョージ・パパンドレウス候補だった。その後6年間、CIAの支援を受けた「大佐の治世」は、政敵に対する拷問や殺人を広く行う結果となった。ギリシャの大使が、アメリカのキプロス計画についてジョンソン大統領に異議を唱えると、ジョンソンはこう答える。

"国会も憲法もクソ喰らえ"

フェニックス*作戦* - CIAは南ベトナムの諜報員を支援し、南ベトナムの村で活動するベトコンの疑いのある指導者を特定し、暗殺する。1971年の議会報告によると、この作戦で約2万人の「ベトコン」が殺されたという。

1968

オペレーション*CHAOS* - CIAは1959年以来、米国市民を違法にスパイしていたが、オペレーションCHAOSでジョンソン大統領は劇的にそのペースを上げた。CIAのエージェントが学生の急進派を装い、ベトナム戦争に抗議する大学組織をスパイし、混乱させた。彼らは、ロシアの扇動者を探すが、決して見つからない。CHAOSは7,000人と1,000の組織を監視することになった。

ボリビア-CIAの軍事作戦により、伝説のゲリラ、チェ・ゲバラが捕まる。CIAは尋問のために彼を生かすことを望むが、ボリビア政府は世界中から慈悲を求める声を避けるために彼を処刑する。

1969

ウルグアイ - CIAの悪名高い拷問官、ダン・ミトリオーネが政情不安のウルグアイに到着。右翼勢力はこれまで拷問を最後の手段として使っていたが、ミトリオーネは拷問を日常的かつ広範囲に使うように説得する。"正確な痛みを、正確な場所に、正確な量を、目的の効果を得るために "が彼のモットーです。死の部隊に教える拷問技術は、ナチスのそれに匹敵する。そし

て、その1年後、革命派に誘拐され、殺害されてしまったのである。

1970

カンボジア - CIAがサホウネク王子を失脚させる。サホウネク王子は、ベトナム戦争に参加させないことでカンボジアの人々に非常に人気があった。CIAの傀儡であるロン・ノルが後任となり、すぐにカンボジア軍を出動させる。この不人気な決定は、1975年に政権を握り、何百万人もの市民を虐殺したクメール・ルージュのような、以前はマイナーだった野党を強化することになった。

1971

ボリビア - 半世紀にわたるCIAの政情不安の後、CIAの支援を受けた軍事クーデターにより、左派のフアン・トーレス大統領が倒される。その後2年間、独裁者ウゴ・バンザーは2,000人以上の政敵を裁判なしで逮捕し、拷問、強姦、処刑を行った。

ハイチ - 「パパ・ドク」デュバリエが死去し、19歳の息子「ベビー・ドク」デュバリエがハイチの独裁者となる。彼の息子は、CIAの全容を把握した上で、血塗られた支配を続けている。

1972

ケース・ザブロッキ法 - 行政協定を議会で審査することを義務付ける法律を議会が通過させる。理屈の上では、これによってCIAの業務がより説明責任を果たすことになるはずだ。実は、非常に非効率的なのです。

カンボジア - カンボジアでの秘密戦争に対するCIAの資金提供を打ち切ることを議会が決議。

ウォーターゲートへの侵入 - ニクソン大統領がウォーターゲートの民主党事務所に盗聴器を仕掛ける。チームのメンバーは、ジェームズ・マッコード、E・ハワード・ハント、キューバ人強盗犯の5人など、CIAと長い付き合いのある人物ばかり。彼らは大統領再選委員会（CREEP）のために働き、民主党の選挙運動を妨害したり、ニクソンの違法な選挙資金を洗浄するような汚い仕事をしているのである。CREEPの活動は、CIAのもう一つの隠れ蓑であるミューレン・カンパニーが資金を提供し、組

織している。

1973

チリ - CIAが、ラテンアメリカで初めて民主的に選出された社会主義指導者、サルバドール・アジェンデを失脚させ、暗殺。アジェンデが在チリの米国企業を国有化したことが、問題の始まりだった。ITTがCIAに100万ドルのクーデターを持ちかける（拒否されたと報道される）。CIAはアジェンデに代わってアウグスト・ピノチェト将軍を任命し、労働組合指導者や政治的左派を弾圧して数千人の国民を拷問し殺害した。

CIAが内部調査を開始 - 作戦副長官ウィリアム・コルビーが全CIA職員に対し、違法行為に気付いた場合は報告するよう命じた。この情報は、議会に報告されます。

ウォーターゲート事件 - アメリカを代表するCIAの協力者である*ワシントン・ポスト紙*が、他の新聞社が取り上げるよりずっと前にニクソンの犯罪を報道する。ウッドワードとバーンスタインの二人の記者は、CIAがこのスキャンダルに多大な影響を及ぼしていることについて、事実上まったく触れていない。ウッドワードはホワイトハウスで海軍情報部を担当し、アレクサンダー・ヘイグ将軍をはじめ多くの情報部員を知っていることが後に明らかになる。彼の主な情報源である "ディープ・スロート" もその一人であろう。

ヘルムズCIA長官を解任 - ニクソン大統領は、ウォーターゲート事件の隠蔽に失敗したリチャード・ヘルムズCIA長官を解任する。ヘルムスとニクソンはずっと憎み合っていた。新しいCIA長官はウィリアム・コルビーで、彼は比較的CIAの改革に前向きである。

1974

オペレーションCHAOSの暴露 - ピュリッツァー賞受賞ジャーナリスト、シーモア・ハーシュが、米国内の反戦・公民権団体の監視と浸透を行ったオペレーションCHAOSの記事を発表。この記事は、国民の怒りを買った。

アングルトン氏解雇 - 米国議会は、CIAの防諜責任者であったジェームズ・ジーザス・アングルトン氏の違法な国内スパイ活

動について公聴会を開催している。郵便物の開封運動や反戦デモ参加者の秘密監視など、その活動は多岐にわたった。この公聴会がきっかけで、彼はCIAから解雇されることになった。

下院、ウォーターゲート事件でのCIAの関与を認める - 下院は、ニクソンのウォーターゲート事件でのCIAの加担を認めました。

ヒューズ・ライアン法 - 議会が修正案を可決し、大統領がCIAの非諜報活動について適切な議会の委員会に適時に報告することを義務づける。

1975

オーストラリア - CIAは、民主的に選出されたエドワード・ウィットラム首相の左翼政権の転覆を手助けしている。そのために、CIAはジョン・カー総督に最後通牒を突きつける。長年CIAの協力者であったカーは、憲法上の権利を行使し、ウィットラム政権を解散させる。総督は基本的に女王によって任命される儀礼的な地位であり、首相は民主的な選挙で選ばれます。この古色蒼然とした未使用の法律の使用は、国民を唖然とさせます。

アンゴラ - ベトナムでの敗北後、アメリカの軍事的決意を示すために、ヘンリー・キッシンジャーはCIAの支援を得てアンゴラで戦争を開始する。キッシンジャーの主張とは裏腹に、アンゴラは戦略的重要性が低く、共産主義の深刻な脅威にさらされていない国である。CIAは残忍なUNITASのリーダー、ジョナス・サヴィンビを支援しています。このことがアンゴラの政治を二極化し、反対派をキューバやソ連に追い込み、生き残りを図っている。1976年に議会は資金援助を打ち切ったが、CIAは1984年に再び資金援助が合法化されるまで、闇の中で戦争を続けることができる。この全く不必要な戦争によって、アンゴラの人々は30万人以上殺された。

ビクター・マルケッティとジョン・マークスが、CIAの犯罪と虐待を暴露した「CIAとカルト・オブ・インテリジェンス」。マルケッティは、14年間CIAに勤務し、最終的には情報部副部長のエグゼクティブ・アシスタントとなった。マークスは国務省で5年間、情報担当官として勤務していた。

"インサイド・カンパニー "フィリップ・エイジがCIAでの生活を綴った日記を出版。エイジは1960年代にラテンアメリカで秘密工作に従事し、彼が参加した犯罪について詳しく述べている。

議会がCIAの不正を調査-国民の怒りで議会はCIAの犯罪に関する公聴会を開催する。上院の調査はFrank Church上院議員が、下院の調査はOtis Pike下院議員が担当しています。(現職の再選率は98％にもかかわらず、その後の選挙でチャーチもパイクも敗れた）。この調査は、上院情報委員会の常設化など、議会に対するCIAの説明責任を高めることを目的とした数々の改革につながるものであった。しかし、この改革は、イラン・コントラ事件が示すように、効果がないことが明らかになった。CIAは簡単に議会をコントロールしたり、取引したり、迂回したりできることがわかった。

ロックフェラー委員会 - チャーチ委員会が与えたダメージを軽減するため、フォード大統領は、CIAの歴史を白紙に戻し、効果のない改革を提案する「ロックフェラー委員会」を創設する。委員会の名前の由来となったネルソン・ロックフェラー副大統領は、彼自身がCIAの主要人物である。委員会メンバー8人のうち5人は、CIAが支配する外交問題評議会のメンバーでもある。

1979

イラン - CIAは、長年傀儡としてきたイラン国王の没落と、国王の血に飢えた秘密警察SAVAKに対するCIAの支援に怒ったイスラム原理主義者の台頭を予見できなかった。その報復として、イスラム教徒はテヘランのアメリカ大使館で52人のアメリカ人を人質に取った。

アフガニスタン - ソビエトがアフガニスタンに進駐。CIAは直ちにソビエトと戦う意思のある派閥に武器を供給し始める。この無差別な武装は、ソビエトがアフガニスタンから去った時、内戦が起きることを意味している。さらに、狂信的なイスラム過激派が高度な兵器を保有するようになった。そのうちの一人が、ニューヨークの世界貿易センタービル爆破事件に関与することになるシェイク・アブデル・ラーマンである。

エルサルバドル - 貧困層の虐殺に憤慨した若い軍人たちの理想主義的なグループが、右翼政府を転覆させる。しかし、アメリカは経験の浅い将校たちに、新政府の要職に旧来の守旧派を多く含ませることを強要する。やがて事態は「正常」に戻る。軍事政権は、貧しい市民のデモ隊を弾圧し、殺害する。多くの若い軍人や文民の改革者たちは、自分たちが無力であることを知り、嫌気がさして辞職する。

ニカラグア - CIAの支援を受けた独裁者、アナスタシオス・サモサ2世が倒れる。マルクス主義のサンディニスタが政権を握り、土地改革と貧困との闘いへの取り組みが評価され、当初は人気を博した。サモサは、国家警備隊という殺人的で憎まれた個人的な軍隊を持っていた。その残党が「コントラ」となり、CIAの支援を受けながら、1980年代を通じてサンディニスタ政権に対してゲリラ戦を展開した。

1980

エルサルバドル - サンサルバドルの大司教、オスカー・ロメロは、「キリスト教徒同士」で、国民を虐殺する軍事政権への援助をやめるよう、カーター大統領に懇願した。カーターは拒否する。その直後、右翼の指導者ロベルト・ドービュイソンが、ミサを行っている最中にロメロの心臓を撃たせた。丘陵地帯の農民が軍政と戦い、国は急速に内戦状態に陥った。CIAと米軍は、政府に圧倒的な軍事的・情報的優位を与えている。CIAが訓練した死の部隊が地方を徘徊し、1982年のエル・マゾーテのように、700人から1000人の男性、女性、子供を虐殺する残虐行為を行った。1992年には、約63,000人のサルバドール人が殺された。

1981

イラン／コントラ計画開始 - CIAがイランに武器を高値で売り始め、その利益をニカラグアのサンディニスタ政権と戦うコントラの武装に充てる。レーガン大統領は、サンディニスタが「おじさん」と言うまで「圧力をかける」ことを約束する。CIAがコントラに配布した「自由の戦士マニュアル」には、経済妨害、プロパガンダ、恐喝、収賄、恐喝、尋問、拷問、殺人、政治的暗殺に関する指示が含まれている。

1983

ホンジュラス-CIAがホンジュラス軍将校に拷問の仕方を教える「人材搾取訓練マニュアル」を渡す。ホンジュラスの悪名高い「大隊316」は、CIAの完全な視界の中で、何千人もの左翼反体制派にこのテクニックを使っているのだ。少なくとも184人が殺されている。

1984

ボーランド修正条項 - 一連のボーランド修正条項の最後が採択される。これらの修正案はCIAのコントラへの援助を減らすもので、最後の修正案はそれを完全に排除するものである。しかし、CIA長官ウィリアム・ケーシーは、すでにオリバー・ノース大佐に「バトンタッチ」する準備をしている。彼は、CIAの非公式、秘密、自己資金によるネットワークを通じて、違法にコントラへの供給を続けているのである。これには、アドルフ・クアーズやウィリアム・サイモンから寄付された「人道支援」や、イランの武器売却で賄われた軍事支援が含まれる。

1986

ユージン・ハセンファス - ニカラグアが、コントラに軍事物資を運ぶC-123輸送機を撃墜する。唯一の生存者であるユージン・ハセンファスは、死んだ2人のパイロットと同様にCIA職員であることが判明した。飛行機はCIAの隠れ蓑である南部航空輸送が所有していた。この事件は、レーガン大統領が主張した「CIAはコントラに違法な武装をしていない」という主張をあざ笑うものであった。

イラン・コントラ事件 - その詳細は以前から知られていたが、1986年、ついにイラン・コントラ事件がマスコミの注目を浴びることになった。議会の公聴会が開かれ、何人かの重要人物（オリバー・ノースなど）は情報機関を守るために宣誓の上で嘘をついた。CIA長官William Caseyが議会での質疑を待たずに脳腫瘍で死去。スキャンダル後に議会で採択された改革は、すべて純粋に表面的なものだ。

ハイチ - ハイチで高まる民衆の反乱は、「ベビードック」デュバリエが短いものであれば、「終身大統領」であり続けることを意味する。傀儡国の不安定さを嫌うアメリカは、専制君主の

デュバリエを南仏に送り、悠々自適の老後を過ごさせる。そして、CIAは次の選挙で、別の右派の軍事的強者を支持するように仕向ける。しかし、この暴力によって、この国はあと4年間、政治的混乱が続くことになる。CIAは国家情報局（SIN）を創設して軍部の強化を図り、拷問や暗殺によって民衆の反乱を抑圧する。

1989

パナマ - アメリカは自国の独裁者マヌエル・ノリエガ将軍を打倒するため、パナマに侵攻する。ノリエガは1966年からCIAの給与支払名簿に載っており、1972年からはCIAの知識で麻薬の輸送をしていた。1980年代後半になると、ノリエガは独立心と強硬さを増し、ワシントンの怒りを買って退去することになる。

1990

ハイチ - 比較的裕福な10人の候補者と競い、左派の司祭ジャン＝ベルトラン・アリスティドが68%の得票率で勝利。しかし、わずか8カ月でCIAの支援を受けた軍部が彼を退陣させた。他の軍事独裁者が国を残虐に扱い、何千人ものハイチ難民がかろうじて航行可能なボートでこの混乱から逃れています。世論がアリスティドの帰還を求める中、CIAは勇敢な神父を精神的に不安定な存在とする偽情報キャンペーンを展開する。

1991

ソビエト連邦の崩壊 - CIAは冷戦の最も重要な出来事を予測することができなかった。このことは、政府を貶めることに忙しく、本来の仕事である情報収集や分析に手が回らないことを示唆している。ソ連の崩壊は、CIAの存在意義である「共産主義との戦い」をも奪ってしまった。このため、CIAはソ連の崩壊を意図的に予測できなかったと非難する人もいる。不思議なことに、共産主義が崩壊しても情報機関の予算は大幅に削減されない。

1992

経済スパイ - 冷戦終結後の数年間、CIAは経済スパイにますます利用されるようになった。これは、競合する外国企業の技術秘密を盗み、米国企業に提供するというものです。CIAは単純

な情報収集よりも明らかに汚い手口を好むので、重大な犯罪行
為が行われる可能性は実に高い。

1993

ハイチ - ハイチの混乱は、クリントン大統領が米国の侵略の脅
威のもと、ハイチの軍事独裁者ラウル・セドラスを排除せざる
を得ないところまでエスカレートしています。米国の占領者は
、ハイチの軍事指導者を人道に対する罪で逮捕せず、むしろ彼
らの安全と裕福な老後を保証している。アリスティドは、国の
支配階級に有利なプログラムを受け入れることを余儀なくされ
た後、政権に復帰した。

エピローグ

クリントン大統領は、CIAの50^{ème}周年を祝うスピーチで、次のように述べた。

> "どうしても、アメリカ国民はあなたの勇気の全貌を知ることができない"

クリントン氏の発言は、「アメリカ人はCIAが実際に何をしているのか知らないから、批判するのをやめるべきだ」という、CIAに対するよくある擁護の言葉である。もちろん、これがそもそもの問題の核心である。批判の上に立つ機関は、道徳的な行動や改革の上にもあるのです。その秘密主義と説明責任の欠如が、腐敗を野放しにする。

しかも、クリントンの発言は単なる虚偽である。特にCIAの歴史的文書の機密解除により、その歴史が痛いほど明らかになってきている。具体的な作戦の詳細は分からなくても、CIAの一般的な行動はよく分かっている。このような事実が、約20年前から、どんどん明らかになりつつあるのです。今日、私たちは、多くの国で繰り返され、数え切れないほどの異なる方向から検証された、驚くほど正確で一貫した画像を手にしています。

このような知識と批判の高まりに対するCIAの対応は、典型的な歴史的パターンに従っている（実際、中世の教会が科学革命と闘ったのと著しい類似点がある）。CIAの犯罪行為を暴露した最初のジャーナリストや作家は、アメリカ人作家であれば嫌がらせや検閲を受け、外国人であれば拷問や殺害を受けたのです）。(しかし、過去20年の間に、証拠の流れは圧倒的なものとなり、CIAは堤防の穴をすべてふさぐだけの指がないことに気がついた。特に、何百万人もの人々が自由に情報を行き交わせるインターネット時代には、その傾向が顕著です。検閲は不可能なので、今度は言い訳で自己弁護をしなければならない。クリントンの「アメリカ人は決して知らないだろう」という弁明

は、その典型的な例だ。

もう一つのよくある言い訳は、「世界は不愉快な人物でいっぱいだから、アメリカの利益を守るためには、彼らと付き合わなければならない」というものだ。この主張には2つの間違いがある。第一に、CIAが民主主義、言論の自由、人権の擁護者との同盟を日常的に拒否し、軍事独裁者や専制君主との関係を好んできたという事実を無視している。CIAには道徳的な選択肢があったのに、それを取らなかった。

第二に、この議論にはいくつかの疑問がある。1つ目は、「アメリカの利益とは何か？"CIAが右翼の独裁者を口説いたのは、アメリカの金持ちがその国の安い労働力と資源を搾取するのを許すからだ"。しかし、ベトナム、パナマ、湾岸戦争など、CIAの行動から生じる戦争を戦うたびに、貧しいアメリカ人や中流階級の人々は高い代償を払うことになる。第二に、「なぜアメリカの利益は、他の人々の人権を犠牲にしなければならないのか」という問いかけです。"

CIAは廃止され、その指導者は職を解かれ、そのメンバーは人道に対する罪で裁かれるべきである。情報を収集・分析する情報機関を一から作り直すべきだ。秘密行動については、2つの道徳的選択肢がある。1つ目は、秘密行動を完全に排除することです。しかし、世界のアドルフ・ヒトラーを心配する人たちには悪寒が走る。したがって、第2の選択肢は、秘密行動を広範かつ実質的な民主的統制の下に置くことである。例えば、40人の超党派の議会委員会がCIAの作戦をあらゆる角度から検証し、多数決または超多数決で拒否権を発動することができるのである。どちらが良いかは議論の余地があるが、一つだけはっきりしているのは、独裁制や君主制のように、歯止めのない秘密工作は恐竜のように滅びなければならないということである。

スカル・アンド・ボーン・ソサエティ

すべてはエール大学から始まった1832年、ウィリアム・ハンティントン・ラッセル将軍とアルフォンソ・タフトは、英米のウォール街のエリート銀行家の子供たちのために、超秘密結社を創設した。ウィリアム・ハンティントン・ラッセルの異母兄サミュエル・ラッセルは、当時世界最大のオピウム密輸会社「ラッセル＆カンパニー」を経営していた。アルフォンソ・タフトは、国際連合の前身であるハワード・タフト元大統領の祖父である。

ジョージ・ブッシュ、ニコラス・ブレイディ、ウィリアム・F・バックリーなど、現在世界で最も有名で力のある人たちが「ボーンマン」である。その他のボーンメンには、ヘンリー・ルース（タイムライフ社）、ハロルド・スタンレー（モルガンスタンレー社創業者）、ヘンリー・P・デイヴィソン（モルガン・ギャランティ・トラスト社シニアパートナー）、アルテマス・ゲイツ（ニューヨーク信託会社、ユニオンパシフィック、*TIME*、ボーイング社会長）、上院議員ジョン・チャフ、ラッセルW・ダベンポート（『*Fortune*』誌編集長）など多数の人が含まれています。全員が秘密厳守を誓った。

スカル＆ボーンズ協会は、ビルダーバーグ、外交問題評議会、三極委員会への足がかりとなるものである。

*アメリカの秘密結社』アントニー・C・サットン著、1986年、5-6ページには次のように書かれている。

> "オーダー "と呼ばれている。また、150年以上前からドイツの秘密結社の第322支部として知られている。より正式には、法的な目的のために、1856年にラッセル・トラストとして法人化された。また、以前は「死の同胞団」とも呼ばれていた。それを嘲笑する人、嘲笑したい人は、「スカル＆ボーンズ」、あるいは単に「ボーンズ」と呼びます。

このドイツ系騎士団のアメリカ支部は、1833年、ウィリアム・ハンティントン・ラッセル将軍と、1876年にグラント政権の陸軍長官となったアルフォンソ・タフトによってイェール大学で設立された。アルフォンソ・タフトは、アメリカ合衆国大統領と最高裁長官を兼任した唯一の人物であるウィリアム・ハワード・タフトの父親である。

この騎士団は、ほとんどのキャンパスで共通するパスワードやハンドルネームを持つ、単なるギリシャ文字の友愛団体ではありません。第322章は、会員が沈黙を誓う秘密結社である。エール大学のキャンパス内にのみ存在する（我々が知る限り）。ルールがあるのです。儀式的な儀式がある。また、内部関係者が「アウトサイダー」「バンダル」と呼ぶ、お節介で押しつけがましい市民を評価することもない。その会員は常に会員であることを否定しており（あるいは否定することになっている）、何百という会員の自伝的リストを調べたが、スカル・アンド・ボーンズとの関係を挙げたのはわずか半ダースであった。あとは黙っていた。FBIの「バックグラウンド・チェック」のために提供された経歴データの中で、さまざまな政権のメンバーや政府の役職にある多くのメンバーがスカル・アンド・ボーンズとの関係を申告しているかどうかは興味深いところである。

なによりも、その秩序は強力で、とてつもなくパワフルだ。もし読者が粘り強く、提示された証拠-それは圧倒的なものである-を吟味するならば、読者の世界観が突然、ほとんど恐ろしいほど明瞭になることは間違いないだろう。

これは、エール大学だけに存在するシニア社会です。メンバーは1年目に選ばれ、最後の1年間だけスカル＆ボーンズと一緒にキャンパスで過ごします。つまり、新卒の外資系を志向する組織である。教団は毎年、セントローレンス川に浮かぶ鹿島で、家長だけが会合を開く。

シニアソサエティはエール大学独自のものです。エール大学には他に2つのシニア・ソサエティがあるが、他にはない。Scroll & KeyとWolf's Headは、19ème 世紀半ばに設立されたとされる競技会です。同じネットワークに属していると考えています。ローゼンバウムは『エスクァイア』の記事の中で、東側のリベラルなエスタブリッシュメントでスカル・アンド・ボーンズのメ

ンバーでない者は、ほぼ間違いなくスクロール・アンド・キー
かウルフズ・ヘッドのメンバーであると、極めて正しいコメン
トを寄せている。

新入団員の選考方法は、1832年以来変わっていない。毎年15名
、決して少なくない15名だけが選ばれる。入隊の儀式として、
彼らは裸で棺桶に横たわり、自分の性遍歴を暗唱しなければな
らないのです。この方法では、他のメンバーが、「従わなけれ
ば心の奥底の秘密を暴露する」と脅すことで、個人をコント
ロールすることができる。過去150年の間に、約2500人のエール
大学卒業生がこの騎士団に入団しています。常時、約500〜600
人が生存し、活動しています。そのうちの約4分の1は、教団の
目的を推進するために積極的な役割を担っています。あとは興
味を失ったり、気が変わったりする。彼らはサイレント・クイ
ーターなのです。

最も可能性が高いのはボーンズ家の人間で、エネルギッシュで
機知に富み、政治的で、おそらく非道徳的なチームプレーヤー
であろう。名誉や金銭的な報酬は、勲章の力によって保証され
ています。しかし、これらの栄誉と報酬の代償は、共通の目標
、つまり騎士団の目標に対する犠牲です。この代償を払いたく
ないと思う人も、おそらく多くいるはずです。

スカル＆ボーンズに関わるアメリカの旧家とその子孫は、ホイ
ットニー、パーキンス、スティムソン、タフト、ワズワース、
ギルマン、ペイン、デビッドソン、ピルズベリー、スローン、
ウェアーハウザー、ハリマン、ロックフェラー、ロード、ブラ
ウン、バンディ、ブッシュ、フェルプスといった名前を持って
いる。

既に公開済み

OMNIA VERITAS® OMNIA VERITAS LTD をプレゼントします。

ジョンコールマン

アメリカとの麻薬戦争

ジョンコールマン

麻薬密売が根絶できないのは、その
経営者が世界で最も儲かる市場を奪
われることを許さないからだ......」。

この忌まわしい商売の真の推進者は、この世界の「エリート」たちである。

OMNIA VERITAS® OMNIA VERITAS LTD をプレゼントします

ジョンコールマン

石油戦争

ジョンコールマン

石油戦争

石油産業の歴史的な記述は、「
外交」の紆余曲折を経て、私た
ちに迫ってくる。

各国が欲しがる資源を独占するための戦い

OMNIA VERITAS® OMNIA VERITAS LTD をプレゼントします。

ジョンコールマン

ジョンコールマン

社会主義世界秩序の独裁者

社会主義世界秩序の独裁者

この数年間、私たちがモスクワの共産主義の悪に
注目している間、ワシントンの社会主義者たちは
アメリカから盗むことで精一杯だった——」。

"ワシントンの敵はモスクワの敵より怖い"。

www.ingramcontent.com/pod-product-compliance
Lightning Source LLC
Chambersburg PA
CBHW071637270326
41928CB00010B/1949